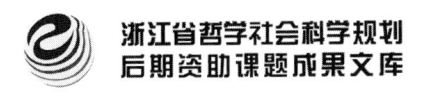

浙江省哲学社会科学规划
后期资助课题成果文库

家庭教育立法研究：以政府职责为中心

JIATING JIAOYU LIFA YANJIU:
YI ZHENGFU ZHIZE WEI ZHONGXIN

姜国平◎著

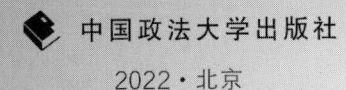

中国政法大学出版社

2022·北京

声　　明　　1. 版权所有，侵权必究。

　　　　　　2. 如有缺页、倒装问题，由出版社负责退换。

图书在版编目（CIP）数据

家庭教育立法研究：以政府职责为中心/姜国平著.—北京：中国政法大学出版社,2022.12
ISBN 978-7-5764-0744-0

Ⅰ.①家… Ⅱ.①姜… Ⅲ.①家庭教育－立法－研究－中国 Ⅳ.①D922.164

中国国家版本馆CIP数据核字(2023)第009464号

出 版 者	中国政法大学出版社
地　　址	北京市海淀区西土城路25号
邮寄地址	北京100088 信箱8034分箱　邮编100088
网　　址	http://www.cuplpress.com（网络实名：中国政法大学出版社）
电　　话	010-58908285(总编室) 58908433（编辑部）58908334(邮购部)
承　　印	北京旺都印务有限公司
开　　本	720mm×960mm　1/16
印　　张	18
字　　数	285千字
版　　次	2022年12月第1版
印　　次	2022年12月第1次印刷
定　　价	85.00元

序
PREFACE

没有人能够否认家庭教育对于自己成长的重要影响。我国的家庭教育资源呈现一定程度的不均衡。当下，一些家长因缺乏对教育的基本认知，教育观念、教育方式被市场导向的极具欺骗、蛊惑性的宣传所裹挟，不仅不利于儿童健康发展，还有害于儿童的身体与心理健康，出现了孱弱或有心理问题的学生。年轻一代是国家的未来。无论是填补家庭教育的资源鸿沟，还是矫正家庭教育的观念偏差，全面构建家庭教育指导服务体系极其必要。

我国地区经济发展水平存在差异，教育发展也不均衡。而建立覆盖城乡的家庭教育指导服务体系，需要法治的强制规范。但是，家庭是私人领域，家庭教育与学校教育最大的区别在于它是由父母及其他监护人在家庭内部实施的，是家庭内部成员对子女的教育。父母及其他监护人是教育者，是实施教育的主体，在教什么、怎样教、何时何地教都有相当的自主性。因而，家庭教育立法不是干预和介入具体家庭教育、计划和约束父母的教育行为、对父母实施惩处，而是应有自己明确的立法宗旨和特有的调整对象、规范内容，恪守不入侵私人领域原则。在国家法律制度层面，重点在于明确和强调政府提高家庭教育能力的职责，即政府只是家庭教育的外部协助者、服务者、支持者，而不是实施家庭教育的主体。应恪守立法底线原则，不能因为父母教育水平不高、别具一格而追责。

从目前国家立法来看，虽然《中华人民共和国教育法》《中华人民共和国义务教育法》《中华人民共和国未成年人保护法》《中华人民共和国预防未成年人犯罪法》《中华人民共和国反家庭暴力法》都提及家庭教育，但并未有对家庭教育能力及其保障的专门、具体规定。虽然全国六省市进行了家庭教育地方立法，还有国务院、全国妇联、教育部制定的宏观政策，但缺乏国家层面整体的、具有普遍强制性的法制设计，效果不容乐观。依法建立覆盖城乡的家庭教育指导服务体系，关键主体是政府及其职能部门，关键客体是公共财政投入以及政府及其职能部门的行为，包括组织、家长培训、管理、引导、监督等。这些是家庭教育立法规范的基本内容，必须通过法治途径加以明确、落实、推进。

以政府职责为中心研究家庭教育立法，正是循着这样的思考。本书由姜国平博士的博士学位论文修改完善而来，是国内第二篇关于家庭教育立法的博士学位论文。当初选择以家庭教育立法为研究主题是有一些顾虑的。一则我国称作"教育法"的立法，都是对不同阶段、不同性质的教育进行具体规范，确立权利义务和法律责任的，"家庭教育法"的称谓，无疑令人推测是要入侵私人领域；二则虽然选题之初就确立了家庭教育立法应恪守边界不入侵私人领域这一假设，强调明确政府职责、提高父母家庭教育能力这一立法宗旨，但若不进入论文之中加以评价，可能导致风险。然相较于研究的必要性和意义而言，姜国平选择迎接挑战。现在，《家庭教育立法研究：以政府职责为中心》即将由我的母校的出版社——中国政法大学出版社出版，甚为欣慰。

家庭教育立法正在进程之中。有必要重申以下观点：

家庭教育立法背后的法理在于儿童对于国家、民族的意义以及由此形成的政府职责。因此，立法规范以及研究的重点，应在于政府及其职能部门的职责、义务和法律责任，不能随意确立其他主体及其义务、法律责任，也不能任由市场主体实施。

家庭教育立法是专业领域的立法，涉及教育理念、父母应有的教育水平、培训内容与形式，等等，因而家庭教育立法不是重复未成年人立法关于权利保护、民事立法关于监护、教育立法关于学校管理等其他法律规定的内容。

中国教育学会教育政策与法律研究分会秘书长
北京师范大学教育学部教授、博士生导师　　　　　余雅风
教育部-北京师范大学合作共建教育立法研究基地常务副主任
2021年7月2日 于北京冰窖口胡同

摘 要
ABSTRACT

家庭教育现代化是教育现代化的重要内容,《中国教育现代化2035》将家庭教育全面纳入国家教育整体现代化体系之中。社会上出现的一些家庭教育事件,反映了当前父母对儿童的家庭教育问题已成为社会治理的一个难点和痛点。家庭教育既是作为私人领域家庭的功能之一,也是一个社会关注的公共话题。我国家庭教育能力与家庭发展能力之间还有很大差距,从整体看亟待提升。法律是教育发展、社会稳定最强有力的保障,教育领域的新问题直接催生教育法律改革,家庭教育的问题催发了家庭教育的立法需求。加快家庭教育立法,建立起家庭教育的公共治理框架,可以从源头保障家庭教育切实发挥教育和价值引领功能。家庭教育折射出的是国家教育权与家庭教育权的冲突,家庭教育涉及私人领域和个人权利。家庭教育的私人性与公共性的边界及关系变迁,以及由此引发的国家与法律介入问题,是家庭教育立法的基础。因此,政府职责是家庭教育立法较为关键的问题。

作为公民权利保障者的政府,如何回应民众的需求,该不该介入家庭教育?政府通过立法对家庭教育加以规范的法理依据是什么,法律介入的界限在哪里,国家对家庭教育立法的重点是什么,家庭教育应体现怎样的立法价值,政府应该规范、约束与干预家庭教育的哪些方面,需要调整哪些行为主体间的权利与义务关系,以强制性规范的还是倡导性的条款提出，如何防止监护人逃避承担保障子女受教育权的责任，如何保障家庭教育与学校教育、社会教育的对接，等等，成为家庭教育立法需要系统思考的问题。本书运用文献法、文本分析法、比较法、法解释法、调查研究法对家庭教育的政府职责问题作了较为深入的分析。本书分析了家庭教育政府职责的逻辑起点，即家庭教育的公共性问题，并系统阐述了家庭教育的政府职责体系及其内容，最后提出了家庭教育政府职责的立法建议。

家庭教育政府职责的逻辑起点是家庭教育的公共性，儿童独立权利主体地位的确立、国家对于合格公民培养的需要、儿童现有平等受教育权的要求表明家庭教育具有公共性。公共性是家庭教育与政府职责的契合点，家庭教育的公共性要求政府积极介入家庭教育。同时，基于父母与子女之间关系的生物性基础、家庭促进儿童社会化功能的考量以及基于家庭自治的文化价值多元化，家庭教育具有私人性，它构成了对家庭教育政府职责的限定，表明政府介入家庭教育并不是没有限制的。政府是家庭教育的支持者、监督者，政府帮助提升父母的家庭教育能力，与社会共同参与提供家庭教育服务。

家庭教育服务的公共性与政府的公共性是政府向父母提供家庭教育服务的契合点。基于公共性，政府负有为家庭教育提供支持和服务的职责。政府作为家庭教育服务者的角色定位，也是尊重家庭教育私人性的体现。政府作为家庭教育公共服务的供给者，其提供与生产的角色是分离的，政府并不是家庭教育公共服务的唯一提供者。政府既可以通过政府设立的机构直接为未成年人父母提供家庭教育服务，也可以以购买的形式间接提供家庭教育公共服务，主要是通过向社会教育机构、学术团体、大众媒体、社会志愿组织和民办家庭教育机构购买家庭教育公共服务。由政府、社会与市场等多主体来供给家庭教育公共服务，也是为了保障家庭教育公共性，避免政府作为唯一主体提供家庭教育服务导致政府对家庭教育私人性的侵犯。政府购买家庭教育公共服务的形式主要有公私合作、直接财政资助与间接财政资助等。作为家庭教育公共服务的提供者，政府要建立相应的组织机构负责对家庭教育的服务工作，并通过一定的财政投入和制度来予以保障。

　　家庭教育服务的公共性，不但对政府直接提供家庭教育服务的公共性提出了要求，也对社会提供家庭教育服务提出要求，即家庭教育服务的公共性从政府扩散到社会主体中。政府作为家庭教育公共服务的供给主体，在家庭教育公共服务的多元供给体系中起主导作用，确保家庭教育服务公共性的实现。政府通过规划、财政、信息等手段发挥引导作用，形成充分的家庭教育供给市场，这是家庭教育服务公共性的基础。家庭教育供给市场会存在公共性流失现象，政府通过设定家庭教育公共服务机构的准入与退出机制、确立家庭教育专业人才制度、监督家庭教育公共服务行为、购买家庭教育公共服务行为、建立健全家庭教育公共服务绩效评价制度等来保障社会参与家庭教育服务公共性的实现。

　　家庭教育的公共性，还体现在作为家庭教育对象——儿童的公共性。基于父母权利与儿童权利的分离性、父母权利的义务性以及体现儿童最大利益的国家亲权制度，政府有责任监督父母家庭教育行为。政府可以通过设定父母资格制度来进行监督，为了保障家庭教育的私人性，尊重父母的教育权利，应该为父母设定最基本的行为规范，父母应该接受家长教育，设定父母家庭教育惩戒权的程度、方式及必要的范围，逾越必要程度、方式与范围，则需承担相应民事、刑事责任。有必要通过父母教育、监护权剥夺、刑事责任等手段以保障父母的教育能力。政府应该规定监护人的家庭教育职责，建立监护监督机构，完善不履行家庭教育职责监护人的惩戒制度，建立政府监护人制度，剥夺严重失职监护人的监护权。

　　家庭教育私人性决定了家庭教育权利的私权利性质。父母具有教育子女的自然道德基础，父母教育权优先于国家教育权、父母亲子关系的本质决定了家庭教育权利作为父母教育权利的一部分，是一种私权利。家庭教育权利的私权利性质，表明父母是家庭教育的首要负责人，政府不能侵害父母的家庭教育权利，同时保护家庭教育权利免受第三方侵害。政府负有保护家庭教育权利的职责，这一职责可以通过立法、行政、司法等形式予以实现。

摘 要

我国已经确认了家庭教育的家庭主体责任，但促进家庭教育的实施主要依靠政府行政力量，政府提供家庭教育公共服务能力不足；政府作为供给主体，供给渠道单一，多元化的社会参与家庭教育服务机制尚未建立；政府对父母教育行为的监督职责已经确立，但是还不健全；家庭与国家利益的关系还处于进一步调整之中。造成我国家庭教育政府职责缺失的制度性成因包括家庭教育政府职责目标的模糊性、家庭教育政府职责的落实性规定缺失、家庭教育政府职责间的划分不明晰、家庭教育政府职责实现形式还不完善、家庭教育的政府职责缺乏责任保障。因此应该通过立法手段对我国家庭教育的政府职责予以规范。家庭教育政府职责立法可对政府起到确权、限权与控权、赋权与促责作用。家庭教育政府职责立法规范包括对公民受家庭教育权利、政府对家庭教育的职责、家庭教育的财政投入、组织机构与人员配置、政府履职绩效评估、政府履职的监督与问责作出规定。我国应该采取软法和硬法的混合法律规制方式，对政府职责一方面作出硬性规定，另一方面应该培育法治观念，以纲要、指导文件的形式促进政府积极履职。在我国，家庭教育立法存在中央立法与地方立法路径，地方家庭教育立法应该避免同质化现象，使家庭教育立法能够适应地方需求、体现地方特点。

目 录

1 引 论 ………………………………………………………………… 001
1.1 问题的提出 …………………………………………………… 001
1.1.1 我国家庭教育能力整体有亟待提升 ……………………… 006
1.1.2 政府对家庭教育具有不可推卸的责任 …………………… 008
1.1.3 我国政府在家庭教育中的职责缺乏必要的制度规制 …… 012
1.2 研究意义 ……………………………………………………… 016
1.2.1 完善家庭教育权利研究 …………………………………… 016
1.2.2 完善家庭教育的政府职责体系研究 ……………………… 017
1.2.3 促进家庭教育法律制度建设 ……………………………… 018
1.3 国内外研究述评 ……………………………………………… 020
1.3.1 与家庭教育政府职责直接相关的研究 …………………… 020
1.3.2 与家庭教育政府职责间接相关的研究 …………………… 027
1.3.3 现有研究文献述评 ………………………………………… 034
1.4 理论分析工具 ………………………………………………… 036
1.4.1 公私划分理论 ……………………………………………… 036
1.4.2 公共物品理论 ……………………………………………… 038
1.4.3 服务行政理论 ……………………………………………… 039
1.4.4 儿童权利理论 ……………………………………………… 041
1.5 核心概念界定 ………………………………………………… 041

1.5.1 家庭教育 ··· 042

1.5.2 政府职责 ··· 045

1.5.3 家庭教育权利 ·· 048

1.5.4 公共服务 ··· 049

1.5.5 立法 ··· 050

1.6 研究思路、研究框架与研究方法 ·· 051

1.6.1 研究思路 ··· 051

1.6.2 研究框架 ··· 052

1.6.3 研究方法 ··· 053

1.7 研究重点与难点 ·· 057

1.7.1 研究重点 ··· 057

1.7.2 研究难点 ··· 058

2 家庭教育政府职责的逻辑起点 ·· 059

2.1 公共性：家庭教育政府职责的逻辑起点 ·································· 059

2.1.1 儿童独立权利主体地位的确立 ·· 062

2.1.2 国家对于合格公民培养的需要 ·· 064

2.1.3 儿童享有平等受教育权的要求 ·· 066

2.2 私人性：家庭教育政府职责的限定 ··· 069

2.2.1 父母与子女关系的生物性本质 ·· 071

2.2.2 儿童社会化功能的实现 ··· 072

2.2.3 基于家庭自治的文化价值多元化 ····································· 074

2.3 家庭教育政府职责的定位 ·· 075

2.3.1 政府介入家庭教育的目的是提升家庭教育能力 ················ 076

2.3.2 政府是家庭教育的支持者与监督者 ································· 077

2.3.3 政府与社会主体共同参与家庭教育公共服务 ··················· 078

3 政府对家庭教育服务的供给职责 …… 082

3.1 家庭教育服务的公共性与政府的供给职责 …… 082
3.1.1 政府作为家庭教育公共服务的供给主体 …… 082
3.1.2 家庭教育服务供给者与生产者的分离 …… 086
3.1.3 家庭教育服务的政府供给失灵与供给主体多元化 …… 087

3.2 政府供给家庭教育服务方式 …… 089
3.2.1 政府直接供给家庭教育服务 …… 089
3.2.2 政府购买家庭教育指导服务 …… 092

3.3 政府供给家庭教育服务的组织、财政与制度保障 …… 096
3.3.1 家庭教育服务供给的组织保障 …… 096
3.3.2 家庭教育服务供给的财政投入 …… 097
3.3.3 家庭教育服务供给的制度保障 …… 099

4 政府对社会参与家庭教育服务的引导与规范职责 …… 102

4.1 社会参与家庭教育服务中的政府职责 …… 102
4.1.1 社会参与家庭教育服务的公共性 …… 102
4.1.2 社会参与家庭教育服务公共性的流失 …… 103
4.1.3 政府保障社会参与家庭教育服务公共性的职责 …… 104

4.2 政府对社会参与家庭教育服务的引导 …… 106
4.2.1 家庭教育规划 …… 106
4.2.2 家庭教育财政 …… 108
4.2.3 家庭教育信息 …… 108

4.3 政府对社会参与家庭教育服务的规范 …… 110
4.3.1 家庭教育指导服务机构的准入与退出规制 …… 110
4.3.2 家庭教育专业人才的规范 …… 111
4.3.3 家庭教育服务行为监督 …… 115
4.3.4 政府购买家庭教育服务规范 …… 117
4.3.5 家庭教育服务绩效评价 …… 117

5 政府对家庭教育行为的监管职责 119
5.1 政府对家庭教育行为监管正当性的证成 119
5.1.1 儿童权利与父母权利的分离性 119
5.1.2 父母家庭教育权的义务性 121
5.1.3 基于儿童最佳利益的国家亲权 124
5.2 政府监管家庭教育行为的形式 127
5.2.1 父母资格：政府监管家庭教育行为的基础 127
5.2.2 父母资格的标准及其确立 128
5.2.3 父母资格制度的实施保障 130
5.3 政府监管家庭教育行为的保障 134
5.3.1 规定父母或监护人的家庭教育职责 134
5.3.2 设立专门的监督机构对家庭教育进行监督 136
5.3.3 对不履行监护职责监护人的惩戒制度 137
5.3.4 建立政府监护人制度 142

6 政府对家庭教育权利的保护职责 144
6.1 作为私权的家庭教育权利 144
6.1.1 父母教育子女的自然道德基础 145
6.1.2 父母子女关系的本质 146
6.1.3 父母教育权优先于国家教育权 147
6.2 家庭教育权利的优先性 149
6.2.1 父母对家庭教育负有首要责任 150
6.2.2 家庭教育权利免受政府侵害 151
6.2.3 家庭教育权利免受第三方侵害 155
6.3 政府保护家庭教育权利的方式 156
6.3.1 家庭教育权利法律化 156
6.3.2 家庭教育权利的行政保护 159
6.3.3 家庭教育权利的司法救济 159

7 我国家庭教育政府职责的立法建议 ·············· 162
7.1 家庭教育政府职责履行现状的分析 ············ 162
7.1.1 家庭教育政府职责履行中存在的问题 ·········· 162
7.1.2 家庭教育政府职责缺失的制度性成因 ·········· 169
7.2 家庭教育政府职责的立法功能与价值取向 ········ 173
7.2.1 家庭教育政府职责的立法功能 ·············· 173
7.2.2 家庭教育政府职责的立法价值取向 ············ 175
7.3 家庭教育政府职责的立法内容 ·············· 177
7.3.1 明确公民家庭教育权利 ················ 178
7.3.2 明确政府对家庭教育的职责 ·············· 178
7.3.3 完善家庭教育的财政投入制度 ············ 179
7.3.4 完善家庭教育的组织机构与人员配置 ········ 181
7.3.5 建立健全政府履职绩效评估制度 ············ 183
7.3.6 建立健全对政府履职的监督与问责制度 ········ 183
7.4 家庭教育政府职责的立法形式 ·············· 184
7.4.1 家庭教育政府职责的"硬法"规制 ············ 185
7.4.2 家庭教育政府职责的"软法"约束 ············ 186
7.4.3 家庭教育政府职责的"软法"硬化 ············ 188
7.5 家庭教育政府职责的立法路径 ·············· 189
7.5.1 家庭教育职责的中央立法 ················ 189
7.5.2 家庭教育职责的地方立法 ················ 198
7.5.3 家庭教育职责地方立法的经验:基于10省(市)的文本分析 ······· 200

8 总结与展望 ····························· 208
8.1 研究的主要结论 ······················ 208
8.1.1 家庭教育公共性是政府职责的逻辑起点 ········ 208
8.1.2 政府具有供给家庭教育公共服务的职责 ········ 208
8.1.3 政府具有对社会参与家庭教育公共服务的引导和规范职责 ······· 209

8.1.4 政府具有监督家庭教育行为的职责 ……………………… 209
　　8.1.5 政府具有对家庭教育权利的保护职责 …………………… 209
　　8.1.6 我国家庭教育的政府职责应该通过立法予以规范 ……… 209
8.2 研究创新点 …………………………………………………………… 210
　　8.2.1 以家庭教育性质为依据,阐述了政府介入家庭教育及其限度问题 …… 210
　　8.2.2 以家庭教育性质为中心,构建了系统化的家庭教育政府职责体系 …… 211
　　8.2.3 以家庭教育权利为基点,提出了家庭教育政府职责的立法建议 …… 211
8.3 研究的局限 …………………………………………………………… 212
　　8.3.1 家庭教育的不同层级政府职责尚需细化 ………………… 212
　　8.3.2 资料选取的全面性尚需加强 ……………………………… 212
8.4 下一步的研究方向 …………………………………………………… 212
　　8.4.1 细化家庭教育的政府纵向职责体系 ……………………… 212
　　8.4.2 进一步收集、分析域外国家和地区政府对家庭教育职责的资料 …… 213

附　录 ………………………………………………………………………… 214
　　附录1：我国家庭教育现状与需求调查(家长卷) ……………………… 214
　　附录2：我国家庭教育现状与需求调查(教师卷) ……………………… 224
　　附录3：我国家庭教育政府职责履行现状访谈提纲 …………………… 233
　　附录4：中华人民共和国家庭教育促进法 ……………………………… 235

参考文献 …………………………………………………………………… 244
后　记 ……………………………………………………………………… 269

1 引 论

1.1 问题的提出

家庭是人类的初级社会群体，是社会的细胞，其自产生起就是儿童社会化的基本单位。儿童最早在家庭中接受教育，学习社会规范。家庭在儿童社会化发展中扮演重要角色，它是儿童与社会联系的中介，引导儿童逐渐走向社会。家庭教育作为家庭的一项重要功能，已经有几千年历史。

家庭教育是以血缘关系为基础，以亲子关系为中心的教育。家庭是以一定的姻缘、血缘关系结合成的共同体，家庭中的两性关系是"人与人之间最自然的关系"[1]，"双亲与子女的关系也基本如此"[2]。家庭教育从一定意义上来说，会促进凝结着亲情与信赖关系的亲子关系的形成。家庭中教育者和受教育者之间的关系是自然形成的。人们从为人父母之日起，就承担了教育子女的责任。父母与子女的关系以血缘为纽带，以亲情为基础，以法律为保障，具有永久性，这种关系不会因为岁月的流逝而发生变化。[3] 家庭中的教育者和受教育者之间的血缘基础，决定了他们之间具有深厚与真挚的感情，他们之间的根本利益是一致的，使得父母具有教育子女强烈的责任感和迫切感。父母与子女之间是教育者与受教育者的关系，但这种关系是非正式的。家庭中的教育者和受教育者具有双重社会地位与角色：在家庭中，父母对子

---

[1]《马克思恩格斯全集》（第42卷），人民出版社1979年版，第119页。
[2] 陈桂生：《教育原理》，华东师范大学出版社1993年版，第274页。
[3] 参见黄河清："家庭教育与学校教育的比较研究"，载《华东师范大学学报（教育科学版）》2002年第2期。

女而言既是家长又是教育者；子女对父母而言既是子女，又是受教育者。家庭教育中教育者和受教育者之间，不单单具有教育关系，同时也具有父母子女关系。父母作为家庭教育者是兼职的，而不是专职的。他们一般都未接受过系统的职业训练，也缺乏教育理论的修养和知识。而且父母都从事各自的社会职业工作，其放在子女教育上的时间和精力相对来说是有限的，不可能像学校教师一样将主要时间和精力放在学生身上。家庭教育的目的也不同于学校教育。学校教育突出体现在"教"上，统筹兼顾对孩子的知识传授、能力培养与素质发展；家庭教育则突出体现在"育"上，注重培养孩子的基本生活能力与社会适应能力。[1]家庭教育的内容主要包含生活知识、生产知识、做人的基本原则与价值准则以及当时社会的基本规范。但是家庭对子女的教育侧重于思想品德、行为规范方面，培养孩子社会生活适应能力和自立的能力。未成年人在家庭中形成基本的社会生活规范，从而奠定人格与个体社会化的初步基础。从社会化功能看，家庭教育是要通过基本习惯的培养，谋求自主独立性的发展，学习民主的人际关系的基础，进而学会社会生活所必需的知识、生活态度和价值观的基础。[2]父母传授有关文化科学知识方面的教育，一般是配合学校进行学习目的、学习态度、学习习惯的教育，督促或辅导科学文化知识的学习，在这方面它是学校教学的补充和助手。[3]家庭教育一般没有计划，也没有系统的、固定的教育教学内容。家庭教育的内容填充一般是靠家庭成员的经验积累，因而是非系统化的，它与家庭成员自身的社会阅历有关。不同的家庭对社会的认识与看法，对人生的态度以及掌握的科学文化知识和特殊技巧都不相同，都会影响家庭教育的内容。家庭教育通过父母的言传身教和家庭生活的实践进行，而且在许多时候，家庭教育是在无意当中进行的，往往寓于生活之中。家庭教育一般是外行的父母，在自然的日常生活中，以无意识的教育方式为主。实施家庭教育者主要以经验，而不是经正规教育教学技能职业培训后实施教育活动。家庭教育一般是 一对一

---

〔1〕 参见周传志、戴庆洲：“谈建立家庭教育与学校教育的新型关系”，载《漳州师范学院学报（哲学社会科学版）》2003年第1期。

〔2〕 参见钟启泉：“关于现代家庭与学校教育的若干考察”，载《外国教育资料》1986年第6期。

〔3〕 参见黄河清：“家庭教育与学校教育的比较研究”，载《华东师范大学学报（教育科学版）》2002年第2期。

的教育，即个别教育、个别指导、个别训练，主要通过口头传授与实践示范进行，并通常在生活中进行教育，将教育与生活相结合。[1]父母会在休息、娱乐、闲谈、家务劳动等各种活动中，对孩子实施教育。父母对子女的家庭教育主要通过有意识（显性的）和无意识的（隐性的）教导与学习开展，父母通过"教养""模仿""感化""熏陶"等形式对子女进行教育，随意性比较大。因此父母的言行举止对子女的影响可能是积极的，也可能是消极的。家庭教育的整个过程，一般情况下没有生活环境和教育者的变化与更换问题，即使是上了学的孩子，也在接受着父母的教育和影响，所以家庭对人的教育影响是连续性的。父母所面对的是不断成长着的个体，这些个体与教师所面对的某一年龄阶段的儿童不同。因此，父母对子女的影响是长久而深刻的，不论这种影响是好的还是不好的。家庭教育是终身教育，即使儿童、青少年入学以后，仍有超过三分之二的时间生活在家庭里，接受着父母的教育。[2]

不过随着社会的进步、经济的发展、文化的昌盛，仅仅靠家庭中以自然生活为中心的教育，已经不再可能。随着社会的变迁，家庭的许多功能正在丧失，逐渐让渡给社会专门的集团或组织。美国社会学家奥格巴恩曾经指出，过去的家庭具有经济、地位获得、教育、保护、宗教、娱乐和爱情七项功能，但是在这七项功能中，受现代工业和社会专门化分工发展的影响，除了爱情功能以外，其他功能都被企业、学校、政府等专门性功能集团所吸收，正在不同程度让渡给社会。其中家庭的教育功能基本上让渡给专门的教育机构，家庭和双亲面对要培养能够适应社会生活的复杂化、科学技术的发展带来的经济变化的人，已经无能为力了。这就需要讲究科学的教育，使得新生一代在一定期间内有效地掌握复杂而丰富的"知识技能、态度"。因此就得有计划、有选择地组织必要的教育内容，以达到一定的教育目标。同时，也就必须有从事指导的专职的教师和教学设备。发挥这种作用的，就是近代以来的学校。"不同于家庭中心教育，学校发挥它的重要作用的时代的到来，乃是历史的必然。学校一旦出现，便替代了此前的家庭所拥有的教育的主导权了。

---

[1] 参见周传志、戴庆洲："谈建立家庭教育与学校教育的新型关系"，载《漳州师范学院学报（哲学社会科学版）》2003年第1期。

[2] 参见黄河清："家庭教育与学校教育的比较研究"，载《华东师范大学学报（教育科学版）》2002年第2期。

家庭的一部分教育责任让位给学校了。"[1]从全世界范围看，学校教育诞生并服务于工业化社会，其历史只有几百年。随着学校教育制度的发展与完善，父母对学校教育机构的依赖性逐渐增强。19世纪以前，在教育机构群中占据首位的是家庭和教会；19世纪以后，家庭和教会被学校取代，在儿童社会化机构中居于首要地位。[2]西方国家二战以后，教育体系中家庭的地位被进一步削弱，家庭教育本身日益变态，甚至是处于濒临危机状态。[3]进入现代社会，家庭开始重新被要求要给学校以配合。但这种"配合"只是被动的作为。这就是说，到目前为止，从实践上看，我们大多数家庭在教育孩子的问题上承担的是被动的配角，它依附于学校而作为，没有自身的独立性。家庭教育和学校教育是有配合但没分工。在大多数人看来，家庭不被看作是有自身独立教育职能的儿童教育主体，不具主体地位。家庭教育的行为是学校教育的继续，是为巩固学校教师的教学成果而运作。家庭教育没有自身的教育目标，也没有独立的教育任务。因此，可以说，在我国，事实上不存在严格意义上的单纯性的家庭教育。家庭教育的重要性在任何场合都会被重重地强调，但在教育孩子的实际过程中，并没有它自身的实质性位置。"家庭教育职责定位模糊性与边缘化，削弱了家庭教育的主体性、计划性、创造性与责任心。同时会增加学校方面的不必要的责任负担。"[4]

虽然公共教育体系和培训体系日益重要，但这并不能完全代替家庭的功能。父母和家庭对子女的人格形成和个性教育具有无法替代的影响。[5]学校以及其他教育机构仍旧无法替代家庭教育的影响，其他社会成分也很难完全代替家庭对教育的影响。[6]19世纪瑞士教育家裴斯泰洛齐就认为，为克服家庭局限性的消极后果，人们建立了学校。但是，人们不能因此就希望学校包

---

[1] 钟启泉："关于现代家庭与学校教育的若干考察"，载《外国教育资料》1986年第6期。

[2] 参见[美]劳伦斯·A·克雷明：《公共教育》，宇文利译，中国人民大学出版社2016年版，第27页。

[3] 参见[日]筑波大学教育学研究会编：《现代教育学基础》，钟启泉译，上海教育出版社1986年版，第105页。

[4] 张庆守："论家庭教育与学校教育协作的误区和模式重构"，载《三明学院学报》2006年第1期。

[5] 参见[德]迪特尔·施瓦布：《德国家庭法》，王葆莳译，法律出版社2010年版，第255~259页。

[6] 参见陈桂生：《教育原理》，华东师范大学出版社2012年版，第129~130页。

含了对人教育的全部内容,也不要因此就希望学校能够替代父母和家庭生活的地位,学校仅能为心灵、精神和职业教育做其必须已经能够做到的一切。[1]英国教育家洛克也认为家庭教育给孩子深入骨髓的影响,因此任何学校教育和社会教育都不能代替家庭教育。家庭与学校相比毫不逊色,甚至在很多时候,家庭的影响比学校更强些,特别是在子女幼年时,情况更是如此。[2]我国古代"养不教父之过""有其父必有其子"的观念深入人心,也说明了家庭教育的重要性。已有研究指出,在教育成就影响源之中,"家庭因素的重要性几乎二倍于社区与学校两项因素的总和"。[3]学校的存在不能减轻家庭的教育责任。相反,家庭通过正确地发挥它的主体性与独特性,将会提高学校存在的价值。学校替代家庭,无视家庭的存在,终究将会丧失学校本身的主体性。"因此,无论家庭,无论学校,都必须在各自的主体性与独特性方面,发挥其教育作用。"[4]孩子在人生最初阶段所处的家庭中发生的社会化过程,担负着构筑人格基础的重要作用。父母在孩子人格健全与智力发展方面,比以往的社会投入更多。[5]家庭尽管具有教育的职能,但教育却不是家庭唯一的职能。家庭并不是专门从事教育工作和培养人的社会团体,而是一个具有多种职能的社会单元。[6]在家庭这样一个具有多种职能的组织内,儿童接受教育、影响和训练,从中受到各方面的熏陶,学到不同方面的知识和技能,比如生产、消费、抚育孩子和赡养老人等,增强适应社会生活的能力。家庭这个自然形成的生活环境,对未成年人的思想品德和行为习惯的影响,往往比任何人为形成的环境对人施加的影响要深刻得多,形成的习惯也稳固得多。人们是在不知不觉中、潜移默化中接受影响和教育。[7]

家庭、学校与社会共同形塑了儿童成长的基本环境,家庭教育、学校教育与社会教育共同形成了儿童成长发展的教育体系,但是家庭教育是学校教

---

[1] 参见陈建翔:"家庭教育不该沦为学校的附庸",载《基础教育论坛》2015年第26期。
[2] 参见[美]马斯格雷夫:"稳定与变化",陆有铨译,载瞿葆奎主编:《教育学文集教育与社会发展》,人民教育出版社1989年版,第485页。
[3] 参见陈奎熹:《教育社会学研究》,台湾师大书苑有限公司1990年版,第71页。
[4] 钟启泉:"关于现代家庭与学校教育的若干考察",载《外国教育资料》1986年第6期。
[5] 参见杨启光:"家庭教育研究的现代化问题",载《当代青年研究》2005年第9期。
[6] 参见陈桂生:《教育原理》,华东师范大学出版社1993年版,第273页。
[7] 参见黄河清:"家庭教育与学校教育的比较研究",载《华东师范大学学报(教育科学版)》2002年第2期。

育、社会教育的基础。家庭教育起着对学校教育、社会教育的催化和补充作用，学校教育、社会教育只有得到家长的认可、支持和配合，其效率和效果才能得到保证，否则会相互削弱甚至抵消。当今社会，家庭教育出现一些新的特点，我国的家庭教育也面临一些新的问题，需要政府采取积极措施予以应对：

1.1.1 我国家庭教育能力整体看亟待提升

随着经济社会飞速发展，带来社会转型、家庭变迁、教育改革等外部环境变化，我国家庭教育面临着很多新的问题。改革开放以来，中国社会发生着急剧的转型，加之全球化、现代化与城市化的共同影响，中国家庭系统面临巨大的压力。第一，人口结构的转变。我国家庭模式多样化，联合家庭越来越少，核心家庭越来越普遍，家庭结构由复杂到简单，如完全家庭、单亲家庭、再建家庭、留守家庭、空巢家庭、跨国家庭、丁克家庭等，使家庭教育变得个性化、多样化、复杂化。1980年，我国开始实行独生子女政策。我国的独生子女问题在比较长的一段时期内成为社会所关注的问题。尽管有很多的研究结果表明，独生子女与非独生子女之间的同质性要远远大于二者之间的异质性，但是就学校教育和家庭教育方面而言，独生子女比较难教育、难管理已经成为一个大家公认的问题。有相关调查显示，我国近70%的城市家长感觉到教育失败。[1]时至今日，80、90后父母成为儿童家长的主体。在生育之前父母普遍有所准备，但相对来说还是准备较弱。父母在生育之前对于物质方面普遍有所准备，但约有35.0%的家长袒露在心理上是没有准备的，在知识学习这一方面相对更薄弱一些。[2]这种情况使得我国传统的家庭教育呈现出了一些新的特点，进而对儿童的发展产生了根本性的影响。随着我国现代化发展的加速，城市化进程也不断加快，越来越多的农村和城镇人口不断涌向大城市，外来人口的比重持续增加，农民工子女的家庭教育面临新的问题。第二，家庭结构与家人关系的转变。随着社会经济的发展，核心家庭

---

[1] 参见关颖、陈钟林、曹慧："家长教育观念和教育行为的调查与分析"，载《中国家庭教育》2010年第1期。

[2] 参见中国儿童中心主编：《中国家庭教养中的父母角色：基于0～6岁儿童家庭现状的调查》，社会科学文献出版社2017年版，第107页。

越来越成为家庭的主要结构,家庭中老人与子女同住的比例不断下降。另一方面,迟婚与不婚的人口也持续增加,这些都影响了许多类型的家庭结构与居住形态。家庭外在结构的变化,直接影响家庭内部关系,家庭伦理观念与家庭道德问题也不断地出现。第三,婚姻形态与婚姻关系的转变。社会开放性与社会经济的压力,导致离婚率不断增加,也造成许多家庭的破碎,引发令人关注的家庭教育问题。第四,多元化家庭形态,挑战家庭教育价值与内涵。由于社会的国际化、信息化与现代化的综合影响,传统单一的家庭形态被多元化家庭形态代替,因此值得重视的是多元文化下引起的家庭教育问题。家庭的结构、家庭的社会经济地位和家庭教育与就业期望等家庭背景因素的变化对孩子的学校教育有显著的影响。"这些家庭变革直接影响到中国家庭的教育能力的日益下降,不少家庭没有担负起教育的职能,教育资源的分配出现极大的不平衡,来自家庭所积累的社会矛盾也开始聚集在学校,日益影响着学校教育的改革。"[1]

另外,与以往任何时候都不同,家庭教育的外部环境面临巨大挑战。家庭生活与社会生活的联系逐步密切,家庭的封闭状态逐步被打破。信息社会,特别是网络的出现,消解了学校的"围墙"。现代科技的进步,特别是网络技术、数字化技术的应用,将学校教育的空间延伸到全社会的每一个角落。受教育者接受信息的途径也越来越多,远远超越了家庭教育与学校教育的总和。随着网络信息技术的发展,很多知识及其产品(如公开课)通过手机、网络等平台向公众开放与利用,学校教育部分功能也逐渐转移到家庭。外界媒体和网络所宣扬的次文化良莠不齐。学校阻止不了学生接受来自社会的影响,学校提出的价值观通常与社会大众传媒描绘的生活方式所体现的价值观有一定的差距。个别家庭的力量可能不足以抗衡目前社会上的某些恶劣影响力。科学技术的发展,造成孩子网络沉溺等问题,也造成孩子与父母沟通越来越少。总之,社会环境的变化使得传统的学校与家庭的功能受到削弱。大众传媒的普及化,使得任何来自学校和家庭的单方面的影响都难以发挥其作用和功能。

家庭结构以及社会环境的变化中的父母对学校教育的重视程度愈益增强。

---

[1] 杨启光、陈明选:"家庭与学校教育改革的关系:西方的经验与中国的问题",载《华东师范大学学报(教育科学版)》2011年第4期。

父母在孩子人格健全与智力发展方面，比以往的社会投入更多。[1]受实用主义传统的影响，我国家庭教育在比较长的一个时期内，都是重智轻德，重视知识灌输，忽视个性发展。家庭教育的目标仅仅是子女的发展和成家立业。因此，家庭教育的内容，在于满足家庭中家长为求升学的功利性目的，在于完成为接受学校教育打好基础的任务，必然造成了家长只重子女知识的片面发展。当前我国的教育系统在升学率的指挥棒下，学校的权威性和家庭的依附性同时得到进一步的强化。人们似乎形成了这样一个观念，即把教育等同于学校教育。家庭教育"学校化"，使家庭沦为学校教育的"附庸"，学校教育"家庭化"，使家庭教育成为学校教育的"依附"，致使学校负担起家庭教育的责任。无论是家庭教育"学校化"还是学校教育"家庭化"，都说明家庭教育正在"迷失"自己的功能，将自己的"领地"拱手让给学校教育。家庭教育学校化，削弱了家庭教育的功能，强化了学校教育的权威性。但是这种以牺牲家庭教育的功能来达到学校教育的无限扩张，不仅没有进一步强化学校教育的功能，反而使学校教育承载了太多的压力而变得扭曲。[2]而且学校教育的家庭化，也在一定程度上增加了学校教育负担。家庭教育与学校教育功能的错位，破坏了家庭教育与学校教育之间的均衡性，带来一系列的负效应，例如传授知识重复、超前或者错误，加重学生的学习负担，造成人力、物力的浪费。一旦家庭成为"第二学校"，其自身的功能也便随之消失了。[3]

1.1.2 政府对家庭教育具有不可推卸的责任

在人类历史上相当长时期内，家庭教育是由家庭和双亲行使的。特别是在生产力水平很低的传统社会，教育子女是每一个作为私生活据点的家庭的内部事务，父母或家族天然地行使教育管理的权利，而不论其是否具有相应的

---

[1] 参见杨启光："家庭教育研究的现代化问题"，载《当代青年研究》2005年第9期。

[2] 参见黄河清："家庭教育与学校教育的比较研究"，载《华东师范大学学报（教育科学版）》2002年第2期。

[3] 参见程正强："家庭教育与学校教育功能错位及其复归"，载《湖北科技学院学报》2015年第5期。

素质和能力。"家庭则首先是私生活的据点"[1]，家庭也是最私密的场所，这些特点决定了家庭成员在家庭内的言行举止，不可能像在其他场合那样，受太多的约束。[2]在家庭教育"私人性"的语境下，家长是家庭教育中的绝对权威。传统的家庭关系是一种依附关系，以父亲为绝对的权威，家庭成员几乎没有个人的独立人格和权利，孩子是家庭的私有财产，父亲能够依凭自己的意志左右与规范孩子的言行，使之符合自己的喜好与标准，极大忽视了儿童的本体感受。[3]家庭教育虽然要不可避免地受到社会与时代的影响和制约，但在培养目标的确定上与学校教育并不完全相同，它在很大程度上取决于家长。家庭教育的目标，往往体现的是父母的意志，会受父母的经历、思想觉悟、文化素养、职业、志趣和爱好的影响与制约。由于每个家庭的经历和状况不同，其子女的培养目标与国家的目标不见得都一致。对家庭中的父母而言，只要他们的行为不触犯法律，其他人一般很难干涉（也无权干涉），社会也不可能对一个家庭中父母怎样教育孩子进行监控，[4]这在一定程度上导致家庭教育的盲目性和随意性。

近现代以来，随着儿童观的发展，儿童的社会地位逐渐上升，并逐渐摆脱了对家庭共同体的绝对依赖，成为平等和独立的个人。儿童既是家庭成员，也是社会成员，是未来的社会公民。尤其是到了现代，随着儿童观的发展，儿童的地位不断上升，家庭中的平等关系尤其是对儿童的尊重越来越被重视和强调。儿童在生活上虽然还十分依赖家庭，但在精神、人格上已然处于独立的地位。"儿童不再是家庭的私有财产，而成为社会中的一员，家庭教育也必须充分考虑社会发展的因素。"[5]由于民主思潮的兴起与传播，以及儿童法律文件的制定，例如，1989年联合国颁布了《儿童权利公约》，人们开始越来越重视儿童的社会身份，也越来越认同儿童作为社会公民这一理念。教

---

[1] [日]筑波大学教育学研究会编：《现代教育学基础》，钟启泉译，上海教育出版社1986年版，第148页。

[2] 参见黄河清："家庭教育与学校教育的比较研究"，载《华东师范大学学报（教育科学版）》2002年第2期。

[3] 参见季瑾："家庭教育现代化的启动与发展——基于民国家庭教育史的研究"，南京师范大学2013年博士学位论文。

[4] 参见黄河清："家庭教育与学校教育的比较研究"，载《华东师范大学学报（教育科学版）》2002年第2期。

[5] 许桂林："家庭教育：由私人性走向公共性"，载《教育探索》2017年第1期。

育不仅是塑造人的过程,更是塑造"社会人""国家人"的过程,即塑造"社会好公民"的过程。教育作为人的再生产的过程,不单是培养家庭的继承人,而且还是培养社会和国家的建设者、文明的继承者和创造者,因此它具有广泛的、深远的社会意义。家庭教育从本质来说,也是一种社会教育,具有一定的社会意义,是为社会服务的,家长培养教育子女的目的应当是为子女和社会尽义务。在规范养成领域,家庭教育比学校教育与社会教育的影响作用更明显。家庭教育甚至在儿童还未出生时就已经开始了,在儿童年龄越小的时候,对父母的依赖越强,越容易在父母的暗示作用及权威影响下形成规范意识并遵守。正如约翰·洛克指出,儿童天生是爱模仿左右诸人之言行的,父母的言传及身教,不仅开始时间早,而且持续时间长,在形成规范性言行方面的影响是学校教育和社会教育所无法企及的。柏拉图曾说过,"一个人从小所受的教育把他往哪里引导,能决定他后来往哪里走"[1],从这个意义上讲,若是家庭教育能够自由自觉地承担起其应尽的社会责任,重视准则的传授,那么必然会在一定程度上引发促进社会好公民养成的积极倾向。如果说家庭是联结儿童与社会的纽带,家庭教育也是联系儿童与社会价值观的桥梁。因此在儿童成长的最初阶段,家长就是社会价值观的代言人,他们通过行为或说教主动地将社会价值观传递给孩子。即使家长不特意进行价值观教育,作为天生爱冒充成人的儿童,其长时间处于家庭这一情境中,在感受到家长所持有的价值观的同时会自觉将其内化,从而形成自身的社会价值准则。卢梭认为一个父亲生养了孩子,只是完成了其任务的三分之一。他对人类有生育、对社会有培养社会人、对国家有造就公民的义务。[2]德国教育家福禄信尔认为国民的命运与其说是操纵在掌权者手中,还不如说是掌握在母亲手里。马卡连柯就曾说:"你们应该常常记得:你生养和教育儿女,不仅仅是为了父母的愉快,在你们的家庭里,在你们的领导下,成长着未来的公民,未来的事业家,未来的战士。如果你们处理无方,教育不出好的人才,那么,由此所得的苦痛,不仅是你们的,而且是许多人的,是整个国家的……要知道,在你们的工厂里,在你们的生产机关里,如果没有生产很好的产品,你们会感

---

[1] [古希腊] 柏拉图:《理想国》,郭斌和、张竹明译,商务印书馆1986年版,第140页。
[2] 参见 [法] 卢梭:《爱弥儿》(上卷),李平沤译,人民教育出版社2001年版,第23页。

到羞愧的。给社会造就出不好的或者有害的一分子，尤其是你们更大的耻辱。"[1]从马卡连柯的论述中可以看出，培养教育子女一定要按照社会的需要，而不是按家长的意志去进行；父母必须把子女教育好，否则就是失职。[2]

儿童权利话语也挑战了传统上对国家和家庭关系的认识，世界各国都开始把私领域的家庭教育变成公共议题，通过公共体系提供援助，以减少家庭面临巨大冲击和变迁而不能再满足家庭内成员的需求所产生的问题，降低对整个社会的影响。世界各国在面临家庭功能弱化的危机时，之所以大举投资于"家庭政策"，把它列为优先处理的议题，是因为家庭的强弱，可以反映出国家社会的竞争力。不论政府还是民间组织，纷纷展开一连串的研讨与行动，把过去被认为是"私领域"的家庭议题，带到政府公共部门与国际公共论坛上，大家都认识到，有活力、健康幸福的家庭是国家竞争力的基础。在当代国际社会，从认可父母自然权利和儿童的最大利益角度出发，人们普遍承认和尊重父母对儿童的教育权。家庭教育也受到国际公约的尊重与保护。1948年《世界人权宣言》第26条第3项就规定了在子女教育方式的选择上，父母有优先权利。1966年《经济、社会及文化权利国际公约》第13条第3项也规定要求该公约缔约国承诺尊重父母及法定监护人的自由，可以使他们能为其子女选择公立学校以外的符合国家最低教育标准的私立学校，并保证其子女接受符合其信仰的宗教及道德教育的自由。同年颁布的《公民与政治权利国际公约》也作了同样的规定。1989年的《儿童权利公约》在序言中就明确指出家庭是社会的基本单元，儿童有权享受特别照料和协助。家庭所有成员尤其是儿童，都应该获得必要的保护和协助，以获得成长和幸福的自然环境。该规定强调了两个方面，一方面是强调家庭对儿童成长的重要性，另一方面是强调家庭和儿童应当获得必要的保护和协助。《儿童权利公约》第5条确认了父母或于适用时尊重当地习俗认定的大家庭或社会成员、法定监护人或其他对儿童负有法律责任的人，享有以符合儿童不同阶段接受能力的方式，适当指导和指引儿童的权利，同时强调《儿童权利公约》的缔约国应该尊重这一权利。1989年联合国宣布1994年为"国际家庭年"，又将每年5月15日定为"国际家庭日"，以此提高各国政府和公众对于家庭问题的认识。世界先进

---

[1] [苏联]安·谢·马卡连柯：《父母必读》，耿济安译，人民教育出版社1957年版，第399页。
[2] 参见刘启艳："家庭教育与学校教育"，载《贵阳师专学报（社会科学版）》1992年第1期。

国家都已经认识到，有活力、具有生产力的家庭，是国家未来发展的基础，是下一个时代的摇篮。家庭的强弱，将大幅反映每个国家社会的竞争力。[1] 1996年联合国《家庭：未来的挑战》的报告指出，"作为人类生活、演化的社会组织——家庭，正面临着历史上最苦难的挑战。许多社会变迁太快，乃至于单就速度本身，即是家庭主要的压力来源。世界各地的家庭，都需要支援，才能适应未来的变化。""家庭议题"被首次带到国际论坛研讨，引起各国政府对家庭政策的重视。联合国经济社会事务社会政策发展部总监史瓦斯基特别强调，在家庭议题上，政府必须扮演关键角色，提出有策略性的、整合劳工政策、社会保护、教育、健康、住房政策等的总体规划。[2]

因此，现代社会下，家庭教育不再是外界难以渗透和干预的神圣领地，家庭教育对子女健康成长的影响关乎国家和社会的未来。由于社会变迁，家庭结构及功能出现极大的改变，许多家庭无法自行解决随家庭生活周期发展而产生的家庭教育问题。家庭教育能力的提升，除了家庭成员的自我选择的主体意识的提升外，还需要来自社会外在的支持与援助。[3]面对复杂的变革，家长自身的教育已不仅仅是个体行为，学校及整个社会，尤其是政府都应对家庭教育给予重视和关注。[4]

1.1.3 我国政府在家庭教育中的职责缺乏必要的制度规制

尽管我国传统社会"家"与"国"之间的关系正在发生着巨大的变化，但是在我国儿童抚育事务仍主要是由家庭承担。[5]传统上通常将家庭内部事务交给父母来裁定和处置。传统儒家思想深刻影响了我国的儿童观，其长期以来倾向于家庭化。人们更多地偏重儿童的家庭身份，认为儿童为家庭私有。时至今日，我国"家庭化"的儿童观依然有着广泛影响。对父母关于家庭教育是否是私人事务，政府或社会是否应该介入的态度的调查表明，有11.36%的人认为政府不应该介入，有59.13%的人则认为应该介入，另有29.51%的

---

[1] 参见何琦瑜：《家庭教育——赢得起点》，天下杂志股份有限公司2006年版，第317~321页。
[2] 参见叶至诚："现代家庭与家庭政策"，载《空大学讯》2008年第4期。
[3] 参见杨启光："家庭教育研究的现代化问题"，载《当代青年研究》2005年第9期。
[4] 参见顾月华："'举全村之力'学做好家长——将家庭教育纳入政府公共服务体系"，载《人民教育》2017年第1期。
[5] 参见张辰、翁文磊主编：《公共政策与儿童发展》，上海社会科学院出版社2012年版，第3~6页。

人表示不确定。不管是父母还是政府,都比较倾向认为养育儿童的主要责任应由家庭承担,对处于生命早期阶段的儿童更是如此,儿童与家庭的依附关系更加决定了儿童的家庭化特征。在我国,"家庭化"的儿童观在相当程度上掩盖或弱化了对家庭教育政策的需求。家庭教育处于边缘化的状态,没有正规的指导与监督,只能自发地进行,缺乏规范的引导与管理。同时,边缘化的家庭教育也影响了其与学校教育、社会教育的相互协同,不能形成三者的教育合力,发挥整体教育的功能。

随着新公共服务理论的兴起,政府责任重新得到诠释,社会结构的多元化引导了政府责任的多样性和复杂性。新公共服务理论呼唤的政府责任更加体现了公民权、民主价值、公共利益最大化等特质,同时也要求对政府责任建立约束机制。家庭教育面临的问题,催生了对政府责任的要求,但是在我国的家庭教育中还存在政府缺位。

一是家庭教育的立法责任缺失。长期以来,我国在全国层面没有统一制定专门的家庭教育法律,只有《中华人民共和国未成年人保护法》(以下简称《未成年人保护法》)、《中华人民共和国预防未成年人犯罪法》(以下简称《预防未成年人犯罪法》)等法律法规有与家庭教育责任相关的条款,例如《未成年人保护法》有关于家庭保护的专章,说明国家重视家庭的保护。但是面对家庭教育能力不足的问题,我国目前仍然缺乏家庭教育法律政策的顶层设计,尚未形成家庭教育发展的社会支持机制和法律政策体系。家庭教育发展中仍然存在主管机构不明确、家庭教育专业人才不足、家庭教育市场准入机制缺失等问题,没有明确的法律予以规范,已经成为我国家庭教育规范化发展的阻碍因素。由于专门性家庭教育法律的缺失,家庭教育的法律地位得不到确认,影响了家庭教育组织保障、家庭教育工作经费的投入与保障、家庭教育专业人员的选任与管理以及家庭教育市场的发展与培育,同时也影响了家庭教育理论研究的深入。[1]

---

[1] 2021年10月23日第十三届全国人大常委会第三十一次会议通过了《中华人民共和国家庭教育促进法》(以下简称《家庭教育促进法》),并于2022年1月1日起施行。但是《家庭教育促进法》在家庭教育发展的体制机制上仍然具有局限性。例如《家庭教育促进法》明确家庭教育服务机构应当加强自律管理,制定家庭教育服务规范,组织从业人员培训,提高从业人员的业务素质和能力。但是并未对从事家庭教育工作人员的准入要求作出明确规定。只是规定"有关部门、地方或者行业可以结合实际,依据相关法律法规,进一步明确对从事家庭教育工作人员的管理规范或者要求"。

二是政府作为家庭教育服务的提供主体存在着责任缺失。从政府投入来说，尽管大部分省（自治区、直辖市）有纳入地方财政预算的家庭教育工作经费，但预算总额不多。从总体上看，家庭教育经费中用于日常工作经费的支出较多。[1]在很多地区，家庭教育由哪个组织机构负责管理与实施，一直都有争议，所涉机构之间的职责也不明晰，造成家庭教育工作被忽视，使家庭教育工作系统的、长期的发展缺乏保障，即使个别地域有比较好的发展家庭教育经验也不能在其他地域推广。

三是政府主导的家庭教育社会支持机制不健全。家庭教育社会工作队伍严重不足，而且远没有达到专职化和专业化的要求，面向家庭教育的社会服务体系建设滞后，这些也成为影响家庭教育发展的重要不利因素。目前提供家庭教育服务的专业机构与家庭教育服务的服务途径都比较有限，家庭教育服务机构及其从业人员的专业性不足是家庭教育发展中比较突出的一个问题。一是专业机构及专职人员极少，二是兼职人员的专业水平有待进一步提高。在《关于指导推进家庭教育的五年规划（2011-2015年）》的通知中也指出，中西部地区和农村的家庭教育资源匮乏，面向留守、流动、困境儿童的家庭教育基本公共服务尚未满足群众需求。可见，我国家庭教育发展的重任主要集中在家长或家庭内部，缺少相关部门与社会外部力量的支持。

四是政府作为家庭教育市场的监管者，存在着监管责任缺失。家庭教育的需求催生了家庭教育培训市场，以政府投入为主并实施管理的家庭教育专业机构以及专业人员跟不上社会公众对家庭教育指导的需求，很多民间资本涌入家庭教育市场，涉及民营家庭教育服务机构，一大批家庭教育的培训、咨询、亲子机构应运而生，家庭教育市场急速升温。但是由于市场发育不完全，并且缺乏有效的规范与监管，我国家庭教育市场还较为混乱，市场缺乏准入机制且鱼龙混杂。家庭教育服务机构定位不清，专业人员资格准入制度缺乏，人员素质良莠不齐，一味迎合家长而不是科学指导，服务水平不高，角色混乱，导致家庭教育服务缺乏专业性、针对性、实效性。家教书籍、报刊、电视节目充斥人们周围，提供的建议五花八门，家长无所适从，从而使家庭教育陷入误区。这种现象的出现一方面与我国学术界在儿童成长规律、

---

[1] 参见中国儿童中心编：《我国家庭教育指导服务体系状况调查研究》，中国人民大学出版社2014年版，第10页。

家庭教育方法上存在分歧有关，更多的是由于专家和非专家的混合、媒体的炒作增加了家庭教育指导领域的混乱。[1]总之，家庭教育市场存在概念炒作、良莠不齐、缺乏规范等众多问题。

五是政府作为儿童权利的保障者，在父母教育行为的监督中缺位。受传统观念的影响，父母将子女视为自己的私人财产，有的父母奉行棍棒教育，随意打骂孩子。如2015年南京"虐童案"中，男孩由于未完成养母李某布置的课外作业被打成一级轻伤。该案告诉我们，儿童的权利在家庭教育中可能被父母侵犯，政府需要承担起监护监督的职责。家庭教育立法不仅需要保护儿童的权益，也要监督与帮助儿童的监护人，通过对其提供指导，帮助其增强法律意识、转变其教育理念、增强其教育能力、避免家庭中的不当教育行为，最大化地保护儿童的利益。[2]但是我国政府在监护监督的法律制度上还不完善，不能很好地监督父母的教育行为，保护未成年子女权益。

我国家庭建设和家庭发展能力问题日益受到党和政府的高度重视。2011年4月，胡锦涛同志要求把"建立健全家庭发展政策，切实促进家庭和谐幸福"作为人口和计划生育的重点工作。2011年《中华人民共和国国民经济和社会发展第十二个五年规划纲要》中明确提出"完善计划生育家庭优先优惠政策体系，提高家庭发展能力"以及2016年《中华人民共和国国民经济和社会发展第十三个五年规划纲要》再次强调要注重家庭发展。家庭发展能力是家庭凭借其所拥有的资源实现家庭发展目标、满足家庭成员生活与发展需要的能力。党的十八大以来，习近平总书记多次强调要"注重家庭、注重家教、注重家风"，并深刻指出"家庭的前途命运同国家和民族的前途命运紧密相连"，将家庭教育工作摆上了更加重要的位置。习近平总书记在2015年春节贺词中，进一步强调了重视家庭和家庭发展的重要性。家庭发展能力对一个国家的经济活力、社会结构乃至民族生存有着巨大的影响，关系到人类社会的发展和民族的兴衰，关系到社会和谐与人口长期均衡发展。家庭发展能力的一项重要内容就是家庭教育能力。现代家庭对子女的养育不再限于生存抚养，更注重子女品德、智力、健康、心理、社会适应等多方面能力的培养，对家庭养育子女能力提出更高要求，迫切需要政府积极介入家庭教育，但同

---

[1] 参见："家庭教育市场急速升温"，载《北京商报》2008年10月14日，第B1版。
[2] 参见钱洁："家庭教育法为何久呼不出?"，载《中国教育报》2016年5月26日，第9版。

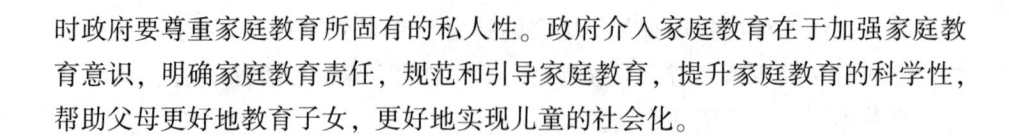

时政府要尊重家庭教育所固有的私人性。政府介入家庭教育在于加强家庭教育意识，明确家庭教育责任，规范和引导家庭教育，提升家庭教育的科学性，帮助父母更好地教育子女，更好地实现儿童的社会化。

1.2 研究意义

1.2.1 完善家庭教育权利研究

教育权由家庭教育权、国家教育权、社会教育权组成，国家教育权和社会教育权属于公共权利，在我国立法上比较受重视，相关法律也日臻完善，而家庭教育权的研究相对较少。与家庭教育权利相关的家庭教育研究有较为丰硕的成果。但是在家庭教育研究成果中，存在"两多两少"：一是对家庭教育现实问题的具体描述多，理论探讨少，二是在对家庭教育的学科视角研究中，从教育学、心理学学科视角对家庭教育进行的研究比较多，从社会学学科视角进行的研究比较少。[1] 从其他的学科视角进行的研究更少。对家庭教育进行多学科综合研究是现代教育科学发展的必然趋势，尤其是家庭教育由私人领域转向公共领域时，子女教育逐渐由家庭私育变成社会公育，家庭教育再也不是家庭的私事和个体随心所欲的行为，代表政府的社会却又未能及时对家庭教育行为作出相应的规范与指导，尤其是缺乏对家长的教育，从而使家庭教育处于一种盲目的、无序的境地。从法学的学科视角对家庭教育进行研究，深刻理解家庭教育发展与法律变迁的关系，并积极探讨适应社会发展的家庭教育法律制定的特点与规律，为家庭教育的实施提供有效的法律规范，有利于丰富家庭教育的研究。

家庭教育权利的实现，离不开家庭与政府关系处理的这条逻辑主线。当前对于政府介入家庭教育并无多大争议，大家关注的焦点在于政府介入家庭教育的基础是什么，对此人们并未形成共识。政府介入家庭教育的限度在哪，也未形成清晰的认识。如何构建系统的政府支持与规范家庭教育的法律体系，研究还不是很系统深入。本研究从家庭教育的性质入手，系统阐释政府介入家庭教育的理论基础，分析政府介入家庭教育的程度，系统阐述政府对家庭

---

〔1〕 参见关颖：《社会学视野中的家庭教育》，天津社会科学院出版社2000年版，第9页。

教育的职责类型及其法律体系，有利于厘清政府对家庭教育进行干预的认识，厘清家庭教育法的立法价值，确立以未成年人的健康发展权为导向的家庭教育立法价值；理顺家庭教育法的规范重点，对家庭教育立法需要调整的行为主体间的权利、义务关系，规范、约束与干预的家庭教育具体内容以及规范的形式作出理论澄清；推进家庭教育政策理论研究，建立保障性家庭教育政策体系。

1.2.2 完善家庭教育的政府职责体系研究

研究家庭教育的政府职责，而不是政府职能，使对教育的政府责任研究从抽象转向具体。党的十八届三中全会提出要推进国家治理体系和治理能力现代化。政府体系的运转与变化是国家治理现代化的重要内容，而政府职能及其转变则是政府体系内在运行与改革演化的核心。教育事业是整个国家事业的重要组成部分，推进教育治理体系与治理能力的现代化，也是推进国家治理体系和治理能力现代化的重要组成部分。

我国对于教育的政府职能的研究一般针对的是教育发展体制宏观层面的问题，从原则性阐述角度出发，从理论上解决政府对教育的哪些职能部分能够转变、哪些职能部分不能转变的难题。但是笼统地在政府职能框架下讨论教育问题，对于深入探究和解决教育体制问题是远远不够的。从宏观层面探索教育行政职能的一些原则是有必要的，但是仅仅停留在这一层面上，容易导致教育政府职能的研究"不接地气"，对于现实教育体制改革的帮助作用不明显。

政府的职能分为政府功能和政府职责，政府功能相对原则，而政府职责相对具体。教育的政府功能指政府运用国家权力对各种重要教育关系予以调控。教育的政府职能是一个整体性结构，它包含若干层次、若干方面。教育的政府职责是政府应当完成的主要教育工作或教育任务。在一定的历史时期，教育的政府功能往往变化不大。但是教育的政府职责作为政府工作任务，具有可操作性的事项，这些事项可以从横向上分解、纵向上划分，可以研究、安排和组织这些具体事项。因此，对政府职能结构的认识需要进一步细化，并且要将政府职能转变的重点落实到政府职责的调整和配置上来。[1]

---

〔1〕 参见吕同舟："国内近年来关于政府职能转变的研究：论域聚焦、逻辑转向与研究展望"，载《社会主义研究》2015年第4期。

从教育的政府职能研究转向教育的政府职责研究，使得教育的政府职能转变研究从抽象层面走向具体层面。政府教育职能转变的侧重点不再是政府"该管什么、不该管什么"的问题，而是政府对教育的角色定位和履责方式。从教育的政府职能转向政府职责，体现了教育的政府职能研究从抽象转向具体的逻辑变迁，可以进一步深化和细化对教育的政府职能转变研究。教育的"政府职能"到"政府职责"的转变，更多地从管理层面而非政治层面来考量教育的政府职能转变问题，同时也更多地关注政府推动教育发展的具体工作方式及其制度设计。

本书系统地研究家庭教育的政府职责体系，关注各项职责之间的相互协同以及职责配置与机构改革之间的双向互动等。基于政府某一单项职责的研究，这种研究一般选取政府职责的一个模块或其中可延展的研究部分，考察政府职责的必要性和可能路径。关于政府的单项职责的研究虽然可以推进某一项职责的转变，但却会无意识地造成政府职责确立及实现的"碎片化"，可能"挂一漏万"。教育的政府职责的体系研究，是从系统的角度考察教育的政府职责问题，关注政府对教育的各项职责及其履行的全景状况，强调构建系统的政府职责体系。教育的政府职责体系的构建，是关涉着一系列内外部要素的问题领域，意味着应当与政府在教育中扮演的角色以及发挥的功能联系起来，着力于理顺政府教育职责关系，并以此为基础实现职责设置与机构改革间的良性互动。从政府职责体系的视角切入，关注政府对教育的合理划定、理性配置及其运行，以便形成合理有效的教育职责体系。

1.2.3 促进家庭教育法律制度建设

学校教育、社会教育与家庭教育三种系统相互依存，家庭教育是所有教育的基础，是学校教育的延伸与拓展。家庭教育在整个教育体系中是一个基础性系统，它影响学校教育的起点与水平，也决定社会教育的整体状况与发展。长期以来，我国在全国层面没有专门的家庭教育法律，家庭教育的管理体制、组织形式、物质条件等都没有法律法规的有效保障。家庭教育在整个教育体系中的地位远没有获得重视，其法律地位得不到确认。家庭教育成为学校教育的附庸，没有切实发挥其育人功能，处于边缘化地位。

现代社会，家庭教育关系到国家、民族、社会利益，它已从私人领域走向公共领域。国家通过立法干预、保障与规范家庭教育，具有合法性与合理性，更能彰显一个国家法治的成熟。特别是我国长期受传统子女私有观念影响，家庭教育的国家法律政策体系不完善，导致家庭教育问题频频出现。用立法干预家庭教育，有利于推动家庭教育发展，进而推动整合社会经济发展。

家庭教育立法的核心内容是构建起政府主导的家庭教育支持与保障体系。面对社会转型、家庭变迁、教育变革的外部环境，很多家庭教育面临的问题和挑战都不容忽视。特别是我国放开了生育政策，家庭教育困难的问题会更加突出。我国陆续制定了涉及家庭教育方面内容的法律法规，但缺乏对家庭教育问题的有针对性的关注与解决。而且我国家庭教育的立法与政策制定一般是妇联或教育部门等负责牵头，文明办、卫生、民政、人口计生、关工委等其他部门共同参与，这体现了我国政府部门对家庭教育的重视。但立法主体的混乱，导致家庭教育存在多头立法执法、推卸责任等问题。在家庭教育发展过程中，一些地方政府和相关主管部门主导责任不到位、发展职责不落实；各级政府的家庭教育投入职责不明，投入主体不清，致使财政严重不足，教育主管机构不健全，家庭教育发展规划、组织领导和评估督导监管等失去基本保障。我国家庭教育法律法规中，对于我国的一些民间习惯、族规家法中的优秀传统，缺乏吸收与继承，造成家庭教育立法规定与民众日常生活需要相脱节，同时造成民众对家庭教育法制的漠视、排斥与抗拒。[1]

因此通过立法规范政府对家庭教育的职责，可以理顺家庭教育管理机制以及实施机制，凸显政府对家庭教育支持和保障的主导作用，明确政府在发展家庭教育中的职责，明确在政府的指导下，学校、社区在指导家庭教育方面的方式、人员资质要求、课程、教学方式等内容。通过立法规范政府对家庭教育的职责有利于促进政府为家庭教育提供支持和服务，规范和约束家庭教育行为，提升家庭教育能力，促进家庭发展能力建设。

---

[1] 参见吕慧、缪建东："改革开放以来我国家庭教育的法制化进程"，载《南京师大学报（社会科学版）》2015年第2期。

1.3 国内外研究述评

1.3.1 与家庭教育政府职责直接相关的研究

1.3.1.1 家庭性质与教育性质

关于家庭教育与政府的关系,从所收集的文献资料看,主要有叶强的《论国家对家庭教育的介入》,该书从宪法学角度对国家和家庭在儿童教育中的责任关系进行了研究,是家庭教育与政府关系较为全面系统的研究成果。但是该书由于学科视角与论证侧重因素,主要是相对宏观的理论探讨,而家庭教育政府职责的具体分析以及制度建构方面研究不充分。[1]家庭教育政府职责涉及家庭与教育两方面的性质,因此政府与家庭教育的关系需要分析家庭的性质与教育的性质。

家庭的性质研究。国家是否应该介入家庭,如果可以,那么介入到什么程度、以什么方式介入,牵涉到家庭的性质问题。西方文化中素有公私二元论的传统,与公私二元论这个流动的框架相对应的是,政府在家庭公共政策问题上的不同倾向以及与此相关的国家与家庭责任界限的确认。在西方传统之中,家庭通常被定位为一个私人领域。亚当·斯密为代表的古典自由主义者就强调私人领域的自由与自治。[2]但是过去的半个多世纪以来,人们还是倾向于认为私人领域与公共领域是相对而言的概念,二者的区分并不明晰和固定。特别是西方女性主义思潮批判了公私两分模式,认为二者之间存在一种互构关系,[3]对家庭私人化的边界构成了冲击。虽然家庭是一个私人领域,但是家庭的行动过程内含着并体现了某种社会性和公共性。[4]安德鲁·切尔林(Andrew J. Cherlin)认为,家庭具有公共性与私人性两面性,并认为家庭变得越来越多样和复杂,区分家庭公共性与私人性之间的界限变得很困

---

[1] 参见叶强:《论国家对家庭教育的介入》,北京大学出版社2018年版。

[2] 参见[英]K. R. 波普尔:《开放社会及其敌人》,杜汝楫、戴雅民译,山西高校联合出版社1992年版,第105~106页。

[3] 参见吴小英:"现代性视野中的家庭定位:私人的还是公共的?",载《中国的家庭变迁和公共政策国际研讨会专家报告集》,2011年版,第50~51页。

[4] 参见杨敏:"社会互构论:从差异走向认同的需求",载《江苏社会科学》2006年第1期。

难。[1]约翰·伊克拉（John Eekelaar）视家庭为特权领域，外部对家庭领域和家庭生活应予以尊重。但他也认为对特权领域的尊重要求对特权领域内的伤害进行干预。[2]迈克尔·韦恩斯（Michael Wyness）从儿童权利的角度，认为家庭不是私人领域，他分析了儿童在家庭/国家事务中的第三方角色对传统政府与家庭的关系的挑战。[3]类似的观点在我国学者的研究中也被认同。如儿童是具有公共性质的准公共产品，儿童事务不再被视为家庭的内部事情，[4]家庭并非私人领域，而是具有一定的公共性质，需要政府和社会协助解决。[5]美国宪法学者则从隐私的角度分析家庭及其子女教养的自治性，但隐私界定的逻辑前提是公共领域和私人领域的划分，由于公与私的划分没有具体的、统一的标准，只能在个案中结合具体情形进行利益衡量。[6]

教育的性质研究。家庭教育跟学校教育、社会教育一样，是教育的一种形态。教育的性质也约束着家庭教育。第一，教育的公共性。公共教育体制的建立，提出了教育的公共性问题。对于教育公共性，郑新蓉认为教育的公共性是现代教育的基本特征，它指向儿童发展与社会整体公共利益，平权、保护、发展、世俗是其基本内涵。[7]朱家存、周兴国认为，教育的公共性所表明的是，教育基于正当性或正义性而关涉公民社会的公共事务及公民品质，并认为家庭教育、学校教育和社会教育都具有公共性特征，应该以社会正义为价值追求。[8]苏君阳认为，国家基于教育公共性为其提供保护，对其公

---

[1] See Andrew J. Cherlin, *Public and private families: an introduction*, The McGraw-Hill Companies, 2013, pp. 9–15.

[2] 参见[英]约翰·伊克拉：《家庭法和私生活》，石雷译，法律出版社2015年版，第96~101页。

[3] See Michael Wyness, "Children, Family and the State: Revisiting Public and Private Realms", *Sociology*, 2014, pp. 59–74.

[4] 参见姚建平：《国与家的博弈：中国儿童福利制度发展史》，格致出版社、上海人民出版社2015年版。

[5] 参见杨静慧："发展型家庭政策：预防青少年犯罪的有效切入点"，载《国家行政学院学报》2013年第5期。

[6] 参见马特：《隐私权研究——以体系构建为中心》，中国人民大学出版社2014年版，第285页。

[7] 参见郑新蓉："教育公共性：基于儿童保护和全面发展"，载《中国教育学刊》2012年第5期。

[8] 参见朱家存、周兴国："论公共教育的公共性及实践表征"，载《华东师范大学学报（教育科学版）》2007年第4期。

性的缺失负有补救与保障责任。同时，国家对教育公共性的建构要基于最小干预和后果保障原则。[1]第二，教育的私人性。西方国家在资本主义时期，资产阶级思想理论家出于从教会和国王那里夺取教育权的目的，提出了教育私事性的观点，认为抚养教育子女是父母的固有权利和义务，属于自然法的范畴。张天麟认为教育属于公共事务，但在个别领域中也存在着私事性因素，教育的私事性主要表现在家庭教育方面。[2]郑新蓉认为现代公共教育制度的建立，使得家庭出让了一部分教育权力。家长教育权力向国家公共教育转移之后，父母对公共教育的直接的教育意识就被排除了，教育的私人性也被抽象化。尽管如此，家庭也从来没有，事实上也不可能将自己对子女的教育权力全部出让。有两个因素决定了教育的私人性，一是财产私人所有制的社会和国家性质，二是父母对未成年人不可分离的监护责任和义务。[3]第三，教育公共性与私人性的界限与转化。苏君阳认为教育的公共性和私人性之间并不是绝对的。私人性只存在于稳定、封闭性的私人组织或领域，一旦该组织的边界被打破并在社会公众中产生普遍性的需求，公共性就随之在私人组织或领域中产生。公共性、准公共性以及私人性之间并不是一成不变的，它们会随着特定时代、特定社会要求的变化而变化。[4]

1.3.1.2 父母教育权研究

父母教育权利与家庭教育紧密相关，因为家庭教育是父母权利在家庭领域内的行使。关于父母教育权利的研究主要有以下几方面：

父母作为教育权主体研究。在教育儿童上，谁有责任？谁承担主要责任？这是教育权主体的责任分配问题。保罗·克拉克（Paul Clarke）认为总体而言，在抚养和教育儿童上，父母是关键角色，但是，在儿童怎样被教育上，他们并不是唯一发挥影响的角色。在私立教育领域，儿童的教育利益或权利依赖于其父母，父母深植于其内心的宗教和良心观念的教育方式会干预和破

---

[1] 参见苏君阳："社会结构转型与教育公共性的建构"，载《教育研究》2007年第8期。

[2] 参见张天麟："市场经济下教育的私事性和公共性"，载《天津市教科院学报》1995年第3期。

[3] 参见郑新蓉："试析父母教育权的起源、演变和特征"，载《教育研究与实验》2000年第5期。

[4] 参见苏君阳："社会结构转型与教育公共性的建构"，载《教育研究》2007年第8期。

坏儿童的权利和利益，国家可以对父母采取哪些限制还不确定。[1]罗杰·马普尔斯（Roger Marples）认为需要区分父母的合法利益与其作为父母声称具有的被推定的权利。父母没有因与自己利益不一致而去冒犯儿童之权利。[2]不过也有学者对儿童最佳利益原则提出了质疑。如加拿大的埃蒙·凯伦认为孩子中心论支持更广的父母权利是基于孩子的最佳利益，而不是孩子成长的基本需要。[3]宗教教育一直是美国等国家事关父母教育权行使的问题。它涉及父母的宗教信仰与普及教育的关系。美国的法院一般允许父母将自己的宗教信仰传给自己的子女，这么做的真正价值在于尊重父母子女关系这一特权领域。[4]布莱恩·克里滕登（Brian Crittenden）认为家庭教育的核心作用在于养成幼儿具有代际认同感和亲密的家庭成员身份，父母在子女教育上的权威应该被认为是首要的。但是父母无权向子女灌输社会中某一特定群体独特的生活方式，更不用说灌输他们自身可能执着追随的特殊理想和志趣了。[5]日本在教育儿童责任问题上有两个比较有影响力的判决：杉本判决和高津判决。杉本判决指出"承担儿童教育责任的是以父母为中心的全体国民""父母"，被包括在"国民"范围之中，回避了父母具有的私的意识。高津判决排除了父母对公共教育的直接的教育意识。[6]

父母教育权的性质及限制研究。父母教育权的性质及限制，关系到政府介入家庭教育的范围与限度。日本的久下荣志郎、崛内孜认为父母教育权是一项自然权利。父母的教育权，一方面是父母对子女应享有的权利，另一方面也是父母对子女应尽的义务。赋予自然权性质的法定的父母的教育权，不

---

[1] See Paul Clarke, "Parental rights, the Charter and education in Canada: the evolving story", *Education and law journal*, 2010, pp. 203-239.

[2] See Roger Marples, "Parents' right and educational provision", *Stud Philos Educ*, 2014, pp. 23-39.

[3] 参见[加]埃蒙·凯伦、孙兰芝："'大球理论'与教育中父母及子女的权利"，载《教育研究》2004年第4期。

[4] 参见张民安主编：《自治性隐私权研究——自治性隐私权的产生、发展、适用范围和争议》，中山大学出版社2014年版，第217页。

[5] 参见[澳]布莱恩·克里滕登：《父母、国家与教育权》，秦惠民、张东辉、张卫国译，教育科学出版社2009年版。

[6] 参见[日]久下荣志郎、崛内孜编著：《现代教育行政学》，李兆田等译，教育科学出版社1981年版，第241~244页。

只是体现了父母与子女之间的权利和义务关系,而且体现了父母对社会的关系。可以把父母的教育权理解为面向第三者代行儿童的权利。[1]秦惠民认为家庭教育权是受宪法保护的基本权利,也是宪法规定必须履行的基本义务。家庭教育权作为一种私权利,其行使必须符合社会整体对社会的年轻一代进行教育的公共性原则的基本要求。[2]尹力认为,在家庭教育中父母对子女具有权威,这种权威是直接甚至是绝对的,其合理性的主要依据是自然道德基础、血缘关系,个体、家庭与社会发展的需要。父母教育权作为自然权利,其权利是相对的,即它是有一定界限和边界的。子女的最大利益是父母教育权边界的最高价值标准。[3]郑新蓉认为无论是国家(公)还是家庭(私),父母的教育权行使的前提条件是儿童人权的确立、对儿童的保护。[4]日本学力测验最高法院判决认为父母的教育自由,只在一定范围内予以肯定,其自由主要是选择家庭教育等校外教育的自由和选择学校的自由。除上述这些领域外,"被认为是必要的相当范围的自由权限"则属于国家。[5]父母教育权利不当行使,国家有义务通过行政、司法等多种途径予以规制。[6]

在家教育研究。在家教育是父母教育权行使的反映与体现,也是家庭教育的一种形态。在家教育涉及父母的教育选择权问题。家庭与国家教育权二者的冲突,焦点集中于教育选择权。瑞典教育家胡森(T. Husen,1982)在《教育的目前趋势》一文中指出:"有迹象表明,学校将越来越多的由家庭承担责任。"[7]家庭学校是当今美国一种重要的教育选择形式,目前在全美各州都已取得了合法地位。美国对家庭教育及法律规制也有较多的研究,有研究报告总结了50个州的家庭学校法律。分析了州法律的特征,介绍了50个家

---

[1] 参见[日]久下荣志郎、崛内孜编著:《现代教育行政学》,李兆田等译,教育科学出版社1981年版,第241~244页。

[2] 参见秦惠民:《走入教育法制的深处——论教育权的演变》,中国人民公安大学出版社1998年版,第170~175页。

[3] 参见尹力:"试论父母教育权的边界与内容",载《清华大学教育研究》2012年第5期。

[4] 参见郑新蓉:"试析父母教育权的起源、演变和特征",载《教育研究与实验》2000年第5期。

[5] 参见[日]久下荣志郎、崛内孜编著:《现代教育行政学》,李兆田等译,教育科学出版社1981年版,第243页。

[6] 参见尹力:"试论父母教育权的边界与内容",载《清华大学教育研究》2012年第5期。

[7] [瑞典]托斯顿·胡森:"教育的目前趋势",载中央教育科学研究所、《世界教育展望》编辑组:《世界教育展望》,教育科学出版社1983年版,第188页。

庭学校法律的概况,还提供了来自独立研究、州教育部门和当地学区的学业表现的统计数据。[1]我国学界在2006年"孟母堂"事件后也比较关注家庭教育权利,主要聚焦于家庭教育权与国家教育权、父母自由选择学校权利、家长选择在家上学权、家长参与学校教学与管理的权利、家长对孩子的教育的适度问题。[2]

1.3.1.3 家庭教育的公共服务性质及其支持系统

家庭教育服务的基本公共服务性质研究。工业化、城镇化进程造成了家庭教育不均衡,解决家庭教育问题关键是将家庭教育纳入政府基本公共服务,由政府为家庭提供基本指导服务。[3]

家庭教育支持的体制机制研究。家庭教育公共服务的供给需要政府与市场、第三部门的协作,并强调政府的主导作用。家庭教育发展需要坚持国家政策引导与社会提供服务。[4]政府要在家庭教育发展中发挥主导性作用,同时积极吸纳社会力量参与,丰富供给形式。政府应该成立家庭教育公共服务的主管部门,具体模式有三种:一是教育行政部门管理模式,以日本为代表;二是社会公共事业部门管理模式,以新加坡为代表;三是教育行政部门与社会公共事业部门共同管理模式,以美国为代表。上述三种模式有一个共同点,即将家庭教育公共服务供给事务委托实体部门来履行。[5]

家庭教育支持的形式研究。关于家庭教育公共服务供给形式的理论研究比较欠缺,主要集中于域外经验的总结以及我国实践经验的总结。域外经验的介

---

[1] See *Home Schooling in the United States: A Legal Analysis*, Home School Legal Defense Association, 2007.

[2] 参见辛占强、许国动:"国家教育权与家庭教育权紧张的原因探析——以需求与责任的关系为分析维度",载《沈阳教育学院学报》2007年第4期。参见余雅风、茹国军:"'在家教育'立法的现实诉求及框架构想——以北京市义务教育阶段为例",载《北京社会科学》2015年第12期。

[3] 参见魏海洋、郝园园、娄花:"家庭教育应纳入公共服务",载《半岛都市报》2016年3月10日,第A4版。参见任然:"将家庭教育服务纳入城乡社区公共服务之中",载《中国妇女报》2008年3月14日,第B02版。"中国科协建议家庭教育纳入城乡公共服务体系",载http://news.xinhuanet.com/newscenter/2009-11/02/content_12373588.htm,最后访问日期:2009年11月2日。王蓓:"全国人大代表赵东花建议:家庭教育纳入社区公共服务",载《中国妇女报》2016年3月5日,第A1版。

[4] 参见冯晓霞:"中国家庭教育的社会支持系统",载《学前教育研究》1997年第3期;胡杰:"将家庭教育指导纳入政府公共服务体系的研究",上海交通大学2011年硕士学位论文;张建波:"0-3岁婴幼儿社区早教公共服务体系构建的基本框架",载《理论观察》2013年第12期。

[5] 参见张晋:"城市社区早期家庭教育公共服务供给研究",西南大学2015年硕士学位论文。

绍主要集中在美国、日本、法国的家庭教育服务政策。[1]在对家庭教育提供服务的形式上，家庭教育指导体系是最受关注的一种。中国儿童中心编写的《我国家庭教育指导服务体系状况调查研究》和《我国家庭教育指导服务体系构建与推进策略研究》针对我国建立"什么样的"和"如何建立"家庭教育指导服务体系的问题，对我国家庭教育指导服务体系现状进行了总结，并且介绍了其他国家和地区家庭教育指导体系的发展经验。[2]

特殊群体的家庭教育支持研究。随着我国城市化进程加快，流动儿童和留守儿童的家庭教育成为特殊群体家庭教育支持研究的关注点。[3]

1.3.1.4 家庭教育法律研究

家庭教育立法必要性研究。家庭教育领域的新问题直接催生家庭教育立法的需求。对于立法介入家庭教育领域，一般持肯定态度。认为家庭教育已远非私人问题，它与国家、民族和社会利益有关。对家庭教育进行立法干预具有合法性与合理性。[4]家庭教育立法的主要问题并不是是否应该对家庭教育立法干预，而是应该把握好家庭教育立法干预的"度"。[5]关于家庭教育立法的目的，存在"市场规范"说、"软硬并举"说、"预防犯罪"说、"法律完善"说、"健康发展"说。[6]当然，也有认为教育的私人性决定了家庭教育水平只能通过父母的思想认识水平的提高来提升，而不能通过带有强制性的法律规范来实现。[7]认为不可能也没必要用法律去规定家长及其他监护

---

[1] 参见和建花："法国、美国和日本家庭教育支持政策考察"，载《中华女子学院学报》2014年第2期。参见樊秀丽："日本家庭教育支援事业的保障"，载《比较教育研究》2014年第6期。

[2] 参见中国儿童中心组编：《我国家庭教育指导服务体系状况调查研究》，中国人民大学出版社2014年版。中国儿童中心组编：《我国家庭教育指导服务体系构建与推进策略研究》，中国人民大学出版社2016年版。

[3] 参见柳倩编著：《国际处境不利学前儿童政策研究》，华东师范大学出版社2012年版，第70~72页。参见李静："福利多元主义视域下流动儿童家庭教育社会支持体系研究"，载《理论导刊》2012年第11期。参见李杨、任金涛："中国流动、留守儿童的家庭教育指导服务现状与建议"，载《首都师范大学学报（社会科学版）》2013年第5期。

[4] 参见王素蕾："家庭教育需要立法"，载《江苏教育学院学报（社会科学）》2010年第5期。

[5] 参见王素蕾："家庭教育需要立法"，载《江苏教育学院学报（社会科学）》2010年第5期。

[6] 参见刘守旗："关于家庭教育立法有关问题的思考"，载《江苏第二师范学院学报（社会科学）》2014年第4期。

[7] 参见张天麟："市场经济下教育的私事性和公共性"，载《天津市教科院学报》1995年第3期。

人对未成年人应该采用什么样的家庭教育方式。[1]

家庭教育立法指导原则研究。家庭教育立法活动是整个教育立法活动的一部分，因此需要遵循教育立法的一般原则。教育立法必须回归教育的公共性，以教育的公共性为教育立法的核心价值基准，教育法各要素的规范也须考虑公共性的要求。[2]家庭教育立法并非"控制家庭"，其着眼点"在于国家如何为提高家庭教育的水准，提供更多的支持保障。"[3]也有研究指出，家庭教育进行立法要注意隐私保护，要尊重和保护私人的利益。[4]

家庭教育立法内容研究。劳凯声先生借用分析市民社会（或第三部门理论）的一种相关维度"志愿-强制""公益-私益"来分析家庭教育权，认为家庭教育权的权利行使目的是通过志愿或强制（亲权的传统习惯权利）以达成公益或私益（一般是首先满足私益而后达到公益）。国家介入社会团体或私人举办的教育机构，甚至介入家庭教育领域使得市民社会的教育权利行使受到很大的制约，并构成更为复杂的法律关系，包括私法法律关系、公法法律关系和公私混合法律关系。[5]熊少严认为家庭教育立法的核心内容应明确规定调节哪些关系，尤其应明确政府的相关责任。家庭教育法重点调节家庭教育实施与家庭教育管理两大法律关系。[6]家庭教育法的核心内容是要解决家庭教育的政府支持问题，必须全面贯彻儿童优先的理念，以儿童的最大利益为首要考虑。[7]

1.3.2 与家庭教育政府职责间接相关的研究

1.3.2.1 儿童在家庭中的权利研究

家庭是儿童权利实践的焦点场所，儿童最初的成长、发育和社会化过程

---

[1] 参见张剑虹："从要求制定家庭教育法看立法依赖症"，载《政府法制》2008年第7期。

[2] 参见余雅风："教育立法必须回归教育的公共性"，载《北京师范大学学报（社会科学版）》2012年第5期。

[3] 王长路："家庭教育如何走出立法'真空'？"，载《中国妇女报》2012年8月30日，第A01页。

[4] 参见刘守旗："关于家庭教育立法有关问题的思考"，载《江苏第二师范学院学报（社会科学）》2014年第4期。

[5] 参见劳凯声主编：《变革社会中的教育权与受教育权：教育法学基本问题研究》，教育科学出版社2003年版，第141~143页。

[6] 参见熊少严："关于家庭教育立法问题的若干思考"，载《教育学术月刊》2010年第4期。

[7] 参见李明舜："家庭教育立法的理念与思路专题论坛"，载《中国妇运》2011年第1期。

都是在家庭中完成的,研究家庭教育问题离不开儿童权利。对于儿童是否应享有权利已经不需讨论,对儿童权利的研究主要集中在儿童权利限度以及其与父母权利之间的冲突问题。从儿童在家庭中的权利关系到家庭教育立法主要有以下三个方面的内容:

父母责任研究。父母责任制度的发展与对儿童权利保护的关注密不可分,可以说,儿童权利保护的最核心在于父母,父母是儿童健康发展的第一层保护罩。父母权利来自对儿童的照料,由于儿童处于天然的弱势地位以及受历史传统的影响,父母权利常常表现为一种地位权利,而凌驾于儿童权利之上。不过有些国家在《儿童权利公约》出台之前,就将父母权利理解为责任。例如在1987年加拿大的一个离婚诉讼中,威尔逊(Wilson)法官认为应从父母权利转向儿童权利,应该说是父母责任而非权利。[1]"父母责任"主要强调的是父母对其子女的保护以及对其照顾的权利和义务。[2]"父母责任"一词反映了亲子法立法理念从注重父母对子女的权利到强调父母对子女的责任、义务,反映了立法重心的转变,即从"父母本位"转变到"子女本位"。[3]有研究分析了父母责任的必要性,认为确立父母的责任,可以约束父母教育行为,增强教育儿童的效果。家庭功能发挥如何与少年反叛及偏差行为有显著关系。[4]父亲和母亲管教的偏执和严苛性程度与官方和非官方记录的违法犯罪呈现相关性,监管和依恋程度增加后,违法犯罪数量降低。[5]将父母权利解读为父母责任,更有利于提升儿童地位和彰显儿童权利。[6]不同的国家法律对父母责任的规定有所不同。如英国的亲职令(parenting order)、赔偿

---

[1] See Anne McGillivray, "Children's rights, paternal power and fiduciary duty: from roman law to the Supreme Court of Canada", *International Journal of Children's Rights*, 2011, pp. 21-54.

[2] Children Act 1989, Part I, Section 3.

[3] 参见陈苇、王鹍:"澳大利亚儿童权益保护立法评介及其对我国立法的启示——以家庭法和子女抚养(评估)法为研究对象",载《甘肃政法学院学报》2007年第3期。

[4] 参见蔡德辉、杨士隆:《少年犯罪——理论与实务》,五南图书出版有限公司2008年版,第159页。

[5] 参见[美]罗伯特·J.桑普森、约翰·H.劳布:《犯罪之形成———人生道路及其转折点》,汪明亮等译,北京大学出版社2006年版,第83页。

[6] See Ruck, M.D., Peterson-Badali, M., &Day, D, "The relationship between adolescents and parents' understanding of children's rights", *Journal of Research on Adolescence*, 2002, pp. 404-417, 373-398.

令、具保令、支付罚金或费用令以及出席令等。[1]在美国校园枪击案中，父母需要为子女的行为承担法律责任，包括财产罚（罚金、支付法庭费用、对受害人的赔偿、支付犯罪子女在改造和矫正期间的治疗和监管费用）、参加少年法庭的审理程序、与孩子一起参加社区服务以及监禁。[2]当然，对于父母责任也有反对意见。主要是针对孩子犯罪行为，惩罚父母是否能够减少青少年犯罪存在疑问。[3]约翰·伊克拉就认为仅仅因父母没有尽职尽责端正子女的行为就用刑法手段处罚父母，并不能知晓能取得什么效果。在家庭之外，儿童的行为更易受到父母无法控制的事件的影响。[4]

亲权与监护制度研究。亲权与监护是两种不同的法律制度，它们在本质上、立法上、主体上、权利的内容上都有不同。[5]英美法系国家法律对未成年人统一由监护制度来保护，而不另设亲权制度。安妮·麦吉利夫雷（Anne McGillivray）通过加拿大最高法院分析了罗马法原则对现代法律的影响，法院认为监护是儿童的，而不是父母的权利。[6]斯蒂芬·帕克（Stephen Parker）认为父母权利从本质上与儿童权利是同构的。实现儿童最大利益要依靠父母行使亲权和履行义务；父母在行使对子女的权利和履行义务时，需要参照子女的"最大利益"。而且在考虑最大利益标准时，也要考虑父母权利的实现。[7]布伦南（Samantha Brennan）和诺格尔（Robert Noggle）提出了"有限的父母权利理论"，认为儿童的父母应当以有限的权威来指导他们的成长。[8]

---

[1] 参见梅文娟、刘承涛："英国少年犯罪父母责任之立法考察与借鉴"，载《青少年犯罪问题》2016年第2期。

[2] 参见董蕾红："美国校园枪击案中的父母刑事责任"，载《青少年犯罪问题》2013年第5期。

[3] 参见董蕾红："美国校园枪击案中的父母刑事责任"，载《青少年犯罪问题》2013年第5期。

[4] 参见[英]约翰·伊克拉：《家庭法和私生活》，石雷译，法律出版社2015年版，第138~140页。

[5] 参见陈苇、石婷："家庭因素对未成年人犯罪的影响及对策实证研究——以重庆市某区人民法院未成年人犯罪案件为对象"，载《青少年犯罪问题》2013年第5期。

[6] See Anne McGillivray, "Children's right, parental power and fiduciary: from Roman law to the supereme court of Canada", *International Journal of Children's Rights*, 2011, pp. 21-54.

[7] See Stephen Parker, "The Best Interests of the Child——Principles and Problems", *International Journal of Law, Policy and the Family*, Vol. 8, No. 1., 1994, p. 33.

[8] See S. Brennan, R. Noggle, "The Moral Status of Children: Children's Rights, Parents'Rights, and Family Justice", *Social Theory and Practice*, 1997, pp. 1-26.

在儿童教育的亲权与监护方面，研究集中于我国的城市化造成的留守儿童的监护缺失问题。研究指出从民事立法的角度来看，我国关于未成年人监护制度规定的不足是其重要原因。[1]认为我国没有明确界定对父母权力监督等相关内容，使得父母对未成年子女的教育管理成为法治盲区。因此需要明确父母的权力性规定，强化父母的义务性规定，并使国家更为主动而且严密地监督亲权，确立完善的未成年人监护制度。[2]

自然亲权与国家亲权的关系研究。由于父母与国家对儿童都具有保护义务，因此如何处理父母与国家之间的关系会影响儿童在家庭中的权利及保护，产生了自然亲权与国家亲权的关系。郑净方认为联合国《儿童权利公约》承认了儿童权利主体性，使得儿童的最佳利益得到保障，国家亲权成为父母责任的补充责任，国家由此介入家庭保护受害儿童权利。[3]"'国家亲权'法则为国家干预问题少年提供了理论基础。"[4]

过去，国家亲权与自然亲权产生的冲突主要是在两个方面：一是对子女的经济利用权的冲突，如反童工和义务教育制度；二是惩戒权上的冲突，这在罗马法中有表现。教育权行使的领域则是现在冲突的新领域。例如美国迈尔诉内布拉斯加（Meyer v. Nebraska）案确认了在教育问题上自然亲权对国家亲权的优越性。[5]俄勒冈州的皮尔斯诉姐妹协会（Pierce v. Society of Sisters of the Holy Names of Jesus and Mary）案判定教育的责任首先属于孩子的父母和监护人，父母对孩子的教育决策权属于美国《联邦宪法》第14条修正案保护的自由。[6]

1.3.2.2 家校合作与亲职教育

家校合作研究。家校合作使学校教育学生能获得家庭支持，而家长在教

---

[1] 参见孔东菊："农村留守儿童监护权缺失问题的民法研究——以未成年人监护制度为视角"，载《广西社会科学》2008年第4期。

[2] 参见余雅风："亲权和监护的功能差异与我国未成年人监护制度的完善"，载劳凯声主编：《中国教育法制评论（第4辑）》，教育科学出版社2006年版，第245~256页。

[3] 参见郑净方："国家亲权的理论基础及立法体现"，载《预防青少年犯罪研究》2014年第3期。

[4] 张鸿巍："'国家亲权'法则的衍变及其发展"，载《青少年犯罪问题》2013年第5期。

[5] Meyer v. Nebraska

[6] 参见徐国栋："国家亲权与自然亲权的斗争与合作"，载《私法研究》2011年第1期。

育子女时也能得到学校指导。[1]美国学者关于家校合作的研究成果比较丰富，美国学者从家校合作的内涵、合作的意义与价值、合作的内容、合作的形式以及家长在家校合作中的角色定位等方面进行了较为系统、全面的研究。这些研究成果基本上可以分为3类：第一类涉及家校合作的历史研究。如美国坦普尔大学历史学教授卡特勒（William W. Cutler）所著《家长与学校：美国的150年教育之争》[2]，第二类是关于美国中小学家校合作现状的理论和实践研究，[3]第三类是关于家校合作的综合性研究，从社会政治、经济、文化、教育、法律等多角度来探讨学校教育中的家校合作问题。[4]国内有关家校合作的研究比较薄弱，多偏重介绍，缺乏内在机制和运作过程的分析。[5]除了介绍国外家校合作的经验之外，也对家校合作的一些基本问题做了探讨。[6]

亲职教育研究。西方国家20世纪30年代，美国父母教育倡导者托马思·高顿（Thomas Gordon）最早提出了亲权概念。美国称之为"父母教育"（parental education），在德国被称为"双亲教育"（Elternbildung），美国的亲

---

[1] 参见马忠虎编：《家校合作》，教育科学出版社1999年版。

[2] See William W. Cutler, *Parents and Schools: the150-year struggle for control in American Education*, University of Chicago Press, 2000.

[3] See Morgan, V., Fraser, G., et al, "Parental involvement in education: How do parents want to become involved?", Education studies, 1992, pp. 11-20. McDonald, L., et al, "Family and schools together: An innovative substance abuse prevention program", *Children & Schools*, 1991, pp. 118-128. Joyce L. Epstein, "School and family partnerships", *Instructor*, 1993, pp. 78-76. Linda M. Raffaele, Howard M. Knoff, "Improving Home-School Collaboration with Disadvantaged Families: Organizational Principles, Perspectives, and Approaches", *School Psychology Review*, 1999, pp. 448-466.

[4] See Barbara. Schneider, James S. Coleman. *Parents, Their Children, and Schools*: West view Press. 1993. 参见[美]格伦·奥尔森、玛丽·卢·富勒编著：《家庭与学校的联系：如何成功地与家长合作》，谭军华等译，中国轻工业出版社2003年版。参见[美]乔伊斯·L. 爱泼斯坦等：《大教育：学校、家庭与社区合作体系》，曹俊骥译，黑龙江出版集团、黑龙江教育出版社2016年版。参见[美]钱德勒·巴伯、尼塔·H. 巴伯、帕特丽夏·史高利：《家庭、学校与社区建立儿童教育的合作关系》，安睿、王磊译，江苏教育出版社2013年版。

[5] 参见马忠虎：《家校合作》，教育科学出版社2001年版。参见邹强："国外家校合作问题研究及其启示"，载《教学与管理》2011年第4期。参见王凝："日本家校合作的特点及启示——以家长教师联合会的实践为例"，载《世界教育信息》2016年第14期。

[6] 参见黄河清、马恒懿："家校合作价值论新探"，载《华东师范大学学报（教育科学版）》2011年第4期。参见杨晓、李松涛："基于共生理念的家校合作改革构想"，载《教育科学》2013年第5期。参见余清臣、周娟："家校合作的真意——当代中国家校合作的教育学反思"，载《少年儿童教育》2010年第4期。参见高艳红："教育治理背景下农民工随迁子女家校合作问题研究"，载《教育理论与实践》2016年第29期。

职教育研究成果相对比较丰富,其研究成果可以归纳为以下四个方面:一是亲职教育对儿童成长与发展的重要性。如卡罗尔(Karol L. Kumpfer)就认为通过提高父母的教育水平,可以有效预防儿童沾染不健康行为。[1]二是有关亲职教育的各种支持项目。鲍威尔(Powell)和道格拉斯(Douglas R.)从联邦政府、州政府以及社区三个层面分别介绍了有关支持亲职教育的法案和活动项目,并认为联邦、州以及社区提供的相关亲职教育项目对儿童早期教育和发展都很重要,其研究成果为教育者和政策制定者们提供了参考。[2]三是与亲职教育有关的技巧和理论。如布洛克(Brock, G. W.)、沃尔特文(Oertwein M.)和康福尔(Coufal J. D.)从理论、研究和实践三方面来论述亲职教育。[3]四是亲职教育的成效评估。如巴尔洛(Barlow J.)着重从亲职教育实施对改善3至10岁儿童行为问题的效果方面进行了研究。[4]我国对亲职教育的研究一般是分析亲职教育的意义,[5]同时指出亲职教育存在的问题,[6]提出完善亲职教育的建议[7];提出立法上应当引入亲职教育权,法律上界定亲职教育权的概念与对象,增加规范亲职教育权的一些内容;[8]赋予法官强制性亲职教育的裁判权,追究教养失职监护人的法律责任。[9]

---

[1] See Karol L. Kumpfer, Effeetive Parenting Interventions for the Prevention of Child, http://www.strengtheningfamiliesprogram. org/docs/Effective_ Parenting_ Interventions. pdf. 2016-12-25.

[2] See Powell, Douglas R., "Parent Education and Support Programs", *Community Programs. Young Children*, 1986, pp. 47-53.

[3] See Brock, G. W, Oertein, M., Coufal, J. D., *Parent edueation: Theory, researeh, and Practice*, pp. 87-114. In E. Arcus, J. D. Schvaneveldt, J. J. Moss (Eds.), *Handbook of family life education: The Practice of family life education*, SAGE Publications Inc, 1993.

[4] See Barlow J, Parsons J., *Group-based parent-training program for improving emotional and behavioral adjustments in 0-3 years old children*, John Wiley & Sons, Ltd, 2003.

[5] 参见关颖:"亲职教育的意义、特点及其制度构建",载《预防青少年犯罪研究》2014年第5期。参见游涛、张莹:"以强制性亲职教育问责教养失职监护人——罪错未成年人监护人法律责任探究",载《预防青少年犯罪研究》2015年第1期。

[6] 参见盖笑松、王海英:"我国亲职教育的发展状况与推进策略",载《东北师大学报(哲学社会科学版)》2006年第6期。

[7] 参见盖笑松、王海英:"我国亲职教育的发展状况与推进策略",载《东北师大学报(哲学社会科学版)》2006年第6期。参见关颖:"亲职教育的意义、特点及其制度构建",载《预防青少年犯罪研究》2014年第5期。

[8] 参见刘淑芬:"刍议亲职教育的法律思考",载《当代法学论坛》2010年第1期。

[9] 参见游涛、张莹:"以强制性亲职教育问责教养失职监护人——罪错未成年人监护人法律责任探究",载《预防青少年犯罪研究》2015年第1期。

1.3.2.3 政府责任研究

美国学者对公共管理中的责任问题研究比较早,围绕这一问题的研究也比较丰富。如特里·L.库珀的《行政伦理学:实现行政责任的途径》是公共行政责任问题研究的标志性著作。[1]登哈特夫妇的《新公共服务:服务,而不是掌舵》一书提出了新公共服务理论。[2]戴维·罗森布鲁姆的《公共行政学:管理、政治和法律的途径》专设一章从管理、政治和法律视角考察公共行政的责任与伦理问题。[3]格罗弗·斯塔林的《公共部门管理》也设专章讨论管理的职责和伦理问题。[4]

近年来,我国政府的责任问题也是学术研究的焦点,法学、政治学、伦理学等学科都对这一问题进行了研究。如张成福的《论公共行政的"公共精神"》[5]就已开始关注到责任问题,其《责任政府论》[6]分析了责任政府的性质和政府应承担的几类责任。张康之的《寻找公共行政的伦理视角》[7]和《公共管理伦理学》[8]分析了官僚制作为一种责任中心体系的局限性,对新型社会治理模式公共管理中的责任义务进行了探讨。王成栋的《政府责任论》介绍了管理论、控权论、平衡论等不同视野中的行政法律责任的特征及内涵。[9]法学界通常认为行政法把政府和责任连在一起。行政法学的著作都或多或少涉及责任问题。[10]

李燕凌、贺林波的《公共服务视野下的政府责任法治》试图将政治学和

---

[1] 参见[美]特里·L.库珀:《行政伦理学:实现行政责任的途径》,张秀琴译,中国人民大学出版社2001年版。

[2] 参见[美]珍妮特·V.登哈特、罗伯特·B.登哈特:《新公共服务:服务,而不是掌舵》,丁煌译,中国人民大学出版社2004年版,第114~133页。

[3] 参见[美]戴维·罗森布鲁姆、罗伯特·克拉夫丘克:《公共行政学:管理、政治和法律的途径》,张成福等译,中国人民大学出版社2002年版,第555~581页。

[4] 参见[美]格罗弗·斯塔林:《公共部门管理》,陈宪等译,上海译文出版社2003年版,第130~146页。

[5] 参见张成福:"论公共行政的'公共精神'——兼对主流公共行政理论及其实践的反思",载《中国行政管理》1995年第5期。

[6] 参见张成福:"责任政府论",载《中国人民大学学报》2000年第2期。

[7] 参见张康之:《寻找公共行政的伦理视角》,中国人民大学出版社2012年版。

[8] 参见张康之:《公共管理伦理学》,中国人民大学出版社2009年版。

[9] 参见王成栋:《政府责任论》,中国政法大学出版社1999年版。

[10] 参见罗豪才主编:《行政法学》,北京大学出版社1996年版,第318页。

法学研究政府责任的问题和范式结合在一起，将政府责任论和政府责任法治论统一起来。阐述了公共服务视野下的政府责任法治论的基本理论架构或体系，探讨了自新中国成立以来与政府责任相关的三个主题，即政府职能转变、政府机构调整和政府治理方式转变与公共服务视野下的政府责任法治论的关系。运用公共服务视野下的政府责任法治原则，对政府责任变迁的过程进行了审视，并对政府责任的改善提供了若干建议性的参考意见。[1]

针对教育的政府责任问题，张菀洺在《教育公平：政府责任与财政制度》中提到，教育作为政府公共服务的一部分，属于政府供给的责任范围。应该根据教育实现目标差异化、国家社会经济发展水平的阶段性特征来确立政府对教育的责任。由于公共教育存在外部性效率损失和私人供给的效率损失，因此政府具有参与提供教育的合理性。[2]此外，学者分别针对教育的不同阶段、不同类型探讨了政府责任问题。如史小艳的《义务教育阶段受教育权的政府责任研究》从义务教育阶段受教育权性质入手，分析了义务教育受教育权的政府责任体系构建，即尊重义务、给付义务、实现义务和保护义务。[3]余雅风认为我国应立足于公民的平等权，强化政府保障基本学前教育条件投入的责任，明确政府对学前教育机构的管理与监督义务，建立全面、系统、权责统一的学前教育法律体系。[4]蔡乐渭认为学前教育中政府的职责包括规划与建设责任、财政投入责任、维护教育平等权责任、监管责任，并提出了学前教育中政府职责的法律规制。[5]

1.3.3 现有研究文献述评

上述研究都涉及家庭教育与政府的关系问题，为研究家庭教育的政府职责提供了丰富的资料，奠定了良好的理论支持和假设。

第一，家庭教育具有公共性和私人性双重性质。从儿童作为公共产品、

---

[1] 参见李燕凌、贺林波：《公共服务视野下的政府责任法治》，人民出版社2015年版。

[2] 参见张菀洺：《教育公平：政府责任与财政制度》，社会科学文献出版社2013年版。

[3] 参见史小艳：《义务教育阶段受教育权的政府责任研究》，华中科技大学出版社2016年版。

[4] 参见余雅风："从平等权视角看学前教育中的政府职责"，载《学前教育研究》2008年第7期。

[5] 参见蔡乐渭："论学前教育中的政府职责及其法律规制"，载劳凯声：《中国教育法制评论》（第11辑），教育科学出版社2013年版，第106~117页。

国家投资教育促进社会发展等角度看,政府应该积极介入家庭教育。从父母教育权的自然权性质和家庭的自治地位来看,政府对家庭教育应该保持适当的距离,以保障家庭教育促进儿童多样化发展与家庭多元化。

第二,政府介入家庭教育,为家庭教育直接提供支持和服务,可以通过建立家长学校、提供家庭指导服务等形式进行,也可以鼓励社会和市场为家庭教育提供支持,并对社会和市场行为进行监管。对家长的不当教育行为、对犯罪儿童的父母应该追究责任,对父母教育权进行必要的限制。

第三,法律是保障家庭教育的政府责任的必要手段,家庭教育的政府责任应该以法律的形式予以规范。由于家庭教育涉及公、私两个领域,政府作为公权力介入家庭私领域,法律应该对哪些方面进行规范、约束和干预,政府如何对家庭教育提供支持和服务,对父母不当教育子女的行为如何惩治等,以强制性规范的还是倡导性的条款提出,其法律规范应该遵循各自领域的运行规则。

但是综观上述文献,对家庭教育的政府职责问题的研究,还存在一定的不足:

第一,研究成果少且较为分散。现有文献针对家庭教育的研究较多,但主要是从教育教学方法的角度进行的思考。随着家庭教育受到政府和社会的日益重视,有关家庭教育的社会支持研究逐渐增多,但总体而言,数量还是偏少,聚焦于家庭教育的政府支持的研究就更少。与之相反的,针对学校教育的政府职责,如高等教育的政府职责、学前教育的政府职责、职业技术教育的政府职责研究较多,针对家庭教育的政府职责研究比较少见。与家庭教育的政府职责相关的研究分散在受教育权、家庭性质、儿童权利、儿童犯罪、亲权监护以及家庭教育立法倡导等研究中,对家庭教育的政府职责问题的研究不聚焦,没有形成系统的研究。

第二,研究视野受限。相对来说,西方国家在探讨家庭教育与政府关系时,主要针对判例,侧重于父母的自主权与政府介入的关系。而我国这几年对家庭教育的重视,呼吁政府的介入时,更多的是侧重家庭教育对促进社会建设的作用,强调的是家庭的公共性。实际上,家庭教育具有公共性与私人性,政府在介入家庭教育时,既要重视其公共性,对家庭教育提供支持和服务,也要尊重其私人性,不要侵犯父母与家庭的自由。

第三,理论建构薄弱。现有很多研究止于经验资料的堆积,没有理论提升，缺少学术性。个别研究也有借助相关理论，但缺少理论整合。相关研究缺乏深入的理论研究与理论支撑。家庭教育折射出的是国家教育权与家庭教育权的冲突，家庭教育涉及私人领域和个人权利，国家该不该介入家庭教育领域，介入的界限在哪里？政府应该承担哪些具体责任？通过立法加以规范的法理为何？家庭教育应体现怎样的立法价值？这些都缺乏基本的理论研究。缺少理论建构使得家庭教育政府职责研究缺乏全面性和深刻性，不能举一反三。实际上，无论是研究总体框架还是分析具体问题，许多理论都可以被用来作为解释工具，关键在于这些理论分析和解释应该被整合进入理论框架当中。

1.4 理论分析工具

问题在一定意义上比方法更加重要，因为研究方法的选取取决于要试图回答的问题，但是这并不是说方法不重要。方法不只是通常我们理解的一种可替代的、只是增加便利性的工具或手段，它还意味着是一种特定的视角，加达默尔称之为"视阈"，这种视角有助于解决我们提出的问题。加达默尔认为我们不可能摆脱由历史决定的视域，它可以说是我们的眼睛。在这个意义上，方法相当于是一个分析框架，决定我们选取研究材料的范围和角度。特定的方法或分析框架会有助于我们在分析问题时区分哪些现象是重要的，而哪些现象是可以忽略的。在这个意义上，理论总是先于观察和论证的。[1]通过一定的理论视角可以使我们的研究摆脱就事论事的窠臼，从而将我们的研究提升到一个较高的理论高度。[2]

1.4.1 公私划分理论

公与私（public/private）是西方人文社会科学与政治科学最重要的概念之一，它发端于十六、十七世纪西方政治学与法学的思想与现实。[3]"公"

---

〔1〕参见金自宁：《公法/私法二元区分的反思》，北京大学出版社2007年版，第17页。

〔2〕参见戴小明、王贵松："行政的变迁与行政法学范式转换——《论公共行政与行政法学范式转换》述评"，载《法学论坛》2005年第5期。

〔3〕参见李琪、罗牧原："公私划分的理论旅行：中国同性婚姻再思考"，载《社会学评论》2016年第3期。

"私"观念在不同的知识语境和不同的文明模式中，其理论意涵及旨趣也不同。[1]本书中指的是作为生活场域（sphere）的"公"与"私"，也即所谓的"公域"（the public sphere or public space）与"私域"（the private sphere or private space），二者的界分是人类社会生活发展的必然现象，也是人们理解政治生活的理论图式。在现代政治学、社会学等学科中，公与私的划分是一个被广泛接受的涵盖社会系统各个方面的理论范式和知识框架。公私的划分不仅仅是客观描述和分析政治生活的现实，同时也预设和引导政治发展的进路。人类公共生活领域与私人生活领域的界分萌发了政治及政治活动源。政治活动的前提应该是首先界分"公"与"私"，无论是哪一种公与私的划分方式，实际上都是划定人们活动的领域和界分人们活动的性质。[2]

不同的理论体系对公域与私域的理解存在差异。自古希腊哲学家柏拉图、亚里士多德始，公共领域和私人领域的二元结构就对应于政治与非政治、公共生活与家庭生活、社会与家庭。在柏拉图和亚里士多德等看来，家庭是私人领域，城邦则是公共领域，两者有着根本的不同。哈贝马斯认为一个完整的社会空间结构由三部分组成，即国家公共权力领域、公共空间和私密空间。公共领域也被称为公共空间，它是在政治权力之外的，由公民自由讨论公共事务，参与政治的活动空间。公共领域和私人领域是相对的，它是民主政治的基本条件。[3]开放性和公共性是公共领域的本质特征。私人领域，也被称为私人空间，是以个体独立人格为基础的私人活动与私人交往空间。[4]

按照哈贝马斯的定义，公共领域和私人领域之间似乎存在着一条比较清晰的界限，公共领域是公共意见的领域，而私人领域是限于市民社会的领域。但实际上，公共领域与私人领域之间并不存在这样严格的限定。一方面，公

---

[1] 参见刘鑫淼："比较视域中的公私观念及其理论维度"，载《广东工业大学学报（社会科学版）》2007年第4期。

[2] 参见张剑伟："公私域界分对公民民主意识生成的意义"，载《广西师范大学学报：哲学社会科学版》2008年第3期。

[3] 参见［德］哈贝马斯：《公共领域的结构转型》，曹卫东译，学林出版社1990年版，第35页。

[4] 参见李红春："当代中国私人领域的拓展与大众文化的崛起"，载《天津社会科学》2002年第3期。

共问题与私人问题呈现融合之势，二者之间的界限越来越模糊。另一方面，公共领域不断被私人领域挤压，二者的界限趋于消失。[1]福利国家的兴起与发展，消解了自由主义法治国家私域与公域的界限，重新引发了关于公与私、公域与私域的理论争议。

公域与公共领域并不能等同，公共领域是介于纯粹的私域与公域之间的第三领域，是相对于纯粹的私域而言的。由于公共领域具有相当的社会性权力，因此它也可以被视为公域。当公共领域相对于政治国家而言时，可以被视为私域，这时主要是强调作为公共领域（第三域）平等自愿的组织原则。

公域与政治国家也不能等同。公域在范围上要大于政治国家，它包括作为绝对公域的政治国家和作为相对公域的第三域（与绝对私域相对称时）。私人领域是独立于国家、社会的领域，包括绝对的私域与相对的私域。绝对私域是指私人、家庭和市场，上述三种范围，除非有法律强制性规定，都为绝对私域。第三域，即通常所说的公共领域为相对私域。第三域介于公域与私域之间，相对于私人等绝对私域而言时，第三域是公域；但是相对于政治国家的绝对公域而言时，第三域则为私域。因此，私域与市民社会也并不能等同，市民社会是一个与政治国家相对应的概念。市民社会由私域和公共领域构成。[2]公域与私域划分的基本准则是"私域讲自由，公域讲规则"。在公域与私域的关系上，西方传统一般认为私域优先于公域。私人领域的本质特征在于私人活动的独立自主性，排斥公共权力的不当干预。

人类社会生活发展的现实的确存在公与私的分野，人们在公与私不同的领域中需要遵循不同的规范准则，实现不同的价值目标。因而公域与私域的划分为分析社会问题提供了简便的分析框架，合理地运用公私划分理论可以为我国家庭教育政策法律提供理论上的支持。

1.4.2 公共物品理论

瑞典人林达尔（Lindahl）于1919年在其博士论文《公平税收》中最早提

---

[1] 参见田静："公共领域与私人领域的界限：从历史到现实"，载《重庆理工大学学报（社会科学）》2011年第7期。

[2] 参见李晓辉："公域与私域的划分及其内涵"，载《哈尔滨商业大学学报（社会科学版）》2003年第4期。

出"公共产品"一词。1954年,萨缪尔森(Paul. Samuelson)提出了公共物品的定义,奠定了现代公共物品理论研究的基础。公共物品理论建立在对物品分类的基础上,即依据一定的标准划分公共产品与私人产品(含准公共产品等中间状态)。公共物品是可以进行分类的,如果分类边界不清晰会带来一系列问题。萨缪尔森、布坎南、巴泽尔、曼昆、奥斯特罗姆都提出过物品分类的理论,并分析了公共物品(或公益物品)的特性。

公共物品理论认为公共产品的生产和供给是可以分离的,关于如何确定公共产品的生产主体、供给主体与供给模式,该理论认为公共物品的典型供给方式有:(1)公共物品的政府供给,由于市场会存在失灵现象,公共物品应由政府提供。(2)公共物品的私人供给,即私人完成公共物品的投资、生产、修缮,私人通过向消费者收取费用得到补偿。(3)公共物品的自愿供给,个人或组织通过捐助的方式提供公共物品。(4)公共物品的联合供给,一是私人与政府的联合供给,即由私人部门负责生产,政府通过采购提供给公众;二是政府向私人提供公共物品补贴和优惠;三是私人与社区的联合供给,即社区向私人提供优惠政策,或者社区直接向私人购买公共物品提供给社区成员。

公共物品理论主张减少政府的干预,由市场供给交给私人公共产品;政府供给纯公共产品,其他公共产品则实行一主多元供给,即以政府为主导、多种主体参与。[1]

1.4.3 服务行政理论

学术界对服务行政的概念众说纷纭,并没有统一的看法。一般认为,服务行政是指政府在社会民主秩序的框架下,以公民本位的理念为指导,通过一定的程序,根据社会公众意志形成的视公共服务为其宗旨和目标,并承担服务责任的行政模式。[2]在相关的文献中,有时使用"服务行政"一词,有时使用"服务型政府"一词。服务行政是行政法学范式的演变,而服务型政

---

[1] 参见杜万松:"公共产品、公共服务:关系与差异",载《中共中央党校学报》2011年第6期。参见沈满洪、谢慧明:"公共物品问题及其解决思路——公共物品理论文献综述",载《浙江大学学报(人文社会科学版)》2009年第6期。

[2] 参见杨解君:"'双服务'理念下现代行政之变革——服务行政的解读和提升",载《行政法学研究》2004年第3期。

府则是一种政策标语以及对政府工作人员职业态度或工作方式的要求,二者并非同一概念的不同表述。"服务型政府"更多的是使用在政治层面和政府行政体制改革的层面,主要是用来描述当前的政府外部特征或者是预期特征的一种趋向性,它不能内在性地分析行政法理论。因此,服务型政府是服务行政的一种政治背景。建设服务型政府是一项政治追求,服务行政是服务型政府的具体化,也是服务型政府最主要、最重要的内容。

　　服务行政是人性尊严理念在行政领域具体化的体现,该理论认为社会经历了一个由自力负责到团体负责再到政治负责的演变过程。自力负责由个人照顾自己,团体负责通过社会力量来解决问题,政治负责则是通过国家政治力量来提供个人生存保障。人的生存对行政权力照顾的依赖性极强,个人无法只由自己解决生活所需的事物。因此,国家权力必须介入公民私人生活,国家对公民的干预越少越好的时代已经一去不复返。[1]公共产品是服务行政的核心要素,服务行政的目的是提供优质公共产品,不断满足社会的公共服务需求。服务行政的制度安排和价值取向是通过公共产品这一载体来体现的。服务行政要求政府积极履行义务,重视回应公民与社会的需求。政府行政也由权力行政向服务行政转化,前者是消极有限的,而后者是积极扩张的;由"公共权力"的单纯行使向"公共服务"的提供转化,促使政府履行消极义务走向履行积极义务,以积极主动的行动为社会提供必要的公共服务。[2]服务行政有一项原则——辅助性原则,该原则主张个人应该首先自我服务,只是在个人的自我服务无法满足生存和发展的情形时,才考虑通过社会提供服务。当社会也不能提供服务时,才由国家公权力提供辅助性服务。[3]服务行政强调行政的分散化,即培养、扶持政府以外的其他公共服务机构,并将公共行政职能分散于多个主体。[4]服务行政采用"积极""灵活"的行政活动方式,政府行政方式也由"单一化"走向"多样化"。但是服务行政的异化

---

[1] 参见张书克:"'服务行政'理论批判",载《行政法学研究》2002年第2期。

[2] 参见余敏江、潘希:"服务行政的'公民'本位及其政治哲学基础",载《学术界》2010年第12期。

[3] 参见蔡乐渭:"服务行政理论与实践研究——一种警惕的期盼",中国政法大学2004年硕士学位论文。

[4] 参见李昕:"公共服务理念下现代行政的特征",载《行政法学研究》2002年第4期。

也会构成对个人自由的威胁。[1]因此,要加强服务行政的法治化,通过实体法和程序法予以规制和约束。

1.4.4 儿童权利理论

19世纪末期提出的"儿童权利"概念,儿童权利逐渐成为学术研究的主题。儿童权利理论发展至今,已经形成了不同的理论范式和理论取向。儿童权利理论有不同的理论取向,其内部也分化出不同的理论流派,不同流派之间的观点也是各异,但是这些不同的理论又相互关联,具有内在的逻辑关系。

家庭教育涉及儿童权利在家庭领域内的实现。因此儿童权利及其父母权利、国家亲权的关系成为分析家庭教育政府职责的主要理论工具。儿童的发展是一个自然的生理发展过程。儿童在向成年人成长的进程中,需要从外部获得资源来满足其基本的需要。也就是说,儿童在社会生活中实现其发展,会受到各种社会因素的影响。因此,很多社会因素,包括其家庭经济状况、所处社会阶层、种族民族等因素,都影响儿童成长。出于促进儿童发展的目的,政府有责任改变社会制度与社会政策,以更好地实现儿童权利。儿童作为独立的权利主体并不意味他们的彻底解放,即使是自由主义理论也认为需要对个人自由予以限制和约束,儿童权利也是如此。倡导儿童权利并不是将儿童放在成年人的对立面,而是首先要承认儿童与成人具有一定的差异性,而且儿童具有一定的自主性,要认真对待儿童与成人的差异性,并寻求不同儿童与成人等不同主体利益的最佳结合点。因此,儿童权利与父母权利、家庭自治与国家干预的关系是儿童权利的重要内容,这也影响到政府对家庭教育的介入及其限度。[2]

1.5 核心概念界定

定义可以帮助廓定合适的研究目标与目的,为实践提供良好的视角或方

---

[1] 参见张书克:"'服务行政'理论批判",载《行政法学研究》2002年第2期。
[2] 参见孙艳艳:"儿童与权利:理论建构与反思",山东大学2014年博士学位论文。

向，有助于划定实践活动的范围，并进行有效的交流。当一个术语的定义不一致时，很难比较研究、积累知识，也很难从概念和经验上发展这一领域。[1]社会学家古德（Goode）就认为给研究的对象一个正式而又明确的定义，比做研究本身困难得多。[2]但是对研究对象做出相对明确的界定，是研究的基础。本研究中涉及的几个核心概念为：

1.5.1 家庭教育

在目前社会中，"家庭"是人类文化传统中最基本、最重要、最持久的组织。家庭的定义也随着不同文化、习俗、社会变迁、价值观而有所不同。家庭概念出现了人口普查学、社会学、公共政策以及制度学等方面的定义。在不同的学科里，由于具有不同的政治立场和意识形态，不同的学者都提出了自己的家庭概念。"家庭"既可以指一种建立在婚姻之上的社会制度，也可以指父母和子女的集合，或是指源于同一个祖先的家族成员。因为它的不确定性和模糊性，不管是社会学家、人类学家还是历史学家，其对"家庭"的定义总是不能令人完全满意。社会学一直都强调家庭构成中孩子的重要作用，认为家庭的构成必须是至少有一个孩子及其父母一方。[3]

教育是家庭的一项重要功能，家庭教育的定义同家庭的定义一样，也随着社会的变迁而变动。家庭教育作为科学的概念，学术界对其有不同的认识和界定，按照其范围的大小，可以分为狭义家庭教育、广义的家庭教育和最广义的家庭教育三种定义。

狭义的家庭教育为家长对子女的教育，如张春兴、曹中玮认为狭义的家庭教育是家长施予子女的教育，其教育对象为成长中的儿童或青少年，其教育目的在于培养子女良好的生活习惯、道德观念以及待人处事的基本能力。[4]《中国大百科全书》认为家庭教育是在家庭内由父母或其他长者对子女所进行的自

---

[1] See M. E. Arcus, J. D. Schvaneveldt, J. J. Moss（Eds.），Handbook of family life education：foundation of family life education，SAGE Publications Inc，1993，pp. 2-3.

[2] 参见 [美] 威廉·J. 古德：《家庭》，魏章玲译，社会科学文献出版社1986年版，第11页。

[3] See Keilman："Demographic and social implications of low fertility for family structure in Europe"，Population studies，2003，p. 12.

[4] 转引自梅凤姝："家庭教育方案规划内涵之研究"，嘉义大学2005年硕士学位论文。

觉的、有意识的教育。[1]《辞海》认为家庭教育是"父母或其他年长者在家庭中对子女实施的教育"。[2]家庭教育是在家庭生活中,父母在文化、生活常识以及人生观和价值观等方面对子女所进行的教育,因其主要以家庭为学习中心,因而也被称为"family education"。[3]

广义的家庭教育将家庭教育界定为家庭成员间相互的教育,认为不论是父母子女之间,还是长者幼者之间,只要是在家庭成员之间且有目的有意识施加的影响,都是家庭教育。[4]如克雷霍夫(Kreckhoff)认为家庭教育包括家庭生活互动、亲职有关的各项事项、态度与技能,其目的在于帮助个人及家庭学习人类成长发展和整个生命的延续。家庭教育的组成部分包括亲子、夫妻、儿女等。刘书芳认为人从出生到死亡,其认知、行为、态度受到家庭环境、成员互动、家庭气氛的影响而产生变化。这些改变是为了使人们的身心获得健全的发展,进而在每个人生阶段里适应良好,成为有价值的人。它应该从改善家庭人际关系做起,并使家庭与社群、环境保持和谐的状态。落实家庭教育,可从两性教育、亲职教育、伦理生活教育、社区教育的实施及加强大众传播教育之功能做起。黄迺毓强调家人彼此的互动关系,认为父母与子女是互相教育的,人们可以直接或间接地从家庭里发生的事件中学到一些东西,人们在日常家庭生活里接受最基础的教育。[5]顾明远在其主编的书中表达观点认为家庭教育是家庭成员之间的相互影响和教育,不过也指出通常家庭教育还是指父母对儿子辈的教育。[6]

最广义的家庭教育为社会生活之学习、终身教育或人格教育,如托马森(Thomason)和亚克斯(Arcus)认为"家庭生活教育是个人家庭生活所需的认知、情义和技能,旨在增强与丰富家庭和个人之福祉,其内容为人类发展和性、人际关系、家人互动、家庭资源管理、亲职教育、道德、家庭和社会

---

[1] 参见中国大百科全书编委会:《中国大百科全书:教育卷》,中国大百科全书出版社1985年版,第140页。

[2] 参见辞海编辑委员会编:《辞海》,上海辞书出版社1979年版,第1023页。

[3] See Lyman Isabel, "Home Schooling: Back to the Future?", *Cato Institute Policy Analysis*, 1998, pp. 294-316.

[4] 参见赵忠心:《家庭教育学——教育子女的科学与艺术》,人民教育出版社1994年版,第5页。

[5] 参见黄迺毓:《家庭教育》,五南图书出版公司1996年版,第37页。

[6] 参见顾明远:《教育大辞典》(增订合编本),上海教育出版社1998年版,第667页。

等。"[1]黄意舒认为,家庭是一种人与人或结构之间的关系及相互影响。包括发生在家人之间的互动及相互的影响与成长;家庭之外的人或社会结构所产生的影响,可以促进个人之社会化、文化习俗及个人生命周期的发展。林淑玲认为从社会发展的角度来看,家庭教育的定义由家庭和社会的关系,扩展为终身学习的观点。而政府对于其在家庭教育推展上的定位与认知,也从过去由人民自行执行转变为政府积极介入的观点。施炎基认为家庭教育是指通过各种教育形式,提供个人进行家庭生活所需的知识、态度与能力,以增进家人关系与家庭功能,并提高家庭生活品质的各种教育活动。家庭教育的目的在于达成增进家庭生活知能、健全居民身心发展、营造幸福家庭,以建立祥和的社会。1968年,美国家庭生活教育委员会列出了家庭生活教育的内容:人际关系;自我理解;人类成长和发展;婚姻与亲职准备;儿童抚养;青年成人社会化;做决定;性;人力和物质资源管理;个人、家庭和社区健康;家庭与社会互动;变革对文化模式的影响。[2]

　　对家庭教育的看法解读虽众说纷纭,但可以确定的是家庭教育的范畴已经由家庭往社会扩展,由学龄前幼儿扩展至终身学习教育。我国目前尚无国家层面的官方定义。在立法层面,对家庭教育的定义与法律调整范围紧密联系。本书主要从法律角度探讨对家庭教育的规范问题,在目前情况下,采取狭义概念相对比较容易解决设立法律规范的依据、定义与结构、条文内容的逻辑关系等问题。因此本研究中的家庭教育采取狭义的概念。而且在家庭教育的对象上,从伦理上讲,父母当然可以对成年子女进行教育,但是这种教育更多的是一种道德上的义务,不宜规定为法律上的义务——因为家庭教育的目标是让未成年人长大成人,通常法律规定18周岁为成年标准,这也就意味着年满18周岁的人已经在知识和智力上成熟,如果规定父母对他们继续进行教育,这既有违成熟的自然人的个性发展,也有违法律不宜过度干涉的初衷。[3]在对家庭教育的界定中,很多都认为家庭教育的主体包括父母、监护

---

〔1〕Thomason, Jane, Arcus, Margaret: "Family life education: An analysis of the concept", *Family relations*, 1992, pp.3–8.

〔2〕M. E. Arcus, J. D. Schvaneveldt, J. J. Moss (Eds.), *Handbook of family life education: foundation of family life education*, SAGE Publications Inc, 1993, p.13.

〔3〕参见叶强:《论国家对家庭教育的介入》,北京大学出版社2018年版,第18页。

人或者其他家庭成员。本书中家庭教育的主体指父母，父母以外的自然人或组织担任未成年人的监护人的，视为父母。

关于家庭教育的英文用法，国内一般都将其翻译为"family education"，但是英文文献中并不使用这一称谓。有学者认为这在英语世界中是很少见的，认为英语文献在使用"family education"时指的是政府对家庭的教育，类似于中文语境中的家庭教育指导。[1]英文文献在研究与此相关的主题时，使用的是"family life education"（家庭生活教育），[2]但是家庭生活教育与我们通常所讲的家庭教育的含义与范围并不相同，而且其反映的是一种家庭外部视角。英文文献中与此主题相关的还有"parent education"（亲职教育），[3]其反映的也是父母作为教育对象的一种活动，与我们所说的家庭教育含义也不同。

1.5.2 政府职责

"政府职责"可以拆解为"政府"和"职责"两个词进行分析。政府是一个含义比较模糊的词语，可以在不同的语境中使用，并且具有不同的语义，它有广义和狭义之分。英国《大众百科全书》认为政府是由政治单元在其管辖的范围内指定规则和进行资源分配的机构，具有立法、司法与行政管理功能。《美国百科全书》认为政府就是一个国家或社会的代理机构，对已经确认为某一民族国家中成员的事务进行管理。国家的代理机构多指立法、司法、执行机构；社会的代理机构是指管理组织与社会团体。[4]《布莱克韦尔政治学百科辞典》认为"就其作为秩序化统治的一种条件而言，政府是国家的权威性表现形式。其正式的功能包括制订法律、执行和贯彻法律，以及解释和应用法律。这些功能在广义上相当于立法、行政和司法功能。"这就是广义上的政府。《中国大百科全书》对政府作广义和狭义的两种界定：广义的政府是指国家立法、行政和司法机关以及国家元首等，它们通称为政府；狭义的政府

---

[1] 参见叶强："家庭教育立法应重视'提升家庭教育能力'"，载《湖南师范大学教育科学学报》2021年第3期。

[2] See M. E. Arcus, J. D. Schvaneveldt, J. J. Moss (Eds.), *Handbook of family life education: foundation of family life education*, SAGE Publications Inc, 1993, p. 2.

[3] See Evelyn Pickarts, Jean Fargo, *Parent Education: Toward parental competence*, Meredith Corporation, 1971, p. 5.

[4] 转引自乔耀章：《政府理论》，苏州大学出版社2003年版，第3页。

是指中央和地方各级国家权力机关的执行机关。[1]《辞海》将政府界定为国家行政机关,是国家机构的组成部分,就是狭义的政府。在最广泛的意义上,政府是与一个社会的统治机构或者上层建筑具有相同含义的概念,在英语中表达"政府"一词的是 government。但是在比较狭窄的意义上,政府是与立法和司法并立的社会统治机构之一,它仅仅是一个社会统治机构的一个组成部分或分支。[2]本研究中采用广义的政府概念,政府是指国家的立法单位、司法机关、行政机关等一系列机关的总称。

在很多时候,人们经常交替或等同使用"政府"和"国家"这两个概念。从习惯上看,法德等欧洲大陆国家更多的称国家,而英美等国更多的称政府。国家的含义比政府要广,政府仅仅是一般传统意义上的国家政治机构的综合实体。一般讲的政府与国家的关系,实际是从广义和狭义政府间的相关关系出发,引申出政府与政党、自然生态、公民以及国际政府间的关系等。相对于社会来说,可以将政府视为与国家具有同等意义的概念,在使用概念时可以用政府来代替国家,但是代替并不同于等同。国家是一个抽象概念,其具体表现形式是政府,政府是国家的具体化。本研究中的政府主要是相对于社会领域的家庭而言,因此与国家在一定程度上是同义语,在文中不做严格区分。

职责在英语中为 Responsibility,这一概念与责任(Accountability)、原因(Cause)和义务(Obligation)联系在一起,职责是一种责任、一种原因和一种义务。[3]政府职责是政府依据法律应当履行的法定义务,它表现在政府的行为模式上面就是政府应当、必须、禁止做什么以及违反自身义务所要承担的处罚。[4]职责有其自身的特点,第一,法定性。政府职责是由法律明确加以规定的,法律没有规定政府要从事什么行为,就不构成政府职责。第二,义务性。它以法定的作为或不作为等法律约束手段来保障社会管理目标和实现社会公共利益。政府职责是政府的法定义务,[5]侧重强调政府必须积极主动去履行义务。政府职责是政府依法必须履行的法定义务,不存在可履行也可

---

[1] 转引自乔耀章:《政府理论》,苏州大学出版社2003年版,第2页。

[2] 参见张千帆:《宪法学讲义》,北京大学出版社2011年版,第288页。

[3] See Herbert J. Spiro, *Responsibility in Government: Theory and Practice*, Litton Educational Publishing, Inc, 1969, pp. 14-19.

[4] 参见黄惟勤:"政府职责的概念、特征及分类",载《法学论坛》2010年第3期。

[5] 参见黄惟勤:"政府职责的概念、特征及分类",载《法学论坛》2010年第3期。

不履行的政府职责。第三，归责性。政府职责具有法定性，政府一旦违反法律规定就应当承担相应责任。[1]

政府职责容易与政府职能、政府责任、政府职权混淆。政府职能是回答政府"该做什么""不该做什么""由谁去做"的基本问题，它分为政府的功能和政府的职责两个相辅相成的基本层面。其中，政府功能（governmental functions）隶属政治统治范畴，着重于对社会政治关系的调整，阐释政府的社会角色以及政府应当如何利用公共权力调整各种社会关系，即政府该做什么；政府职责（governmental responsibilities）多涉及政治管理的内容，表现为管理人与人的活动，是政府的主要工作任务以及对社会所要履行的基本义务，即政府如何去做。作为政府的两个基本属性，政府功能与职责互为建构，统一于政府职能的整体。政府功能在现实中表现为政府构建和维护政治秩序的统治活动，通过保障和维护稳定的社会秩序为政府职责履行创造必要的条件。政府职责指向政治管理行为，是政府所承担的社会公共职能、优化资源配置、满足社会需求等具体工作任务，政府通过承担这些工作任务强化政府功能的实现基础。[2]政府责任指政府在履行社会管理的职能过程中，以自己的行为向公众负责。当履行职权失当或者出现违法行为时，必须依法承担相应的不利后果，实现权力和责任的统一。职责和职权同作为法律上的两个核心概念，相伴而生，但二者是两个完全不同性质的法学概念，政府职权指政府可以做什么，与职责侧重强调义务不同，主要侧重强调政府职权范围内所拥有的管理社会事务的权力。而政府职责指政府应当、必须以及不得做什么。政府职权是政府的法定权力，政府职责是政府的法定义务。在政府职权和政府职责的关系中，职责是第一位的、更基本的。政府职权的确立和运用，以履行政府职责为着眼点与落脚点。职权由职责所决定和界定，为履行职责提供手段和保证。政府职责不但制约政府职权，还直接体现政府职权的实质、来源和目的。另外，《辞海》将政府职能定义为"政府的职责和功能"。[3]从这个意义上讲，政府职能是政府职责的上位概念，政府职责是政府

---

[1] 参见吕世伦、李英杰："职权与职责研究"，载《北京行政学院学报》2011年第1期。

[2] 参见江红义、李子昂、陶欢英："政府功能与职责二分视阈下三沙市政府职能探究"，载《新东方》2018年第4期。

[3] 参见辞海编辑委员会编：《辞海》，上海辞书出版社1999年版，第4697页。

职能的具体化。

"政府职责体系"这一提法虽然已出现在权威文件和理论研究中，但学界对其概念尚未形成共识。一般而言，它是涵盖政府间横向关系、纵向关系、条块关系等在内的综合性系统。从静态上看，是指由各层级政府及其部门所承担的工作任务组成的有机整体；在动态上看，则指为了有效完成工作任务而对各项要素进行配置以及完成任务的过程。[1]

1.5.3 家庭教育权利

家庭教育权利（即家庭教育权），与国家教育权、社会教育权一样，是教育权的重要内容。家庭教育权源自父母对子女的亲权，是基于血缘关系形成的父母在家庭中对未成年子女施加教育和影响，以实现未成年子女成为合格的人的权利。

家庭教育权利与父母教育权利在范围上有所不同。父母教育权在各国或地区使用名称各有不同。如美国、德国及日本以"父母"称之，而且涵盖了具有法律效力的父母或其他法定代理人，并不仅仅指亲生父母。而我国香港地区采用"家长"一词为主，个别场合也使用"父母"一词。父母教育权，是指父母基于一定的信念和价值观，寻求符合子女最佳利益的学习方式、学习内容和学习场所，促进子女身心发展的权利。狭义上是指父母或其他长者根据自己一定的信念和价值观对子女进行教育的权利；广义上是指父母基于其身份关系而享有的在国家教育、社会教育、家庭教育、学校教育中与其子女健康成长有关的权利。父母对子女教育的权利和义务始于子女出生，一般终于其子女完成该国法律规定的义务教育年限时或子女死亡时。父母教育权包含了子女的家庭教育和学校教育等全部领域。在家庭教育上，父母拥有对子女的完全教育权，父母可以根据自己的世界观、价值观以及宗教信仰，自行决定家庭教育的实施方式与具体内容。在学校教育方面，则是父母所享有的教育子女的权利，主要包括对学校教育享有一定的选择权、参与权以及拒绝权。

---

[1] 参见吕同舟："政府职责体系构建的改革成效及展望"，载 http://www.cssn.cn/zx/bwyc/201808/t20180808_ 4525196. shtml，最后访问日期：2018年9月25日。

由此可见，家庭教育权是父母教育权的重要组成部分，但是家庭教育权与父母教育权的行使主体的范围存在差异。家庭教育权利的行使主体不仅包括父母，还有代替父母行使教育权的其他监护人。

1.5.4 公共服务

西方的传统一般将公共产品当作分析公共服务的理论工具、度量标准与实现手段。公共服务是特殊的公共产品，公共产品包含公共服务内容。公共服务的基本依据是公民与国家关系，社会成员的公共需求决定了公共服务的范围。运用公共物品理论可以清晰地认识公共需求的性质，并客观把握公共服务职能的界限。[1]西方国家重视研究公共物品，很少单独研究公共服务，他们一般用公共物品规定性推导公共服务规定性。[2]广义的公共服务与私人服务相对应，是政府为了满足社会公众的需要而提供的产品与服务的总称。[3]它包括政府四个职能方面的内容：即经济调节、市场监管、社会管理、公共服务。在这意义上，政府依据法律所从事的各项活动都具有公共服务性质。狭义公共服务，是指广义公共服务中的公共服务职能部分，是与经济调节、市场监管、社会管理这三项职能并列的职能事项，[4]是指政府以满足社会公众的公共需求为目的，运用公共资源，向社会公众提供服务的行为。

公共服务的最大特点是公共性，因为它的服务对象面向所有的社会成员；服务内容涉及所有社会成员的共同需要，具有公用性；其服务目标是实现公众的共同利益，具有公益性。[5]公共服务的公共性决定了不能仅仅依靠市场和社会来供给公共服务，实现其有效供给。公共服务的供给主体是多元的，包括政府、市场、第三部门等组织。公共服务供给方式包括政府供给、市场供给、第三部门供给及混合供给等多样化、综合化的方式。公共服务供给过程是体现社会公平正义的过程，满足公共利益、实现社会公平

---

[1] 参见马庆钰："公共服务的几个基本理论问题"，载《中共中央党校学报》2005年第1期。

[2] 参见杜万松："公共产品、公共服务：关系与差异"，载《中共中央党校学报》2011年第6期。

[3] 参见李军鹏：《公共服务学——政府公共服务的理论与实践》，国家行政学院出版社2007年版，第2页。

[4] 参见郁建兴、吴玉霞："公共服务供给机制创新：一个新的分析框架"，载《学术月刊》2009年第12期。

[5] 参见刘丹："统筹公共事业是政府的基本责任"，载《中国行政管理》1999年第5期。

正义是其最终价值诉求。公共服务满足公众的多元需求，因此其供给内容多样。[1]

1.5.5 立法

立法一词是最常见的法学术语之一，但即便如此，其定义也并不统一，如《美国大百科全书》中把立法定义为"国家机关为了规范社会行为，而制定法律法规的活动"。而在《牛津法律辞典》中则认为"立法是指通过具有特殊法律制度所赋予的能有效地颁布法律的权力及权威的人或组织机构的意志而制定或修改法律的过程，并认为立法过程中所产生的结果即制定的法律本身"[2]。

西方学者对立法的概念存在不同认识：一是活动和结果两义说，认为立法一方面是制定、认可和变动法的活动过程，同时也是这种活动过程产生的最终结果，即制定出来的法本身。另外一种则是活动性质和活动结果说，认为立法是与司法和行政完全区别开来的活动，是制定及变动法的结果。我国大致分为两种认识，一种是作为泛称，指各种法律规范性文件的创造活动，另一种则是指创建法律规范的活动，即国家专门机关按照法定程序制定、修改、认可或废止具有法律效力的规范性文件的专门活动。[3]第二种较常采用，本书在立法的概念中采用通说。

立法就是一定的国家机关为保障政府职责的履行，制定相应的法律规范将其确立与运行予以规范的活动。法律是义务设定和权利规定的行为规则体系，现代社会的政治、经济和文化各系统都必须通过法律来构筑，保障社会各系统按照既定的目标运行。[4]立法要确保法律规范的具体性和准确性，以便于适用和遵守。立法规范应该发挥其促进和约束的功能：一方面，立法要引导和促进政府积极履职，保障公民权利的实现；另一方面也要约束政府的履职，防止政府侵犯公民权利。

家庭教育政府职责的立法研究是在我国现行立法体制中进行的，因此其

---

[1] 参见张晋："城市社区早期家庭教育公共服务供给研究"，西南大学2015年硕士学位论文。
[2] 陈宏光："立法权与立法生态平衡"，载《安徽大学法律评论》2003年第2期。
[3] 参见张文显主编：《法理学》，高等教育出版社、北京大学出版社2007年版，第224页。
[4] 参见夏锦文、蔡道通："论中国法治化的观念基础"，载《中国法学》1997年第5期。

立法问题不会面面俱到地涉及家庭教育政府职责的立法体制、程序与技术等，而是结合家庭教育政府职责立法的焦点，或者说是在现行条件下家庭教育政府职责立法需要解决的困惑问题，如对政府职责立法必要性等立法价值、立法内容、立法形式以及立法路径等问题进行研究。

1.6 研究思路、研究框架与研究方法

1.6.1 研究思路

本书的研究针对对象是家庭教育的政府职责问题。对家庭教育的政府职责进行立法予以规范，首先需要明确政府对家庭教育职责的内容，而家庭教育政府职责的内容又取决于家庭教育的性质。因此研究包括对家庭教育性质的理论分析，在其基础上阐述家庭教育政府职责，最后提出家庭教育政府职责的立法建议。

因此首先是分析家庭教育的性质问题。家庭教育政府职责的逻辑起点是家庭教育的性质，这构成对家庭教育政府职责进行解释的重要前提。这部分采用理论论证的进路，主要采用社会科学中普遍应用的公私二元框架来分析家庭教育的性质。家庭教育公共性是政府介入家庭教育的正当性基础，同时家庭教育的私人性构成了对政府职责的限制。通过分析家庭教育的性质来探讨政府在家庭教育中职责的基本定位，界定家庭教育的政府职责范围，特别是政府介入家庭教育的范围与界限问题。

在家庭教育性质的基础上，分析家庭教育的政府职责及其体系问题。这是政府作为责任主体履行家庭教育职责的具体化，是家庭教育职责从抽象到具体化的过程。在明确政府职责定位的基础上，根据家庭教育性质，分析家庭教育政府职责的体系，确定家庭教育政府职责的具体内容，并在理论上证成各项家庭教育政府职责的内涵。

在厘清家庭教育政府职责体系之后，就是对政府职责的立法问题。基于家庭教育政府职责以及履行的规范化、制度化要求，从立法角度提出规范家庭教育政府职责的法律制度建议，这部分主要采用制度建设的进路。制度本身不是目的，而是更有效实现特定政策的手段。因此，制度并不是不变的，一旦社会发生新的需求，制度就会发生变革，即制度仅仅是已经制定的政策

容易运行的轨道。[1]家庭教育政府职责的法律制度，需要结合社会环境因素的影响，不断革新各种政府对家庭教育的组织、活动、手段等制度，以达到促进家庭教育发展的目的。因此需要通过了解我国当前政府的家庭教育职责履行现状，分析其制度性成因，提出家庭教育政府职责立法的功能以及模式。在此基础上，系统阐述我国家庭教育政府职责立法的内容，并分析立法的形式以及立法路径。

具体研究思路如下图：

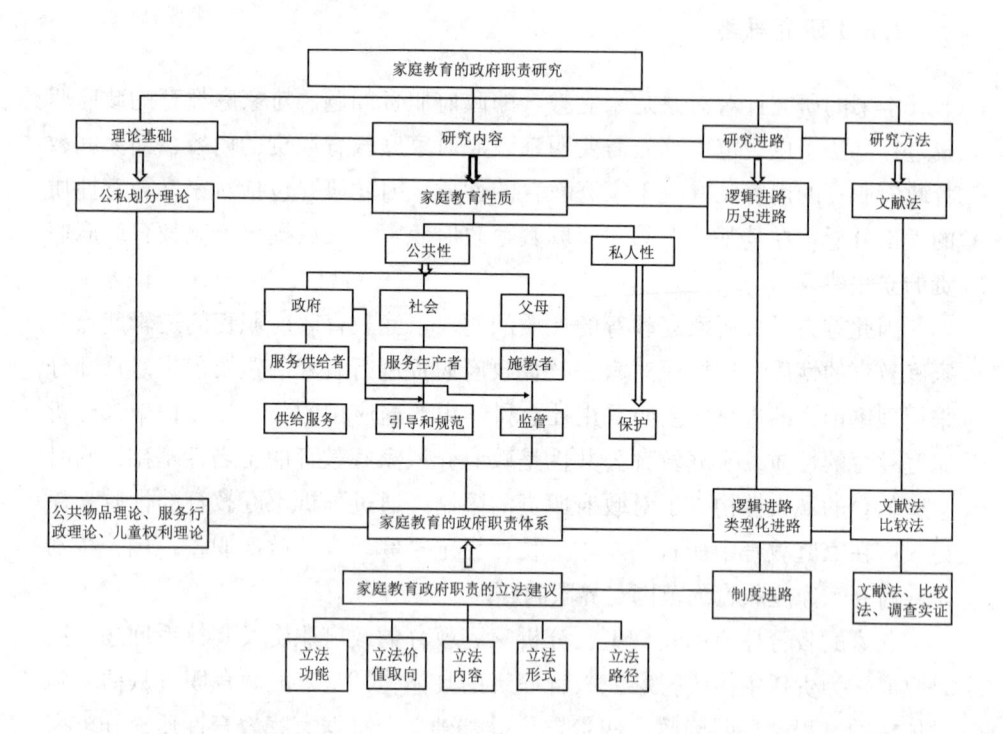

1.6.2 研究框架

基于上述思路，确立了本研究的主要框架：

第一章 绪论。介绍研究问题的提出背景、研究意义、国内外研究现状述评、本研究使用的理论分析工具、核心概念的界定、研究思路、研究框架与

---

[1] 参见刘宗德：《制度设计型行政法学》，北京大学出版社 2013 年版，自序。

研究方法、研究重点与研究难点。

第二章 家庭教育政府职责的逻辑起点。在分析公共性与私人性的理论分析框架的基础上，阐述家庭教育的公共性和私人性，并基于家庭教育性质提出政府对家庭教育的职责定位。

第三章 政府对家庭教育服务的给付职责。分析家庭教育服务的公共性、政府公共性基础上的政府的供给职责、归纳政府提供家庭教育公共服务方式，包括政府直接提供家庭教育服务和政府购买家庭教育服务，政府供给家庭教育服务的组织、财政与制度保障。

第四章 政府对社会参与家庭教育服务的引导与规范职责。社会参与家庭教育公共服务中公共性保障的政府职责、政府对社会参与家庭教育公共服务的引导方式、政府对社会参与家庭教育公共服务供给的规范。

第五章 政府对家庭教育行为的监管职责。政府对家庭教育行为监管正当性的证成、政府对家庭教育行为的监管形式、政府对家庭教育行为的监管保障。

第六章 政府对家庭教育权利的保护职责。首先阐述家庭教育权利的私权性质，其次分析家庭教育权利的优先性及其具体要求，最后提出政府保护家庭教育权利的途径。

第七章 我国家庭教育政府职责的立法建议。分析我国政府其家庭教育职责的现状及其成因，提出家庭教育政府职责立法规范的功能与模式，阐述我国家庭教育政府职责立法规范的内容，并提出家庭教育政府职责的"硬法"与"软法"混合规范形式、家庭教育政府职责的中央立法与地方立法结合的立法路径。

第八章 结论。归纳本研究的主要结论、总结研究的创新点、分析本研究的局限并指出下一步的研究方向。

1.6.3 研究方法

巴比将社会科学研究的目的分为三种：探索性研究、描述性研究和解释性研究。当研究者讨论某个他/她陌生的议题，或议题本身比较新时，就需要运用探索性研究来获得新观点。描述性研究是研究者通过观察把事物或现象描述出来。描述性研究并不限于描述，研究者通常还会探讨事物存在的理由及其所隐含的含义。[1]描述性研究者关心的重点并不是新话题的探索，或是解释为什么某事物会发生，而是描述事情究竟如何。解释性研究是在探索性研究和描述性研究的基础之上，进而找出事情发生的原因。除了把焦点集中在某个主题之上、呈现该主题的完整图像之外，解释性研究致力于寻求原因和理由。[2]要解决本研究提出的核心研究问题，一方面需要对家庭教育的性质与政府职责做出理论分析，为后面确定政府职责和构建制度奠定基础。另一方面又需要结合中国的政治体制、经济发展水平与社会文化基础，借鉴域外国家和地区家庭教育政府职责的制度经验，构建我国家庭教育政府职责体系。第一个取向是解释性研究，目的在于阐释家庭教育政府职责的制度理论基础。第二个取向是描述性研究，旨在全面描述、系统把握我国当前家庭教育政府职责的现状。第三个是探索性的，旨在构建我国家庭教育政府职责体系及相应的保障机制。本项研究将采取理论研究与实证研究相结合的方法，阐释家庭教育的性质以及政府对家庭教育职责的正当性，采用理论思辨的方式，分析政府介入家庭教育的合法性问题。

研究方法的选择直接影响到结论的准确性和可靠性。具体而言，本项研究的研究方法如下：

1.6.3.1 文献研究法

文献研究法是对文献进行查阅、分析、整理并力图寻找事物本质属性的研究方法。[3]本研究通过对国内外有关家庭教育及其与政府关系的研究文献的收集整理，对文献中所包含的信息进行分类，并对文献进行定性描述，发现已有研究的成果与不足，分析研究中的异同，从而为研究问题的确定和研究方法的运用提供理论依据和事实依据。研究中收集文献主要通过两种方式：一是手工检索，主要通过图书馆查阅纸质相关资料；二是电子检索，通过中国学术期刊网等网站收集相关资料，并结合使用顺查法和反查法，丰富文献收集量。收集文献之后，将与家庭教育政府职责有关的研究资料纳入视野；对文献进行整理与鉴别，将与本研究内容相关资料进行分类整理，去除不相

---

[1] 参见[美]艾尔·巴比：《社会研究方法》，邱泽奇译，华夏出版社2009年版，第90~92页。

[2] 参见[美]劳伦斯·纽曼：《社会研究方法：定性和定量的取向》，郝大海译，中国人民大学出版社2007年版，第40~41页。

[3] 参见[法]笛卡尔：《谈谈方法》，王太庆译，商务印书馆2000年版，第3页。

关或是相关性不大的资料,使研究资料指向研究目的;仔细研读相关性较强的文献,论证研究观点。

1.6.3.2 文本分析法

文本分析是研究者用来诠释文字记载与视觉信息特征的一种研究方法。本研究中的文本指的是与家庭教育有关的政策文本(包括法律文本)。政策文本是经济、政治、社会等各种因素在某一个领域发生综合作用的结果,政策文本对社会变动的过程以及其多样性有着敏锐的感应,文本演进和变化反映这个领域的社会结构、组织形态的演进和变化。[1]本研究政策文本包括与家庭教育相关的法律法规和政府规章等,通过这些政策文本分析"寻找现象背后的外在制度、寻找制度背后的价值取向内在制度"的政府主旨真意所在。文本分析包含比较纯粹的文本定量分析、对文本中词语的定性分析以及综合分析,即文本的定量分析与定性分析相结合。家庭教育的政策文本反映了在家庭教育活动开展中各相关主体之间的权利义务关系。本研究应用第三种方法,通过定性和定量相结合的内容分析方法,既包括定量的内容分析,也包含定性分析,透过家庭教育政策文本挖掘出文本内容演变的逻辑过程,发现家庭教育政策法规理论研究与实践过程中的关系、差距和问题。

1.6.3.3 比较法

正如比较法专家康拉德·茨威格特(Konarad Zweigert)认为,比较研究法对于发展中国家的法律改革极有用。通过比较研究可以促进对本国法律秩序的批判,其对本国法的发展所做的贡献,比局限于本国范围内进行的教条式议论要大的多。[2]比较法可以分为三个不同的层次:一是外国法的叙述研究;二是外国法的评价研究,即对不同国家的法律制度的异同进行比较并分析其发展趋势;三是外国法的沿革研究,分析不同法律制度间的现实和历史关系。通过对域外国家与地区的立法、实施现状、效果分析,研究国内外家庭教育的社会历史条件、要求及立法的特点和规范要点,为建构法律规范提供借鉴经验。另一方面系统分析我国相关法律制度的不足与缺陷,有利于提

---

〔1〕 参见涂端午:"中国高等教育政策制定的宏观图景——基于年高等教育政策文本的定量分析",载《北京大学教育评论》2007年第4期。

〔2〕 参见[德]康拉德·茨威格特:《比较法总论》,潘汉典等译,法律出版社2003年版,第23页。

出解决对策。

美国是英美法系国家，日本是大陆法系国家，但二战后日本也受到美国法律影响。日本将家庭教育纳入《教育基本法》、美国将家庭教育融入学校教育体系。本研究将美国等国家的家庭教育法制作为分析与比较借鉴的对象，汲取其合理因素，为我国家庭教育政府职责的厘清及其立法提供借鉴。本书旨在通过比较方法总结和概括出家庭教育政府职责及其立法方面的一些规律性特征。同时在分析政府在家庭教育中的职责时，将充分注意到制度本身的历史延续性，力图将家庭教育制度看作整个社会系统的一个组成部分。

1.6.3.4 法解释法

法解释学方法是法学特有的方法，对有关的基本概念、基本原理以及法律条文的研究，由于存在语义分析和价值分析任务，主要采用解释论证的方法进行。对父母教育权、家庭教育权等的权利主体及其之间的关系等问题采用法解释的方法加以论证。厘清家庭教育权利的内涵与外延，分析家庭教育权与国家教育权、社会教育权的性质及关系，为家庭教育法律制度的构建提供思维范式和分析维度。

1.6.3.5 调查研究法

调查研究是在社会科学的实证主义影响下发展出的研究方法。[1]调查研究是一种描述性研究，它是指通过对原始材料的观察，有目的有计划地对有关研究对象的材料进行收集，从而对研究对象形成科学认识的一种研究方法。社会调查是一种经验性方法，着重研究现实问题与情况，研究者对研究对象不加任何干涉，收集自然状态下反映实际情况的材料，通常的方式有观察、问卷、访谈、测验等。[2]只有通过调查，才能在掌握大量资料的基础上，深入发现现实中的具体问题，有针对性地对一个社会问题进行深入研究。

家庭教育的政府职责，不仅需要立足于基础理论的规范研究，对其进行理性分析，也需要田野式的案例研究，因为政府职责是一个现实层面的课题，需要经验总结和理论建构相互印证。在分析家庭教育的政府职责过程中引入

---

〔1〕 参见［美］劳伦斯·纽曼：《社会研究方法：定性和定量的取向》，郝大海译，中国人民大学出版社2007年版，第333页。

〔2〕 参见赵雄辉：《基于教育服务消费的大学生权利研究》，湖南大学出版社2007年版，第26页。

实证案例分析，为理论建构提供验证和支持，避免理性分析流于形式。例如政府对家庭教育的职责主要是对公众家庭教育需求的回应，家庭教育的需求是什么，不同群体有什么不同的需求，政府应该如何针对不同需求做出差异性的回应，这些都可以通过调查进行分析。本研究通过问卷等形式展开调查，主要针对家庭教育现状与需求问题设计调查问卷，分别对家长和教师展开调查。通过调查，了解我国家庭教育的现状，分析影响我国家庭教育的障碍性因素，以便在了解域外国家和地区家庭教育政府职责的基础上，有针对性地提出我国政府对家庭教育的职责以及其有效履行的方式，帮助促进改善我国家庭教育的状况。调查问卷主要通过问卷星形式发放收集。一是我国家庭教育现状与指导调查（家长卷），通过家长了解我国当前父母的家庭教育态度、家庭教育现状与家庭教育需求，收集有效问卷1637份；二是我国家庭教育现状与指导调查（教师卷），通过教师了解家庭教育指导现状与对家庭教育指导的认识，收集有效问卷234份；三是通过对教育行政部门、学校、专门家庭教育指导机构、社区、企业负责人、家长进行访谈，通过访谈了解公民家庭教育的实际状况与需求，获得我国当前政府对家庭教育职责的实现状况。在正式访谈前，针对不同访谈对象列出了访谈提纲。

本研究也包括对二手统计数据的使用，即分析由他人所收集的调查数据（这些数据是他人为了其他研究目的而收集的）。[1]因此各类公开的统计资料和数据库也是本研究的重要资料来源，主要包括《中国统计年鉴》、《中国教育统计年鉴》、中国儿童研究中心、全国妇联所进行的调查获得的数据等资料。研究还对国内某些地区，例如中山、青岛等地的家庭教育法治化的经验进行调研，梳理总结其相关经验。

1.7 研究重点与难点

1.7.1 研究重点

我国家庭教育的政府职责体系及其法律规范研究。政府对家庭教育的职责体系包括哪些内容？其职责的基础和依据是什么？这些职责在域外国家和

---

[1] 参见［美］艾尔·巴比：《社会研究方法》，邱泽奇译，华夏出版社2009年版，第245页。

地区具体体现是怎样的？为了保障政府对家庭教育职责的履行，如何通过法律予以规范？规范的形式和途径是什么？都需要进行系统研究。

1.7.2 研究难点

我国家庭教育中的政府职责涉及家庭教育的性质。家庭教育具有私人性和公共性，政府介入家庭教育的合理性及其界限，政府介入家庭教育的方式，既要保障家庭教育的私人性，又要体现家庭教育的公共性。如何界定政府与家庭在教育子女上的度？如果这个"度"把握得好，其积极效果是必然的；反之，如果干预过度，则容易导致公共利益与私人利益两受其害。另外，由于政府对家庭教育的职责在很大程度上是政府积极行政的体现，政府职责的范围本来就是不确定的，其行使也与国家的政治发展程度、社会发展水平、公民权利意识等因素有关，因此如何通过法律规范政府职责，起到促进政府履职的目的，这些都是本研究的难点。

2

家庭教育政府职责的逻辑起点

公共性与私人性是两个理想类型意义上的概念。理想类型与历史实在不是一回事，它是主观建构的产物。这种主观建构的一般性概念不是目的，只是认识特殊性的手段。在西方文化中，基于人类生活的原型，公共性和私人性是一对不可分割的历史范畴。公与私作为分析家庭教育性质的一个分析框架，构成了家庭教育政府职责的逻辑起点。通过公共性与私人性的分析框架来认识家庭教育性质，能够将家庭教育置于家庭与政府关系的大背景中进行考察讨论，以一种较为宏观的视角对家庭教育的政府职责进行整体的认识与把握。

2.1 公共性：家庭教育政府职责的逻辑起点

公私范畴是公共性含义变迁的基本逻辑因素，公共性是与私人性相对的一个概念，它是指社会生活特定方面的特定性质。[1]对于何谓公共的，人们的理解并不一致，主要是因为不同学科对公共这个概念的定义路径与使用方法有不同的习惯；同时，在不同的意识形态体系中，公共也具有不同的指涉。[2]从概念溯源来看，"公共性""公""公共"等作为一种比较规范的理论叙述概念，主要由阿伦特和哈贝马斯建构。[3]公共性与"公共领域"密切相关，哈贝马斯就将"公共性"等同于"公共领域"，他认为公共性本身就表

---

[1] 参见朱家存、周兴国："论公共教育的公共性及实践表征"，载《华东师范大学学报（教育科学版）》2007年第4期。

[2] 参见蒋银华："论国家义务的理论渊源：现代公共性理论"，载《法学评论》2010年第2期。

[3] 参见张雅勤："公共行政'公共性'的概念解析"，载《浙江学刊》2012年第1期。

现为一个独立的领域,即公共领域,它是与私人领域相对的一个概念。[1]哈贝马斯将公共领域视为体现公共原则并面向所有公民开放的空间,它是介于私人生活和国家权力之间的中间地带。公共领域一方面明确划定了私人领域范围,不受公共权力的辖制,另一方面公共领域又跨越个人生活的局限,关注公共事务。[2]从中可见,公共领域是市民阶层为维护自身利益,避免市民社会被国家权力侵犯的民意保证。

"公共的"一词长期以来就具有双重传统,一重含义是指"国家",依赖于自然的人类共同体而言;另一重含义是指不是在一个人的家中,而是在一个公共场合出现的东西,或是在社会上具有普遍影响的或者是普遍用处的东西。[3]现在所谈论公共性,更多的是指第二种意义上的,它是作为目的和价值取向的公共性,具体是指一定的空间范围内人们所具有的共同利益和价值。[4]

公共性通常存在于公共之中,但不必然存在于公共之中。因此公共性有两个基本含义,第一个是指通过进入公共场合而获得的可见性,第二则是与公共利益的相关性。二者从理想的角度而言应该是重合的,即进入公共场合、被公众谈论的应是与公众利益相关的事件或问题,与公共利益不相关的私人问题则应保持隐蔽性、不可见性,不应该进入公共场合。[5]

政府介入家庭教育领域,承担起对家庭教育的职责,在于政府与家庭教育的契合点,即二者都具有公共性。政府的公共性与家庭教育的公共性的契合,为政府介入家庭教育提供了合法性。政府的公共性是政府的第一属性,是政府存在的合法性依据。政府公共性是指公共利益与公共目标是政府产生、存在的目的。公共利益是公共性的根本立足点,政府成立是为了实现公共目标,其产生和发展的目的是解决公共问题、提供公共服务、满足公共利益。

---

[1] 参见[德]哈贝马斯:《公共领域的结构转型》,曹卫东等译,学林出版社1999年版,第2页。

[2] 参见[德]哈贝马斯:《公共领域的结构转型》,曹卫东等译,学林出版社1999年版,第23页。

[3] 参见[美]约翰·克里斯蒂安·劳尔森:"颠覆性的康德:'公共的'和'公共性'的词汇",载[美]詹姆斯·施密特编:《启蒙运动与现代性:18世纪与20世纪的对话》,徐向东、卢华萍译,上海人民出版社2005年版,第260页。

[4] 参见杨东东:"公共性观念的价值——哈贝马斯公共性思想的功能分析",载《山东社会科学》2007年第1期。

[5] 参见陶东风:"公共领域和私人领域的双重危机",载《社会科学报》2008年3月13日,第8版。

2 家庭教育政府职责的逻辑起点

狄骥认为民众服从于政府，是建立在政府履行其职责以作为回报的基础上。"每一个时代的群众都认识到，掌权者不能合法地要求服从，除非他们以履行某些职责作为回报，并且只能在他们履行这些职责的范围内要求人们服从。"[1]公众有权利要求政府履行能够满足其需求的公共服务的职责，通过职责的履行政府可以获得长期存在的合法性基础。

政府存在的前提条件是公共社会和全体公民的支持，满足公民的"公共需求"是政府尊重公民权利的具体体现。政府的公共性要求政府是社会公共利益的代表，为社会公众提供高质量的公共产品和公共服务。尽管不同时代、不同背景对政府公共性的外部特征有不同的要求，但实现正义、提供公共物品是政府公共性中的共同内容。[2]狄骥认为提供公共服务是政府有义务实施的行为。[3]关于政府这些职责的性质和范围，狄骥认为不可能获得一个具有普遍意义的答案。因为公共服务的形式与内容会随着社会公众日益增加的需求而变得多种多样，并处于不断地变化之中。[4]

因此，政府是否应该介入家庭教育，需要看家庭教育是否具有公共性。如果家庭教育不仅仅是家庭成员内部的事，或者只是父母的事，它已经关系到国家与社会发展，关系到社会公共利益，那么政府基于公共性，就应该积极予以介入，为家庭教育提供支持服务，维护父母和儿童的权利，其最终目的是实现社会公益。由于社会的发展，家庭教育从传统的私人领域走向社会，具有明显的公共性。家庭教育的公共性主要是指家庭教育具有公共利益，家庭教育不仅关涉家庭利益，也关涉国家与社会利益。家庭教育的公共性主要是随着儿童独立地位的确立，由国家基于培养合格公民的需要以及儿童享有平等受教育权的要求决定的。

---

[1] [法]莱昂·狄骥：《公法的变迁·法律与国家》，郑戈、冷静译，辽海出版社、春风文艺出版社1999年版，第47页。

[2] 参见祝灵君、聂进："公共性与自利性：一种政府分析视角的再思考"，载《社会科学研究》2002年第2期。

[3] 参见[法]莱昂·狄骥：《公法的变迁·法律与国家》，郑戈、冷静译，辽海出版社、春风文艺出版社1999年版，第50页。

[4] 参见周军："管理型政府公共服务职能兴起的理论考察"，载《甘肃行政学院学报》2013年第2期。

2.1.1 儿童独立权利主体地位的确立

一个婴儿来到世上，有其作为人的生物基因，只是一个"自然人"或"生物人"，对社会一无所知。他们必须先要学会怎样做人。[1]这是儿童发展的过程。儿童发展指的是儿童个体生理和心理方向所发生的、系统的、有规律的、持续的变化。[2]儿童的发展主要包括三个方面：一是生理发展，指躯体的尺寸、身体比例、外貌和各种躯体系统功能的变化、大脑的发展、知觉和运动能力以及生理健康；二是认知发展，指各种思维过程和智能的发展，包括注意、记忆、学术和日常知识、问题解决、想象力、创造力、人类特有的通过语言表现内心的能力；三是情感和社会发展，指情感交流、自我认同、情绪的自我控制、对他人的认识、人际技能、友谊、亲密关系和道德推理及行为。[3]

儿童是发展中的人，他们享有发展的权利。儿童之间不论其差别有多大，他们都是作为一个"人"来到世间，这一点是相同的。因而他们应当享有作为一个人所具有的一切权利，应当享有身体、心理全面发展的机会，在这些方面，每个儿童都是相同的。但是从历史来看，儿童权利并不是一直存在的，它经历了漫长的发展历程。它是随着人们对儿童权利的认识的不断深化而发展出来的。从人类社会的发展进程来看，儿童的概念本来不存在，人类社会在很长一段时期里没有儿童意识。[4]随着童年观的演变和儿童教育的发展，童年逐渐成为一个具有独立生命意识和独立精神哲学的概念。[5]20世纪被人们认为是"儿童的世纪"，经过长期的历史演进，儿童的道德地位和法律地位得到迅速提升。到20世纪中后期，随着儿童权利运动的兴起，社会逐渐形成与确立了儿童是权利主体的观念。20世纪80年代以后，儿童被视为是权利主体，不再是家庭和社会的附属成员。1989年《儿童权利公约》规定，缔约国

---

[1] 参见〔美〕J. 罗斯·埃什尔曼：《家庭导论》，潘允康等译，中国社会科学出版社1991年版，第507页。

[2] 参见洪秀敏：《儿童发展理论与应用》，北京师范大学出版社2015年版，第4~5页。

[3] 参见〔美〕劳拉·E. 贝克：《儿童发展》，吴颖等译，江苏教育出版社2002年版，第3页。

[4] See Lloyd de Mause, *The History of Childhood*, Harper & Row, 1974, p. 1.

[5] 参见谭旭东："论童年的历史建构与价值确立"，载《涪陵师范学院学报》2006年第6期。

应该最大限度地保障儿童的生存与发展，因此儿童发展在国际法上被正式确立为儿童的一项基本权利。

儿童作为整个人类的一部分成员，他们是发展权的权利主体，但是儿童是弱小的、不成熟的人，因而儿童与社会成年人相比又具有特殊性。儿童的特殊性是相对于成年人而言的，儿童发展权有其特殊性。广义的儿童的发展是指儿童成长为一个完全个体的过程。[1] 这种理解有一个前提假设，那就是儿童在发展初始阶段并不是一个完全的个体，而是一个在能力上存在缺失的个体。这种理解实际上隐含了一个含义，即人们对儿童发展目标的界定。换句话说，就是我们对于儿童发展是期待，希望儿童成为有理性的自治的成年人。这种观念将儿童发展的目的视为成长为一个自治的人，因为只有具有这种自治特性的人，才有能力按照自己的理性发展出自己的目标系统，进而可以进行自我维持和自我发展。父母和社会需要做的事情，就是创造公平的机会和条件，让儿童发展成为自主和自足的人，而对儿童进行一切形式的教育才是能够实现这样的发展目标的最重要的手段。[2] 教育是促进人权发展的先决条件，是个体和社会发展的关键，也是促进儿童发展利益最重要的手段和福利。

因此，儿童发展权是儿童享有的充分发展自己全部体能和智能的权利。儿童在成长的初期就应当享有获得最大化资源的平等机会，以便可以在踏入成年生活时，将他们在成长早期阶段形成的不可避免的偏见降到最低程度。儿童发展的核心任务就是实现儿童体、智、情的全面发展。现代教育的基本职能就是为了促进儿童在这些方面的发展。人本身的人格结构并非与生俱来，而是经过一段长期持续的历程，通过对自己身边可信赖的所有关系的人与环境的学习而展开的。因此，一个人的人格受教育者与教育环境形塑，后者对前者具有关键性的影响。

把儿童视为积极主动的权利主体，是现代社会教育和保护儿童的出发点。儿童独立权利主体地位成为家庭教育公共性的基础。在家庭教育中，儿童相

---

[1] 参见王雪梅：《儿童权利论：一个初步的比较研究》，社会科学文献出版社2005年版，第146页。

[2] 参见张扬：《西方儿童权利理论及其当代价值研究》，中国社会科学出版社2016年版，第130页。

对于父母而言，是享有权利的独立主体。儿童是独立的人，具有独立的权利主体地位。儿童不是父母的附属物，不是父母的附庸和实现父母自身理想的工具。随着对儿童和童年本质的认识的深入，人们对儿童道德地位也进行了重新反思和评估，对儿童地位的观念也逐渐觉醒。将儿童看作父母的私产的观念开始转变，逐渐将儿童视为家庭中独立的一分子。这种儿童观念的变迁，展现了人们对儿童认识和对待的进步。儿童权利不是成年人给予的，他们生来就是一个能动的权利主体，享有参与家庭和社会生活、并通过各种方式对影响他们生活的事项表达自己意愿、发表自己意见的权利。

国家的功能是动态的、发展变化的，而不是一成不变的。一般认为，18、19世纪的国家作为"消极国家"而存在，20世纪的国家向现代积极国家转变。国家功能模式逐渐由国家干涉主义取代自由主义，国家开始介入到社会政策、经济政策、教育政策等各个领域，不再只是承担防卫、治安等必要的最小限度的任务。在日益看重"权利"的时代，国家本身不再是目的，国家的行动就是为了维护各种权利，[1]恰如其分地说明了国家行动的定义和界限。具体到国家与儿童受教育权的关系上，是国家给政府和其他权力机关设定义务和责任，通过这种方式来实现国家保护儿童受教育权利的功能。作为受教育权利的重要相对方，国家的这些义务和责任通常必须通过法律的明文规定来实现，即为法定义务和责任。[2]从《儿童权利公约》所规定的要求和各国履行公约应遵循的原则来看，公约为各缔约国及其政府设置确立了保障以及实现儿童发展权的义务。

2.1.2 国家对于合格公民培养的需要

在人类社会的早期，父母可以自由地按照自己的意志教育子女，父母对子女的教育拥有完全的权利，这一权利不仅包括家庭教育，也包含学校教育。但是18世纪以后，由于教育国家化的实行与推进，父母对儿童教育的权利范围开始很大程度地缩减。儿童的教育并不由父母所独占，国家对儿童的教育也拥有权利，当然父母对儿童的教育权也并没有就此消失。在现代社会中，

---

〔1〕 参见［英］鲍桑葵：《关于国家的哲学理论》，汪淑钧译，商务印书馆1995年版，第205页。

〔2〕 参见劳凯声主编：《变革社会中的教育权与受教育权：教育法学基本问题研究》，教育科学出版社2003年版，第190~191页。

2 家庭教育政府职责的逻辑起点

家庭教育权是父母依法所享有的教育子女的权利。儿童发展是一个社会化的过程，家庭在促成儿童成为社会成员的过程中承担的功能比较重要，家庭教育权的行使需要符合社会对年轻一代进行教育的基本要求。

儿童接受教育是民主国家培养政治公民和建设公民社会的根本。马克思、恩格斯指出，任何一个时代的思想都是统治阶级的思想。[1]国家为了在全社会中形成与统治阶级一致的意识形态，必须通过教育向全民输入有利于稳固国家政权和统治社会的思想、知识和技能。教育既是统治阶级进行意识形态塑造的需要，又是统治阶级培养国家所需人才和社会发展所需劳动力的手段。

家庭教育不仅仅关系到家庭成员的利益，也关系到国家民族的竞争力，是具有重大公共利益的社会公共事务，因此家庭教育既关乎私益，也关乎公益。儿童具有很强的社会属性，他不只是家庭中的一员，还是国家和民族的财富，是关系到整个国家和社会发展的重要人力资源。儿童是文化与价值传递的工具和载体，需通过儿童延续历史的发展，传承主流的价值观。[2]

随着全球化的发展，国家竞争力日益受重视，而人力资本又是其重要的构成部分。家庭在人力资本培育中的基础性作用得以凸显。从国家发展和社会进步而言，社会可持续发展的必要条件是整个国民素质的均衡发展和不断提升，科教兴国战略也是我国的基本国策。教育对于真正把人口大国优势转变为人力资源大国优势至关重要，而家庭教育当然包括在教育之内。但是由于家庭教育不当导致的未成年人犯罪问题，不但对家庭产生伤害，也影响国家稳定与社会秩序。历史学家罗伯特·布雷姆纳（Robert Bremner）对这一矛盾现状作出解析，认为一方面，在一个民主国家里，儿童是未来的公民，是这个国家最有价值的资源，国家为了自身安全与自身发展，必须保障儿童受教育的权利，实施有助于儿童受教育权利实现的措施，使儿童成为有益的公民。但是另一方面，国家必须保护其自身免受那群危险少年的侵害，这些危

---

[1] 参见［德］马克思、恩格斯：《马克思恩格斯全集》（第1卷），中共中央马克思恩格斯列宁斯大林著作编译局译，人民出版社1972年版，第270页。

[2] 参见周真真："19世纪末英国城市化进程中的虐待儿童问题"，载《英国研究》2010年第0期。

险少年是被允许在无知、无纪和无敬中成长起来的。[1]

因此,家庭教育权要受到代表社会整体行使教育权利的国家教育权的影响和约束。当代社会人们普遍承认国家和父母共同担负儿童教育的责任,两者都必须为儿童最大利益尽责。

2.1.3 儿童享有平等受教育权的要求

儿童享有平等的受教育权利,与其个体的户籍、阶层、民族、性别无关,这是基于其公民的身份而自然获得且需政府予以保障的权利。儿童在享有这一权利过程中,应该是平等的。公民受教育权是一项不可剥夺的权利,是政府对社会成员应承担的责任,政府应该通过各种制度安排保障公民享受到公平的教育,体现社会的平等。[2]教育是政府应当向公民提供的公共产品之一,政府是教育投入的主体和教育管理的主体。由于政府的教育责任,政府应当确保有足够的财政投入,来保障校舍、设施、教师等教育软硬件条件达到保障教育质量、实现教育公平的目的。但是如果将政府的责任仅仅局限在学校教育是显失偏颇的,教育不仅包括学校教育,还包括家庭教育与社区教育等。

既然家庭教育权是父母的一种责任,就需要父母具备承担这一责任的能力,否则,责任不能有效承担,儿童发展权就得不到有效保障。父母的教育能力合格是父母能胜任子女教育的必要条件。当今社会,家庭的社会化功能实现的前提条件——技巧,发生了很大的变化。父母再也不可能只关心孩子的营养和一般健康,确保他与同龄人玩得很好,并相信他会追随父母的脚步。当前儿童社会化的过程比以往要复杂得多。当今社会,孩子在知识大爆炸中成长,知识更新的速度越来越快,知识爆炸深深影响了当今的儿童;没有父母的帮助,他们不能理解他们的丰富多样的经历,也没法去适应它。这种复杂性也侵蚀了道德领域。价值观扩散和冲突,父母必须确定清晰的个人道德来指导儿童自身的探索。从生命的开始阶段,儿童的学习建立在父母所教的基础上。父母必须承认和接受其教学角色。他们必须发展使用生活实力来增强其子女应对世界和发现世界意义的技能,这是显示父母竞争力的技能。如

---

[1] 参见[美]玛格丽特·K.罗森海姆等编:《少年司法的一个世纪》,高维俭译,商务印书馆2008年版,第3页。

[2] 参见杨克:"中国农村儿童受教育权:福利供给与财政体制",载《学术界》2015年第6期。

果我们的下一代要应对我们高度先进的、不断变化的世界和种种问题,父母将必须要掌握新要求和新技巧。[1]

受社会经济地位影响,儿童的家庭教育水平也各异。社会经济地位是个体教育、声望、工作能力以及收入等众多因素的具体体现。[2]父母的社会经济地位差异会反映在教养方式中。社会经济地位高的父母与孩子交流、鼓励孩子的行为更多,父母给予孩子更多的自由去探索世界。当孩子长大后,他们更多采用关爱、说理、赞扬和纪律等方式教育孩子。相反,社会经济地位低的父母更可能对孩子采取严厉的态度,可能在这样的家庭中频繁地听到刺耳的训斥声,而且能看到更多的体罚现象。教养方式的不同或许可以归结为家庭生活条件的不同。低收入家庭的父母在面对家庭之外的关系时,常感到无能为力和缺乏影响力。相反,社会经济地位高的父母感觉自己能更好地支配自己的生活。教育也是造成儿童教养方式存在社会经济地位上的差别的一个重要因素。社会经济地位高的父母注意采用言语鼓励来培养儿童的心理调适能力,这是因为他们在多年的学校教育中早已获得了流畅的语言表达能力、抽象思维能力和表达个人观点的方法。进一步说,高收入阶层的父母有更安全的经济保障,他们能分出更多的精力和注意力来关注自己和孩子人格方面的培养。他们也能为子女的发展提供更多的机会——无论是玩具还是课余活动,这些都有助于培养儿童更完善的人格。[3]如果家庭的经济方面陷入贫穷,就会严重威胁到父母对儿童的教育,影响儿童的发展。贫穷带来的压力逐渐削弱家庭内的关系。贫穷的家庭有着许多日常生活的烦恼——债务、汽车抛锚、失去福利、失业,等等。当日常生活出现危机时,父母会变得很压抑、愤怒、心烦意乱,从而可能导致婚姻出现危机。父母可能会对子女不理不睬,而受罪的当然只有儿童。对于那些生活在单亲家庭、居住条件恶劣的家庭或者无家可归的儿童来说,这种负面的影响更重。家庭贫困如果发生得越早,持续时间越长,对包括儿童智力的发展和学习成绩在内的儿童生理和心理发

---

[1] See Evelyn Pickarts, Jean Fargo, *Parent Education: Toward parental competence*, Meredith Corporation, 1971, p.1.

[2] 参见 [美] 劳拉·E.贝克:《儿童发展》,吴颖等译,江苏教育出版社2004年版,第790页。

[3] 参见 [美] 劳拉·E.贝克:《儿童发展》,吴颖等译,江苏教育出版社2004年版,第791页。

展的破坏就越大。〔1〕根据中国儿童中心的调查发现，经济状况较差家庭在角色准备、角色评价与体验和教养行为上要差于经济状况中等和较好家庭，在角色认知和角色表现方面，由父母一起抚养子女的比例要远低于经济状况中等和较好家庭。这可能与经济状况较差家庭父母自身的受教育程度、家庭资金的丰厚程度、家庭他人的支持力度、工作的艰辛程度有密切的关系。〔2〕调查还发现，流动儿童家庭的父母角色准备差于农村和城市普通儿童家庭；在角色认知方面，流动儿童家庭对父亲和母亲的角色期待与农村普通儿童家庭趋势较为一致，不同于城市普通儿童家庭；在角色表现方面，流动儿童家庭选择"父母一起抚养"的比例在某些方面均低于城市普通儿童家庭；流动儿童家庭（外）祖父母参与流动儿童家庭教养行为的比例较低；在情感陪护方面，流动儿童家庭差于农村和城市普通儿童家庭；在角色体验方面，流动儿童家庭的角色体验差于农村和城市普通儿童家庭。〔3〕2007年，全国妇联"全国未成年人家庭教育状况调查"中的一项调查结果表明，在传统的知识、技能范畴问题上，家长都具有对孩子的支持能力。但是在电脑、网络等新知识技能方面，家长的支持则较为欠缺。天津市儿童发展中心开展了"母亲教育需求问卷调查"，针对5000名母亲的调查结果显示，目前绝大多数的母亲，占被调查人数的99%，需要科学的家庭教育知识；相当一部分母亲，占被调查人数的43%，则对科学的家庭教育培训方面有需求。另据上海市的一项调查表明，约有95%的家长常处于烦恼和焦虑中，更有30%左右的家长坦言自己失败。〔4〕

当今对亲职的挑战不再像传统社会一样，父母必须掌握儿童是如何成长和学习的。父母需要了解一系列问题并学习不断增长的养育概念和技巧，以减少他们面临现代世界复杂生活的普遍焦虑和无力感。他们需要技能来促进儿童的成长，他们将自己和其他人看作一个整体，他们有投入新鲜事物的热

---

〔1〕 参见［美］劳拉·E.贝克：《儿童发展》，吴颖等译，江苏教育出版社2004年版，第792页。

〔2〕 参见中国儿童中心主编：《中国家庭教养中的父母角色：基于0-6岁儿童家庭现状的调查》，社会科学文献出版社2017年版，第225~226页。

〔3〕 参见中国儿童中心主编：《中国家庭教养中的父母角色：基于0-6岁儿童家庭现状的调查》，社会科学文献出版社2017年版，第55~57页。

〔4〕 参见熊少严："关于家庭教育立法问题的若干思考"，载《教育学术月刊》2010年第4期。

情,他们融入社区,带着有创造性和有生活意义的技能,带着义务最大程度地改变阻止个人和社会性成长的条件。[1]如果为人父母并不能自动为孩子的成长提供指导的知识和技能,那么教育和心理健康机构必须承担起提供这些知识的责任,并使其在持续的基础上以可行的结构随时可用。与当今人们的许多其他经济、社会和教育需求一样,幼儿家长需要培养他们的教学能力。无论父母的经济地位、阶级或种族认同如何,都可以通过广泛的教育计划来满足这一需求。家长教育是一种教育,它能够培养父母对儿童成长至关重要的学习和评价知识,这一概念涵盖了所有层次和所有亚文化中的所有家庭模式。它提供了增强学习过程的技能,无论选择什么。对孩子学习思考和价值观的方式的调查是一项普遍适用的内容,无论个人和/或群体的起点如何,也无论其反映的生活方式或家庭模式如何。[2]

2.2 私人性:家庭教育政府职责的限定

公与私是从公私不分的状态中同时分化产生出来的。私人性与私人领域相关。在西方社会,私人领域形成于18世纪初叶。私人领域是个人不受国家支配的独立生活领域,每个人可以按照自己选择的方式生活,它限制政府过度干预市民生活。[3]按照近代自由主义的观点,国家权力行使应该为个人留出不受干涉的自由的领地,划出不受干涉的,尤其是不受国家强制力干涉的私域的范围和界限。[4]密尔(Mill)在《论自由》中曾论述道,"社会中存在着这样一种活动范围,在此范围中,区别于个人的社会对个人仅具有间接利益,这一范围包含了个人生活与行为中所有仅对个人自身产生影响的部分,即便它可能对其他人形成影响,其他人都自由地、自愿地、不受欺骗地统一参与其中。"密尔认为现代社会"公共权力对私人行为的每个部分的规制"不

---

[1] See Evelyn Pickarts, Jean Fargo, *Parent Education: Toward parental competence*, Meredith Corporation, 1971, p. 25.

[2] See Evelyn Pickarts, Jean Fargo, *Parent Education: Toward parental competence*, Meredith Corporation, 1971, p. 26.

[3] 参见王芳:《隐私与刑事法——隐私的政治价值与制度体现》,中国社会科学出版社2012年版,第4~5页。

[4] 参见王秀哲等著:《我国隐私权的宪法保护研究》,法律出版社2011年版,第44~45页。

再具有可能性或合理性，无论公共权力是由公共立法机构实施的或是由社会道德观念驱使的。他认为公共权力对纯粹私人生活的干涉阻碍了个人的私人生活自由，因而公共权力从根本上违背了现代自由主义理念。反过来，这意味着只要个人的私人生活自由不会影响到其他人的生活，就必须受到尊重。此外，罗蒂（Rorty）的理论正是着眼于私人与公共之间存在的区分，他说道："如果我们放弃了要求将公共与私人融为一体的理论，转而主张自我创造与人类团结具有同样的正当性，那么，将会产生何种效果，虽然我们永远无法对自我创造与人类团结进行比较。"罗蒂认为，私人领域与公共领域的区分，前者的作用在于保障公民自由，尽可能地保障社会公正；后者的作用则在于实现个人的自我创造，使个人得以自由地选择其生活方式。[1]

私人领域是被法律明确规定为政治权力不得介入的公民的领域，是个人自我活动的私人区域，他在其中是自由的。这种划界的结果是为每个公民保留了私人活动的空间，也就是公民的私人领域是不受干涉的，尤其是划定了不受国家强制力干涉的私域的范围和界限。私人领域以尊重个体价值为出发点，赋予公民个人选择的自由，承认公民个体的差异性，认同多元化的生活价值。在私人领域内，公民可以在不影响别人、不影响公共利益的限度内，刻意充分地行使自己的权利。每个人的私人领域均是不容侵犯的城堡。[2]

政府介入家庭教育，要考虑到家庭教育的私人性。因为政府身处公权力领域，与身处私领域的家庭，二者有各自的界限，并遵循不同的行为规则。政府介入家庭教育的目的、范围和方式，需要受到家庭教育私人性的制约。政府承担家庭教育的职责并不是无限的，家庭教育的私人性构成了对家庭教育政府职责范围的限制。

家庭教育的私人性是父母在作为私人领域的家庭中实施教育的一个显著特性。基于两性关系的家庭生活处于私人领域的核心地位[3]，父母与子女关

---

[1] 参见张民安主编：《自治性隐私权研究——自治性隐私权的产生、发展、适用范围和争议》，中山大学出版社2014年版，第101~102页。

[2] 参见张民安主编：《自治性隐私权研究——自治性隐私权的产生、发展、适用范围和争议》，中山大学出版社2014年版，第146~147页。

[3] 参见［德］哈贝马斯：《公共领域的结构转型》，曹卫东等译，学林出版社1999年版，第59页。

系的性质，决定了家庭的本质，进而决定了家庭教育的性质。家庭教育作为家庭的功能与活动之一，也最有可能成为私人领域的表现形式。

2.2.1 父母与子女关系的生物性本质

家庭是基于血缘、婚姻或收养关系等结成，分享共同利益的亲属群体。从中可以看出，家庭具有两个特征：一个是血缘关系，一个是分享共同利益。家庭具有二元本质，它是生物性和社会性的统一。家庭一方面建立在生物性需求（例如生儿育女）之上，另一方面又受某些社会方面的限制与制约。家庭总是在天性与文化之间来一个妥协。[1]

父母子女关系的生物性联系自发地形成了家庭的固有秩序，使得家庭生活具有高度的调整性。父母子女关系的生物性倾向于强调家庭利益的同一性和情感的相互依赖性，强调家庭自治利益对于维护父母子女之间生物性联系的重要性。父母与子女关系的自然本性是基于血缘关系之上的自然事实，并且具有共同的利益。由于父母与子女之间存在的特殊血缘关系，使父母子女的关系与其他任何社会组织，甚至是夫妻关系都存在着很大不同。这种建立在血缘基础之上的亲情关系，在某种程度上具有高度的稳定性与忠诚性，并在父母子女之间体现出高度的伦理性和身份性。

父母与子女之间的生物性联系，使家庭成为人类体验爱、仁慈等美德最重要的场所，良好家庭秩序的维持和个人的成长依赖于这些美德。也正是这种生物性重于赋予父母生育、管理、教育自己后代的自治权利，保护人类试图将自己的基因更多地传播开来的良好的自然生命延续的愿望，而相对不大注重子女个人的权利要求。[2]马克思就认为父母心中蕴藏着的情感是最为神圣的。[3]父母与子女之间的天然血缘联系，使父母愿意给予他们的后代以更多的无条件、可以作出自我牺牲的爱。孩子和父母之间所具有共同的遗传特征，不仅促进孩子形成和发展个性，而且培养父母子女之间的更深厚

---

〔1〕参见［法］安德烈·比尔基埃等主编：《家庭史》，袁树仁等译，生活·读书·新知三联书店1998年版，第6页。

〔2〕参见张扬：《西方儿童权利理论及其当代价值研究》，中国社会科学出版社2016年版，第145～148页。

〔3〕参见熊复主编：《马克思 恩格斯 列宁 斯大林 论恋爱、婚姻和家庭》，红旗出版社1982年版，第100页。

的感情和爱。家庭对每一个人而言都是最古老的、最深刻的情感激动的源泉，是个体体魄和个性形成的场所。[1]儿童由父母抚养能够增进其身份和个性认同。

这种相对稳固的身份关系使父母子女之间形成了特殊的自然义务。例如父母有养育子女的最自然、最本能的义务，否则子女将无法生存和发展。国家也倾向于保护父母的权利，其中有着非常重要的功利性考量，即以根据生物基因联系为基础来分配养育后代的责任，比较公平、便利和有效率。[2]孩子由父母抚养和照顾，这样最适宜他们的发展。[3]法律上的家庭概念建立在一个推定之上，即父母具有孩子所缺乏的成熟、经验以及作出棘手决定时所需要的判断能力。更为重要的是，人们一直就认为，由于父母与子女之间存在天生的亲情纽带，这将使父母的行为最有利于他们孩子的利益。[4]正是由于有这样一个推定，人们一般总是认为，父母最了解自己的子女，最了解自己子女的最佳利益，因此父母总能从子女利益的角度出发，为他们子女的利益着想，帮助子女作出最好的决定。血缘联系产生了父母抚养子女的重要关系与责任。[5]

2.2.2 儿童社会化功能的实现

早期人类的家庭不仅仅是提高了人类生活的存活率，同时对人类社会的发展也起到了至关重要的作用。若要生存，人类社会必须具备以下几种功能：再生产（死去的社会成员必须要有替代者）、经济制度（既能生产，也能交换产品和服务）、社会秩序（必须有控制冲突并保持社会有序运作的制度）、社会化（幼年成员经成年成员训练后能够具备参与社会活动的能力）、情感支持

---

[1] 参见［法］安德烈·比尔基埃等主编：《家庭史》，袁树仁等译，生活·读书·新知三联书店1998年版，第4~5页。

[2] 参见苏力：《制度是如何形成的》，北京大学出版社2007年版，第6页。

[3] See David Wiliam Archard, *Children, Family and the State*, Ashgate Publishing Company, 2003, p. 84.

[4] 参见［美］玛格丽特·K. 罗森海姆等编：《少年司法的一个世纪》，高维俭译，商务印书馆2008年版，第128页。

[5] See Michael S. Wald, "Thinking about Public Policy toward Abuse and neglect of Children: A Review of Before the Best Interest of the Child", *Michigan Law Review*, 1980, pp. 645-693.

2 家庭教育政府职责的逻辑起点

(必须具有将个体成员联系起来的纽带,用以处理情感危机,并使每个社会成员都意识到共同的社会责任和社会目标)。在早期的人类社会,家庭几乎承担了上述的全部(或至少大部分)功能。但由于社会发展得越来越复杂,社会对家庭的功能需求也超过了家庭的单独承受能力。结果是其他的社会机构发展起来以协助完成某些功能,而家庭也融入巨大的社会体系中。例如,政治和法律机构承担了维持社会秩序的职责;学校的建立则取代了家庭的社会化功能;而宗教机构则为社会成员提供了教育服务和共同的信仰,这强化了社会成员的共同社会目标感,同时也是对家庭养育子女和情感支持功能的补充。尽管其他社会机构取代或分担了家庭的部分功能,但是再生产、社会化和情感支持的社会功能仍然由家庭承担。由于这些功能都与儿童的成长有关,因此对于儿童有着特别重要的意义。[1]

社会化是儿童发展的重要部分,家庭是人的社会化的首要因素。艾拉·L. 赖斯认为社会化是家庭最独特、最一般性的职能,幼儿的社会化更是如此。罗斯·埃什尔曼进一步指出在任何社会中,家庭最基本的功能是对人起培育作用的社会化。[2]费孝通认为婴孩不但要得到适当的营养,还要得到适当的教育。孩子的父母是在向婴孩负责的人中最主要的人物,父母是抚育孩子的中心人物。[3]幼年阶段的儿童比其他种类动物的幼体发展得更为缓慢,在他们独立生活之前需要成年人多年的抚养和教育。人类这种逐步成熟的发展历程在人类社会的各方面都留下了烙印:家庭是社会中最为常见的单元,而父母在任何儿童的生活中都是最为重要的角色。当然,其他社会环境也同样影响儿童发展,但影响的力度和广度都不能与家庭相提并论。家庭让儿童认识了解外部物理世界,家庭中也孕育着独特的人际关系。家庭是儿童习得语言、掌握技能、学习社会和道德价值准则的最早的环境。[4]父母基于血缘联系一般会比较尽心地照顾和养育自己的孩子,他们会为孩子的生存和发展提供尽

---

〔1〕 参见 [美] 劳拉·E. 贝克:《儿童发展》,吴颖等译,江苏教育出版社2004年版,第776~777页。

〔2〕 参见 [美] J. 罗斯·埃什尔曼:《家庭导论》,潘允康等译,中国社会科学出版社1991年版,第508页。

〔3〕 参见费孝通:《生育制度》,商务印书馆2008年版,第61页。

〔4〕 参见 [美] 劳拉·E. 贝克:《儿童发展》,吴颖等译,江苏教育出版社2004年版,第774~775页。

可能多的物质生活条件，这样儿童成长和发展的社会化过程中更多的责任是由父母来承担的。虽然并不是每一位父母都能从孩子的利益出发对待自己的子女，例如有些父母甚至会虐待、杀害自己的子女，但这样并不妨碍以上的一般性假设，因为上述的情形在父母对待子女的行为中为极少部分，一般被认为是一些特例。[1]

总之，家庭是初级社会化机构，它承担着私人与社会双重功能，[2]对个体个性的形成和发展起着最为重要的作用，为儿童提供保护、温暖和安全感，同时培养儿童独立性和责任心等社会能力。[3]

2.2.3 基于家庭自治的文化价值多元化

家庭自治建立在对父母自治的传统利益的尊重和保护之上。1999年6月，英国大法官、上议院院长艾威在伦敦召开的欧洲家庭法会议上提出，家庭生活是社区、社会和国家赖以建立的基础，家庭是社会的核心，创设和维持有效的政策对于保护家庭生活具有至关重要的意义。[4]尊重父母的自治是对多元生活方式和思想的承认。[5]父母的家庭教育权是亲权的一部分，与表达自由联系在一起，而表达自由是自由的核心。伊蒙·卡伦就曾说过，公民享有良心自由与结社自由的权利，是自由主义政治制度的必备条件。对于大多数人而言，依据自己的道德信条来抚养子女的自由，按照自己的价值观来组织和维系家庭生活的自由都很重要。[6]

由于每个家庭的结构、基本利益以及家庭观念都有所不同，尊重父母的自治权威的实质是尊重和承认多元生活方式和价值理念，这是传统自由主义

---

[1] See David Wiliam Archard, *Children, Family and the State*, Ashgate Publishing Company, 2003, p. 84.

[2] 参见张威:"德国家庭专业社会服务及其法律体系发展规律"，载《社会工作》2016年第4期。

[3] 参见张威:"德国家庭专业社会服务及其法律体系发展规律"，载《社会工作》2016年第4期。

[4] 参见[美]凯特·斯丹德利:《家庭法》，屈广清译，中国政法大学出版社2004年版，第6页。

[5] Michael S. Wald, "Thinking about Public Policy toward Abuse and neglect of Children: A Review of Before the Best Interest of the Child", *Michigan Law Review*, 1980, pp. 645-693.

[6] 参见[美]威廉·A·盖尔斯敦:《自由多元主义——政治理论与实践中的价值多元主义》，佟德志、庞金友译，江苏人民出版社2005年版，第131~134页。

的基本价值目标。抚养和教育子女体现的主要利益主要还不是父母的利益，更多的是在父母和子女之间建立有价值的紧密联系，因为父母从怀孕时起就和未来的子女建立了初期的紧密联系。在亲子关系之间通过认同的要素连接起来，父母在培养子女过程中传递一些自己的特质，从而在父母与子女之间建立内在联系和持续性。父母将自己的个人特质融入了子女抚育中，因此父母子女之间的认同，不同于国家认同、文化认同或者宗教认同。[1]

国家确立义务教育制度，使儿童教育从家庭手中转到国家手中，政府在学校教育中占据主导地位。但是家庭仍保留一份教育权力，家庭教育即是如此。家庭作为私人领域，家庭教育权作为私权，排斥政府的干预。对家长而言，教育子女在很大程度上是自己一项特有的权力，在抚养子女的同时，家长必然要对自己的子女进行必要的教育，家长在这种教育中获得的利益大致是他们可以通过教育将自己的价值传递到子女身上，作为自身生命价值的延续和对生命愿景的期许，教育是最好的手段。家长总是希望按照自己的意志来规划和教育自己的子女，而使自己子女的发展深深打上自己生命的烙印，希望子女他日能够成为他们所希望的人，可见，家长在教育中有其独特的利益期许，这种期许或许与子女的意志完全相悖，也可能同国家的教育目标南辕北辙，但家长在教育中独特的利益期许往往被认为是正当的，且是可以对抗国家的。比如洛克就认为，尽管教育的目标在于训练幼童逐步成长、他日可做好公民，但教育是私事，统治者不应干预。维护个人自由最迫切要求得到的是限制政府权力来保障个人权利。[2]

2.3 家庭教育政府职责的定位

政府介入家庭教育，是为实现政府的公共性，保障家庭教育的公共性。但是作为公权力，政府介入家庭教育过度，会侵害作为私人领域的家庭教育自身的利益。因此，家庭教育政府职责需要正确地定位，避免家庭教育在二者之间走向一个极端。

---

[1] 转引自叶强：《论国家对家庭教育的介入》，北京大学出版社2018年版，第63页。
[2] 参见王雪梅：《儿童权利论：一个初步的比较研究》，社会科学文献出版社2005年版，第99页。

2.3.1 政府介入家庭教育的目的是提升家庭教育能力

政府基于公共性介入家庭教育的目的是通过为父母实施家庭教育提供服务，帮助父母提升家庭教育能力，使父母能够有效地开展家庭教育。家庭教育能力，是教育能力的一个下位概念，是教育能力的一部分内容。《教育大百科全书》将能力界定为个体掌握新知识或者技能的潜能。[1]《心理学词典》中将能力界定为个体从事某项活动的潜力，或者说是该个体在通过训练后可以达到的某种程度的特定能力水平的可能性。[2]相应地，教育能力是指教育者在教育活动中所具有的影响和改变教育对象的潜能或可能性。教育本质上是引导个体向善发展的历程，具有培育人才、促进社会进步的功能，因此教育能力的效应须能发展个体潜能，引导个体向善成长，必须反映在人才培育与社会进步上。教育能力的享有者一般是施教者，教育能力的享有者有个人与机构之分，就个人而言，主要是家庭中的父母、学校中的教师；就机构而言，主要是各级政府及其所属学校、社区。[3]家庭教育能力是父母对子女进行家庭教育过程中，根据一定的教育观念，运用一定的教育方式，处理亲子关系、分析解决实际问题的潜能或可能性。家庭教育能力决定着家庭教育的效果。家庭教育观念是父母教育素质的核心，是家庭教育的本质属性在父母头脑中的反映。家庭教育观念影响父母对家庭教育的目标、方向的认识，并起着制约和指导父母教育行为的作用。家庭教育方式是父母对子女进行家庭教育的方法和形式，是家庭教育观念作用于家庭教育行为的综合表现。[4]

政府通过对父母实施一定的教育，发展父母的自我意识和自信，提升他们的家庭教育能力，通过以下方式达到这一目标：为人们提供以下信息和知识：（1）人类健康与发展；（2）儿童发展、婚姻和家庭生活的不同阶段；社区内的帮助来源，包括福利权和利益；帮助他们发展社交技能：（1）在沟通

---

[1] 参见［瑞典］T. 胡森、［德］T. N. 波斯尔斯韦特主编：《教育大百科全书（第 3 卷）》，西南师范大学出版社、海南出版社 2006 年版，第 43 页。

[2] 参见［美］阿瑟·S·雷伯：《心理学词典》，李伯黍译，上海译文出版社 1996 年版，第 2 页。

[3] 参见吴明清："漫谈教育力"，载《台湾教育》2011 年第 672 期。

[4] 参见关颖：《家庭教育社会学》，教育科学出版社 2014 年版，第 124 页。

中理解自己并与他人联系；（2）作决定并承担责任，以及管理家庭实用技能；提供机会和鼓励，了解如何将这些信息和技能应用于自己的需求、愿望、生活方式、个人特征和潜力；帮助他们确定自己的价值观和态度，并承认这些对孩子成长方式的影响。[1]这些措施应该提供给所有父母和未来的父母。这是一个终生的过程，因此在生命周期的不同阶段将有不同的重点。它的重点应该是个人在此时此刻的角色和关系，以及他们未来的角色和人际关系。

政府通过对父母的教育，改变父母的教育观念，提升他们的教育技能。政府对父母实施家庭教育支持与帮助时，要指向父母实施家庭教育的实际需要，父母在家庭中教育子女需要哪些能力，政府就应该为他们提供相应的支持与服务。政府通过一系列教育和支持措施支持父母，帮助父母或未来的父母理解他们自身的以及其子女的社会的、情绪的、心理的和生理的需要，并增强他们之间的关系。[2]

2.3.2 政府是家庭教育的支持者与监督者

家庭教育的公共性使家庭教育溢出了私域，为政府介入家庭教育提供了正当理由。基于家庭教育的公共性，政府可以对家庭教育予以介入，采取各种措施履行其职责，促进家庭教育的良性发展。政府基于公共性要积极介入家庭教育。在政府与家庭教育的关系上，政府处于父母实施家庭教育的辅助者地位。政府并不是替代父母的地位，直接实施家庭教育，而是家庭教育的支持者与监督者。基于家庭教育的公共性，政府介入家庭教育的主要目的不是代替父母实施家庭教育，而是作为父母实施家庭教育的促进者与帮护者，通过为父母提供家庭教育公共服务，提升父母的家庭教育能力。政府帮助父母提升家庭教育能力的另外一个重要方面是通过各种制度对父母的家庭教育行为予以监督，及时矫正父母的不当教育行为，促进其合理地实施家庭教育。

---

[1] See Gillian Pugh, Erica De'Ath, *The needs of parents: practice and policy in parent education*, Macmillan Education Ltd, 1984, pp. 208-209.

[2] See Evelyn Pickarts, Jean Fargo, *Parent Education: Toward parental competence*, Meredith Corporation, 1971, p. 27.

政府介入家庭教育，按照其作为支持者和监督者的辅助者地位的要求，要恪守政府介入家庭教育的边界，不轻易介入属于家庭教育作用的空间范围。政府除了从宏观层面制定具有强制力的法规和政策外，主要的还是运用非强制性的措施来引导家庭教育，即实施指导性介入，而不是强制性干预。指导不具备法律约束力，它包括鼓励性和抑制性因素，主要是强调与注重人的动机与行为内在联系。例如在实施父母教育方面，除非有特别情形，如其未成年子女实施了犯罪行为，父母具有自己的选择自由，可以选择接受政府介入，也可以选择不接受。在父母教育机构的选择上，父母也具有选择权，可以选择这个机构，也可以选择那个机构，国家或者其他任何社会力量都不能强迫父母接受指定的父母教育等。政府介入家庭教育在方式的选取上要慎重考虑，一般而言，只有在更为柔和的方式不能弥补家庭教育的不足时，才能使用强制性手段。政府介入只是家庭教育的补充，政府权力适当地发挥补充和积极引导的作用。政府介入家庭教育，目的是支持和增强家庭教育能力，最终促进儿童的发展。

2.3.3 政府与社会主体共同参与家庭教育公共服务

政府通过一定的家庭教育公共服务帮助提升父母的家庭教育能力。家庭教育公共服务，是指由政府或其他社会组织提供的不以营利为目的，以满足父母的共同需要为核心的家庭教育服务的总称。家庭教育公共服务的产生和发展是一个历史的演进过程，受不同意识形态、政治传统、经济水平、文化因素等影响，其在不同的国家及不同的时期具有不同的形式和内容。

政府权力作为公权力，有可能被滥用。政府为父母提供家庭教育服务，对其实施父母教育时，也有可能过度灌输国家的教育目的与价值观，而忽视了父母自身的教育目的与价值观。家庭教育的私人性质使家庭教育要实现家庭的自主利益，同时满足国家对培养社会公民的要求，实现国家的社会职能，但是后者主要是间接和附带的。因此政府要进行自我约束，防止过度介入家庭教育。[1] 政府介入家庭教育，保持公共性与私人性的平衡的一个重要方式

---

[1] 参见王敏、江耀炜、谢长江："系统论视野中有组织地教育未成年人研究——兼谈社会权力介入家庭教育的边界"，载《青少年犯罪问题》2014年第2期。

是应当关心国家、市场与社会的多中心结构，单一中心的国家不可能维持公私之间的平衡状态。与私人领域相对应的，由国家—市场—社会三种具体公共领域构成的整体公共空间可以构成对私人领域可靠和周全的保障机制。一个国家的公私两个领域的状态如果由国家—社会—市场力量精心地看护着，则会在私人生活的正当权利与公共领域的局限式介入之间取得巧妙的平衡。[1]

因此，政府介入家庭教育，无论是从家庭教育公共性的保障，还是家庭教育私人性的守护上来看，政府都不是为家庭教育提供服务的唯一主体，市场与社会对家庭教育的服务也具有责任。政府要协调政府、社会与市场的关系，整合社会资源，发挥对家庭教育公共性的保障作用。政府在介入家庭教育时，要摆脱全能政府的影响，确立有限政府的理念。有限政府理念并不试图限制政府的范围，退回到"越小政府越好政府"的主张，而是主张在政府与市场、国家与社会适当分离的基础上，政府介入家庭教育应具有正当理由，确立政府介入家庭教育的条件与目的。同时，向父母提供家庭教育服务也是由政府与社会主体共同来完成。

家庭教育的私人性试图游移于政府的规制之外，把家庭教育事务留给私人领域，因此政府介入家庭教育涉及公共性与私人性的平衡问题。作为私人领域典型形式的家庭生活和作为公共领域典型形式的政治生活的构成和法则是不一样的，它们是两个完全不同的领域。[2]但是这两个领域的划分并不是绝对的，存在着泾渭分明的界限，"公共性"是一个在历史进程中流动的概念。[3]彻底分隔私人领域与公共领域并不可能，也难以实现严格划分私与公的界限。公私关系并不是一成不变的，其受到相关历史因素的影响而发生变动，公与私的界限并不是绝对的。按哈贝马斯的看法，公私划界问题也是一个公共性问题，何者为公？何者为私？它是公众普遍讨论的结果。[4]一般情

---

[1] 参见任剑涛："论公共领域与私人领域的均衡态势"，载《山东大学学报（哲学社会科学版）》2011年第4期。

[2] 参见李蜀人："从私人领域到公共领域——西方政治的启示"，载《四川大学学报（哲学社会科学版）》2012年第1期。

[3] 参见张雅勤："公共行政'公共性'的概念解析"，载《浙江学刊》2012年第1期。

[4] 参见童世骏：《批判与实践：论哈贝马斯的批判理论》，生活·读书·新知三联书店2007年版，第210~214页。

况下，私人性在稳定的、封闭性的私人组织或领域中存在，但是该组织存在的边界一旦被打破，产生了一种普遍的社会公众的吁求以后，在私人组织或领域中就会产生公共性。因而公共性、准公共性以及私人性之间的界限并不是一成不变的，它们会随着特定时代以及特定社会要求的变化而发生变化。公共性与私人性相对而言比较稳定，准公共性则具有极富变化的特性。准公共性会随着公众的吁求向公共性或私人性方向发展。[1]因此人们更趋向于认为私人领域与公共领域是相对而言的概念，二者的区分并不是明晰与固定的，而是富于弹性、相互影响的。一个问题究竟应被视为私人问题，还是应被视为公共问题，需要结合政治、经济和文化等各方面综合考量。[2]因此，随着家庭教育性质的变化，政府对家庭教育的职责也随之发生变化。因而家庭教育的政府职责范围也不是固定不变的，它是一个动态发展的过程。因此需要明确政府对于家庭教育的职责所在，至于政府介入家庭教育的具体范围与程度，需要根据具体的政治、经济与社会情势决定，并没有统一的答案。

　　需要说明的是，私人性与公共性是理想类型的概念，可能并不存在完全对应的历史样态。在传统社会，尽管并不存在相对应的公共性概念，但是政府对家庭教育并不总是保持观望者的角色。家庭在西方传统中被定为私人领域，政府一般不能随意干涉。但是对于家庭教育而言，并不是简单地作为私人事务处理，如柏拉图就担心有的父母会把他们的无知和偏见传给他们的孩子，希望儿童由儿童护理方面的专家抚育，让儿童远离其父母，住在国家托儿所。[3]斯巴达的7~18岁男童就被送往国家军事教育场所，被国家训练成战士，而女童则在家中或附近村落接受专门训练，教育权完全掌握在统治阶级手中。雅典儿童7岁以后被送往学校学习，教育权不完全在统治阶级手中，教育完全属于私人行为，教育子女被视为家庭行为。私人领域在中国的出现要比西方社会晚得多。中国传统社会最为显著的特点就是家国合一，在个体与家庭之间，个人完全处于从属的地位，没有要求独立与自由的意识。我国的封建社会是家国同构，家庭与国家不能截然分开，家庭教育与官府的教化

---

[1] 参见苏君阳：：社会结构转型与教育公共性的建构"，载《教育研究》2007年第8期。
[2] 参见王晓升："'公共领域'概念辨析"，载《吉林大学社会科学学报》2011年第4期。
[3] 参见[美]阿伦·奥恩斯坦、莱文·丹尼尔：《教育基础》，杨树兵等译，江苏教育出版社2003年版，第75页。

之间的联系比较紧密，其在很大程度上受官府教化的影响和制约。家庭是封建社会的主要组织形式，是比较稳定和封闭的经济单位、生产单位和生活单位，封建统治阶级从巩固自己的统治地位出发，比较重视家庭教育，将家庭教育视为强权政治的工具。[1]家庭教育的目的是培养子女适应社会的能力，而官府教化的目的是控制社会，造就遵守社会规范与秩序的臣民。我国传统社会的人在教育子女与教化臣民之间存在必然的联系，官府的教化直接影响家庭教育的倾向，科举取士制度更是直接影响了家庭教育的内容。

---

[1] 参见阎爱民：《中国古代的家教》，商务印书馆2013年版，第280页。

3 政府对家庭教育服务的供给职责

福利主义的兴起使政府不再局限于传统自由主义思想下社会秩序的消极护卫者,而是一个包揽公民"从摇篮到坟墓"的公共服务者。公民权利与政府权力不再处于对抗性的状态,政府积极介入社会领域,重新分配公民权利指向的资源和利益。公民权利的实现,不仅仅需要政府的消极不干涉,更需要政府通过积极行政,提供形式多样的公共服务。依法向民众供给公共服务已成为政府的核心职能。由于家庭教育具有公共性,政府基于公共性的要求,有责任向他们提供家庭教育服务,解决他们在家庭教育过程中面临的困难与障碍。

3.1 家庭教育服务的公共性与政府的供给职责

家庭教育服务的公共性以及由此产生的家庭教育服务提供的市场失灵与政府失灵,是政府作为家庭教育公共服务给付主体角色的逻辑起点。

3.1.1 政府作为家庭教育公共服务的供给主体

从本质而言,政府是一个以公民为顾客而且关系到国家兴衰的服务性机构。民主政府为公民服务而存在,政府在非竞争性领域向公民提供"基础性"服务,供给公共产品。[1]金(King)和斯蒂弗斯(Stivers)就认为政府属于公民,应将公民置于首要位置。政府所强调的重点不应该放在为政府这艘航船掌舵或是划桨上面,而应该放在建立明显具有完整性和回应性的公共机构

---

[1] 参见任晓:《中国行政改革》,浙江人民出版社1998年版,第9页。

3 政府对家庭教育服务的供给职责

上面。[1]罗伯特·B·登哈特（Robert B. Denhardt）也认为公共行政的核心问题是政府机构在进行服务时要保持最高的效率，而且政府机构为公共利益而运作，必须反映服务对象的需求及期望。[2]提供"公共服务"是政府组织的职能定位，政府的主要宗旨与任务是提供服务。[3]当代政府的主要职能是满足社会公共需求、为全社会提供充足优质的公共产品与公共服务。[4]市场经济条件下，政府公共性的职能定位与表现方式与传统社会相比发生了一定的变化。政府的基本职能应该是弥补市场失灵，具体可以通过政府预算，加大财政投入，承担起公共产品生产和供给的主要责任。[5]公共经济学的研究表明，公共物品的特征决定了其应由政府提供或部分提供。公共物品具有消费上的非竞争性，由私人提供会导致公共物品的闲置与浪费；公共物品具有消费上的非排他性，会造成公共物品供给的不足，即通常说的市场失灵。[6]

家庭教育是一种公共物品，因为它同时给社会和个人带来了重要收益。家庭教育对于个人与家庭的利益自不待言，同时它所带来的公共（或社会）收益还包括提高公民素质以增强公民的权利意识，这对民主的政府是非常重要的。[7]儿童成人以后，除了要赡养自己的父母，还要向国家缴纳各种赋税，这说明成年子女既承担着保障父母的任务，也承担着保障国家的任务。从经济学的角度而言，儿童应该属于公共财产或者公共物品的范畴。因此，在儿童成年之前，对其予以抚养和教育就不应该仅仅是父母自己的义务，国家应该分担抚养和教育儿童的义务。而且如果抚养和教育未成年子女的外部经济效果越大，那么国家和社会分担的责任就应该越大，而不应该由家庭或

---

[1] 参见［美］珍妮特·V·登哈特、罗伯特·B·登哈特：《新公共服务：服务，而不是掌舵》，丁煌译，中国人民大学出版社2004年版，第21页。

[2] 参见［美］罗伯特·丹哈特：《公共组织理论教程》，项龙、刘俊生译，华夏出版社2002年版，第9页。

[3] 参见李鹰："行政主导型社会治理模式之逻辑与路径——以行政法之社会治理功能为基点"，武汉大学2012年博士学位论文。

[4] 参见李军鹏：《公共服务型政府》，北京大学出版社2005年版，第25页。

[5] 参见李军鹏：《公共管理学》，首都经济贸易大学出版社2005年版，第62页。

[6] 参见张翼、吴开俊："政府抑或市场——教育服务产品提供与生产分析"，载《广州大学学报（社会科学版）》2007年第5期。

[7] 参见［美］理查德·A·金、奥斯汀·D·斯旺森、斯科特·R·斯威特兰：《教育财政——效率、公平与绩效》，曹椒江等译，中国人民大学出版社2010年版，第37~38页。

父母独自承担。虽然个别父母根据个人与家庭的实际情况自由选择生育子女，但是不能因此就推论出由个别家庭独自负责儿童的养育责任。[1]家庭教育的收益是不可分割的，并不局限于支付价格的人，因此他们不可能以令人满意的形式完全通过市场体系提供。家庭教育的公共性表明政府有责任成为家庭教育服务供给主体。政府提供的公共服务具有公民权性质，更多地关注平等目标，承载着较强烈的再分配功能。政府更适合作为家庭教育服务的供给主体，因为政府具有私人或其他组织所不具备的公共权力，可以利用公共财政来支付家庭教育服务的供给成本。

政治领域对损害子女及其发展利益的情况作出两方面的回应：一是对照料子女的人提供帮助（Hilfe），二是对照顾权进行国家干预（Hoheitlichen Eingriff）。应当优先考虑帮助措施，只要帮助是可能和充分的，就必须首先采取帮助措施。在德国，国家主要通过法院和青少年局（Gerichteund Jugendaemter）来实现对照顾人的支持。青少年局根据《德国民法典》第1712条以下和《社会法典》第8编（子女和青少年救助法）的规定从事相关活动。根据《德国民法典》第1631条第3款，父母进行子女照顾时，家庭法院（Familiengericht）必须根据申请在适当情况下提供支持。例如对子女的告诫和警告；由于法院的官方特征，其做出的警告会引起子女的足够重视；此外法院还可以根据《非诉事件法》第33条第2款采取强制措施（例如将出走的子女送回父母家或将其送入寄宿学校），该强制措施必须符合子女的最佳利益，和青少年的成熟度相适应，并且此前其他温和的方法已经生效。但法院不能发布命令剥夺子女的自由。[2]儿童和青少年救助指的是青少年局（公共青年救助）和获得国家承认的社会团体（私人青少年救助）旨在促进青少年福利的活动。青少年救助主要通过如下方式来实现这些目标：促进年轻人自我发展，防止和消除歧视；为父母及其他有教育权利的人提供咨询和支持；保护儿童和少年之最佳利益免受危险；帮助年轻人及其家庭保持和实现"积极的生活条件"，创建有利于儿童和家庭的环境。德国青少年救助机关在从事活动时必须优先考虑受

---

〔1〕 参见郑清霞、洪惠芬："养育责任的集体分担——公共财与外部性的分析"，载《台大社会工作学刊》2005年第10期。

〔2〕 参见［德］迪特尔·施瓦布：《德国家庭法》，王葆莳译，法律出版社2010年版，第355页。

宪法保护的父母权利（《社会法典》第8编1条第2款重复了《德国基本法》第6条第2款）。所以青少年救助在功能上主要被设计为父母的帮助手段：即为父母设置的一系列给付请求权；规定他们在何种程度上可以主张这些请求权。依据《社会法典》第1编第36条的规定，年满15岁的青少年可以自行申请社会福利费用（即青少年救济的给付），并受领此种福利费用；法定代理人可以通过书面声明的方式限制这种"社会法意义的成年"。另外，根据《社会法典》第8编第8条第2款，儿童和青少年有权就所有关乎教育和发展的事务向青少年局寻求帮助；在特别紧急和冲突情势下，还可以从青少年局以不为父母所知的方式获得建议（《社会法典》第8编第8条第3款）。[1]

在英国，政府认可父母的重要性并热心地支持他们，因为它认为这样能显示其支持家庭的承诺。政府在其咨询文件（支持家庭，1998，家庭职务）中声明："良好的（父母对子女的）养育大家都受益""在儿童的健康、受教育和幸福方面，所有的父母都需要支持，许多父母还需要一些关于如何抚养孩子的建议和指导"。正是因为感到对家长的支持不够，政府开始着手新的行动以支持他们。因此，1999年12月，成立了玛格丽特·布斯夫人领导的全国家庭与养育协会（NPI），为父母提供有益的指导，发展更多更好的养育支持，还开通了全国性的养育热线电话。此外，政府还准备在学校课程中引入关于养育的教育。[2]

在日本，父母或其他监护人对儿童的家庭教育承担首要责任，但同时也规定了政府对家庭教育支持的责任。1996年7月日本中央教育审议会在第一次的"展望21世纪我国教育的现状"咨询会议中就指出，家庭教育的职责在于提高儿童的"自我生存的能力"，并且进一步提出了实施方案，包括要创造更多的机会给予父母更多的家庭教育指导；加强对家庭教育指导与支援的网络化建设；为父母参与子女的生活与学习提供更多的机会；想方设法让家庭中的父亲真正回归家庭履行职责。[3]1998年6月，日本中央教育审议会在《关于从幼儿时期开始进行心灵教育应有的方向》报告中建议政府应该从国家

---

[1] 参见［德］迪特尔·施瓦布：《德国家庭法》，王葆莳译，法律出版社2010年版，第359页。

[2] 参见［美］凯特·斯丹德利：《家庭法》，屈广清译，中国政法大学出版社2004年版，第242页。

[3] 参见樊秀丽："日本家庭教育支援事业的保障"，载《比较教育研究》2014年第6期。

角度思考家庭教育方向和家庭教育支持内容。2000年12月的《教育改革国民会议报告》提出教育的原点是家庭，国家与地方公共团体要积极向所有父母开设育儿讲座、向父母提供咨询机会，要增强行政对家庭教育的支持职能。日本还在法律上规定了国家对家庭教育不可推卸的责任。2001年7月日本修订《社会教育法》，基于家庭、社会、学校教育三者之间的密切关系，在政府与社会公共机构履行相关义务的时候，应当促进家庭和学校之间的合作与联系，同时要促进家庭教育的提高。2003年3月《中央教育审议会报告》指出，教育行政亟需充实对家庭教育的支持。2003年7月，《少子化社会对策基本法》与《下一代养育支持对策推进法》要求形成一体化的家庭教育支持系统，并明确规定了国家、地方公共团体、企业等的义务。[1]2006年修订的《教育基本法》明确规定了在社会教育和家庭教育方面国家和地方公共团体应承担的责任和义务。[2]

3.1.2 家庭教育服务供给者与生产者的分离

基于家庭教育的公共性，政府具备介入家庭教育的正当性。但是为了维持家庭教育私人性与公共性的平衡，要避免家庭教育在二者之间走向一个极端，避免家庭教育的完全公共化或私密化，必须在公私之间达成一种巧妙的平衡。家庭教育公共服务的供给主体是政府，但是这并不意味着政府就是家庭教育公共服务的唯一提供者。也就是说不是所有家庭教育公共服务都是由政府来提供，家庭教育公共服务的提供者和生产者角色是可以分离的。

马斯格雷夫在1959年就曾提出，公共生产与公共需求的供给是不一样的。其后，文森特·奥斯特罗姆等人又在此基础上将生产和提供的关系做了更为详尽的阐释。文森特·奥斯特罗姆、查尔斯·蒂博特和罗伯特·沃伦区分了"供给"与"生产"，他们提出公共物品和公共服务的生产既可以由公共部门来承担，也可以由私人部门来承担。萨缪尔森也认为公共产品并不一定要由公共部门来提供，它也可由私人部门提供。公共产品分为两种，一是纯公共产品，二是准公共产品。一般而言，纯公共产品可以由政府提供，对

---

[1] 参见和建花："法国、美国和日本家庭教育支持政策考察"，载《中华女子学院学报》2014年第2期。

[2] 参见杨文颖："日本家庭教育法律制度研究"，北京师范大学2016年硕士学位论文。

于准公共性产品,即那些具有不完全的非竞争性和非排他性的产品,可以通过政府补贴的方式,由政府和私人混合提供。[1]

在界定政府供给家庭教育服务职责上,"供给"与"生产"的区分理论提供了一种新思维。政府有责任供给家庭教育公共服务,但是并不意味着政府直接生产这一服务。家庭教育公共服务的提供者和生产者是两个不同的概念。一方面,父母对家庭教育指导服务等在内的公共服务需求保持持续性的增长,但是另一方面,政府提供家庭教育公共服务的能力却存在明显不足,家庭教育公共服务的政府供给不能满足需求,导致家庭教育公共服务领域的"拥挤"。如果仅仅只是由政府提供家庭教育公共服务,则造成家庭教育指导服务的投资渠道单一、资金有限,使家庭教育指导服务供给不足。政府作为家庭公共服务的主要渠道是家庭教育成为准公共产品的必备条件,然而公共产品并不是仅仅由公共生产与公共提供的方式构成。家庭教育公共服务的提供是谁为服务付款,而生产是由谁来负责服务的具体生产。政府可以作出用公共财政来提供家庭教育公共服务的决定,但并不意味着由政府机构和设施来具体提供这一服务。家庭教育公共服务的提供者和生产者可以是同一机构,也可以不是。家庭教育服务的供给与生产的分离,不但满足了政府提供服务职责的要求,也可以避免政府过度介入家庭教育领域,达到作为公权的政府与作为私域的家庭之间的均势。

3.1.3 家庭教育服务的政府供给失灵与供给主体多元化

一般认为,现代社会的公共服务愈来愈复杂、需求也愈来愈多元。国家、市场与志愿部门是提供公共服务的主要力量。不同国家由于受不同的政治结构、制度环境与文化以及立法实际等各方面因素的影响,国家、市场与志愿部门三种力量在不同的国家与地区,其作用能力会有所不同。但是普遍认为国家、市场、志愿部门在力量上是互为补充的合作关系,同时三者之间又融合成为一体构建成了公共服务的体系。由于政府的资源和能力存在不足,政府单一主体的供给机制实际上并不能很好地满足公众对公共服务数量以及质

---

[1] 参见[美]A.爱伦·斯密德:《财产、权力和公共选择——对法和经济学的进一步思考》,黄祖辉等译,上海人民出版社、上海三联书店1999年版,第119页。

量的需求。为了寻求解决公共服务政府供给效率低下的有效途径，公共治理理论主张要通过积极引入第三方力量，在政府、市场、社会以及公民之间构建起一种民主、平等与合作的集体行为的关系状态，寻求突破政府供给公共服务的单中心体制问题，由此，打破了公共服务供给上政府和公民之间的"二元主体"关系。有效的公共服务需要构建各组织间相互合作的共同治理体系，政府应该从消极管制走向积极管理，从公共服务提供的主导者走向推动者与支援者。政府通过推进与孕育有活力的公民社会，促进民间力量积极参与公共服务的共同治理；私人企业、民间团体与公营部门相互学习协作，尽到社会公益责任，有效提高效率；政府要以公共服务使用者为中心提供服务，使之更符合人民生活。[1]

家庭教育服务是公共产品，属于公共服务的一种类型。政府是家庭教育服务的供给主体，但这并不表明应该由政府包揽所有的家庭教育公共服务，由政府直接提供家庭教育公共服务。家庭教育公共服务需要政府引导社会和市场共同参与。通过引入市场机制，政府可以通过购买服务等方式，引导社会组织、机构等社会力量一起为家庭教育提供服务。政府购买的行为意味着其摒弃了服务生产者这一角色，但不意味着政府放弃了提供家庭教育服务的职责。政府可以将部分家庭教育公共服务的生产职能交由市场和社会中的机构组织来承担，采取政府提供、政府与其他机构合作提供或者社会与企业提供等方式对家庭教育指导服务。通过多元化的家庭教育公共服务供给机制为家长提供服务，可以避免家庭教育公共服务产品单一、服务质量不高的问题，满足家长对于家庭教育指导服务多样化、个性化的需求。[2]

德国向青少年提供救助的主体不仅包括国家，也包括国家根据《社会法典》第8编第75条所承认的教会或司法组织（私人青少年救助）。相对于公共青少年救助而言，后者提供的给付处于从属地位（《社会法典》第8编，第4条第2款），国家机关保留了干涉这些给付的权利。青少年救助首先需要的是保障社会给付，只有法院才能依照《德国民法典》的相关条文干涉父母照

---

〔1〕 参见李宗勋：《政府业务委外经营理论、策略与经验》，智胜文化事业有限公司2007年版，第440~441页。

〔2〕 参见胡杰："将家庭教育指导纳入政府公共服务体系的研究"，上海交通大学2011年硕士学位论文。

顾。同时青少年局也处于帮助和干预的矛盾之中,干预对于很多父母而言是一种限制。青少年局还负责为法院提供支持,并参加相关程序等。必要时青少年局可以向法院起诉,以防止子女最佳利益受侵害。在紧迫和危急情况下,青少年局还可以直接进行干预。青少年救助的帮助(Hilfeleistungen)形式包括:促进家庭教育(例如为父母提供咨询,为家庭提供业余活动或休闲设施,特别为单亲家庭以及分居或离婚的父母提供咨询和支持);促进儿童的日常生活照料;Tageseinrichtungen、Tagespflege 协助教育(例如咨询、在养父母家中的教育、Erziehung in einer Tagesgruppe、Heimerziehung 家庭教育、保障抚养费等)。提供教育帮助通常以照顾权利人的申请或同意为前提条件。在满足第1666 条和第 1666a 条的条件下,法院可以无须父母之同意而径直发布此种帮助命令(例如收养院教育)。[1]

家庭教育服务提供者与生产者的分离,改变了政府直接提供服务给家长的模式,改变了家庭教育服务的"二元主体"模式,即只存在政府和作为受益者的民众两大主体,政府既是提供者,也是生产者。家庭教育服务变成"三元主体"的供给模式,即由政府作为家庭教育服务的供给者、其他社会组织作为承接者、民众作为受益者,改变了家庭教育服务单一的政府供给格局。

3.2 政府供给家庭教育服务方式

3.2.1 政府直接供给家庭教育服务

政府需要设立一定的机构来实施和执行家庭教育服务事务。政府直接提供家庭教育服务活动,主要是利用政府所属的机构,如公立中小学校、政府设立的从事家庭教育指导机构、司法部门等进行指导父母家庭教育的活动。

3.2.1.1 公立学校

公立学校是由政府财政设立的专门性教育机构。由公立学校向父母提供家庭教育指导服务是政府提供公共服务的一种形式。学校可以通过开设家长

---

[1] 参见[德]迪特尔·施瓦布:《德国家庭法》,王葆莳译,法律出版社 2010 年版,第 358~360 页。

教育课程、开办短期父母培训班、举办家庭教育讲座、召开家长会议、制定家庭指导计划等开展对父母的家庭教育指导活动。在美国,全国没有统一的家庭教育法律,也没有制定以家庭教育为中心的教育政策,联邦政府主要通过学校教育、家校合作来促进学生学业进步问题,由联邦教育部制定将家庭教育融入学校教育体系的法律政策,并实施一系列支持家庭教育的项目,旨在将家庭教育融入学校教育体系。例如1983年,《国家在危急中:教育改革势在必行》中明确指出"你们肩负着积极参与教育你们孩子的责任",强调了家长参与孩子教育的义务与责任。1991年修订的《残疾儿童教育法》中规定残疾儿童家长可以联系全国家长培训和信息中心了解特殊教育事宜与自身的权利义务问题。1994年《目标2000:美国国家教育法案》将家长参与列进目标,并规定成立父母协助中心,帮助父母学习教育子女的知识等。2001年《不让一个孩子掉队》教育法案中提出:"有权让家长知道他们孩子的教师是否胜任工作,改革公立学校,授予家长择校权利"。[1]"家长教师计划"(Parents as Teachers Program,简称PAT)也倡导家校合作,鼓励家长参与制定学校规章制度,学校要积极指导帮助家长的家庭教育。为了发挥家庭和学校的教育合力,美国几乎全部中小学校都配备家庭教育指导师这一职位,为家长的家庭教育提供咨询、指导与建议。[2]

3.2.1.2 专门的家庭教育指导机构

专门的家庭教育指导机构是政府出资设立并配备专业人员为父母提供家庭教育指导服务的部门。如美国加利福尼亚州成立"父母中心"(California Parent Center)机构,在全州范围内为家长提供教养技能援助,并实施家长联络员资格培训项目,使父母更好地参与所在的学校和街区活动。[3]

日本政府为了增强父母家庭教育的能力,推行了形式多样的家庭教育支援活动。这些活动的实施机构是各市町村教育委员会、青少年课、育成会、PTA联合会等。[4]市町村教育委员会担负着协调筹划家庭教育支援的具体工作。都道府县教育委员会的行政管理处于中间地位,其职责主要是整合区域

---

〔1〕参见蒋世萍、王菲:"美国中小学家长参与学校教育的探索及启示",载《教育探索》2016年第3期。

〔2〕参见袁淑英:"美国家庭教育服务机构和指导师的主要职责",载《教育探索》2015年第3期。

〔3〕参见冯丹:"中美两国亲职教育实践的差异性探析",曲阜师范大学2013年硕士学位论文。

〔4〕参见樊秀丽:"日本家庭教育支援事业的保障",载《比较教育研究》2014年第6期。

内的资源，改善各个市町村教育委员会的基础条件，以更好地配合家庭教育支援。[1]而且日本的都道府县还广泛建立多种形式的家庭教育咨询指导体系，教育研究中心（所）内设立教育咨询所（部、室），由专门人员担任教育咨询员，开展教育咨询指导活动。[2]

3.2.1.3 家长学校

家长学校是学校或相关机构为提升家长的家庭教育素养而创设的有目的、有计划、联系实际地对家庭里承担抚养教育子女任务的父母（包括未来父母）和其他长者进行教育和训练的机构。美国设有普通家长学校，一般通过举办家长短训班、家庭教育辅导讲座和家长会等形式为家长提供指导。除了普通家长学校之外，还设有智障孩子家长学校。各级政府开办培训学校，免费为智障儿童家长提供指导，帮助其提升养育子女和家庭教育的能力。[3]日本的家庭教育学校为父母亲提供学习机会，这些家庭教育学校由市町村政府、家长教师协会或者是妇女团体开设。[4]在我国家庭教育现状与需求的调查中，家长获得家庭教育指导的方式排在第一的是家长学校，占44.41%，表明家长学校是我国当前开展家庭教育指导服务的主要机构。因此可以利用中小学校、幼儿园和社区开设家长学校，为各个年龄阶段学生的父母提供比较全面的家庭教育的知识与方式。

3.2.1.4 司法部门

司法部门为父母提供的家庭教育指导一般面向特殊家庭，例如离婚家庭父母、犯罪儿童父母。20世纪70年代美国开始出现了为离婚父母提供的司法教育计划。法院受理离婚的诉讼后，会要求诉讼当事人来参加司法教育计划，当事人可能是主动的，也有可能是被强制的，有一些州还要求其子女（一定年龄以上）来参加独立的教育计划。在参加父母教育计划是否属自愿问题上，美国各州的规定并不一致。有些州，如特拉华州就强制要求离婚父母参加教育计划，该州规定只要父母向家事法院提起监护或探望诉讼，法院就会发布要求父母参加父母教育计划的命令。亚利桑那州为避免父母离婚可能对子女

---

[1] 参见樊秀丽：" 日本家庭教育支援事业的保障 "，载《比较教育研究》2014年第6期。

[2] 参见朱文学："日本少年儿童家庭教育的现状及其发展"，载《世界教育信息》1999年第8期。

[3] 参见袁淑英："美国家庭教育服务机构和指导师的主要职责"，载《教育探索》2015年第3期。

[4] 参见朱文学："日本少年儿童家庭教育的现状及其发展"，载《世界教育信息》1999年第8期。

造成的伤害，也要求父母向法院申请离婚时，必须参加亲职教育课程学习。[1]有一些则交由法官自由裁量判断，还有一些州（如南肯塔基州）把选择权留给父母，由父母自行决定。[2]在加利福尼亚州，如当事人在起诉前没有自主达成对子女的抚养计划，将由法院中的专设教育实施部门对该对父母进行为期三个小时的关于离婚纠纷方面的父母教育，当事父母可以在郡内选择任何一所法院接受这种教育。[3]

我国四川省成都市于2016年首先创立强制亲职教育工作模式，司法机关强制涉案未成年人的监护人接受亲职教育。[4]2017年5月，《武汉市未成年人保护实施办法（修订草案）》规定，父母或者其他监护人没有按照法律的规定对未成年人进行依法保护，没有以保护未成年人的利益为其履行职责的根本目的或者没有履行制止未成年人不法行为的职责的，由行政机关、司法机关依法将其列入亲职教育的黑名单，并由公安机关、人民检察院、人民法院依法督促其接受该教育。[5]

3.2.1.5 政府其他部门

如美国的政府卫生或社会福利部门会进行家庭访问，了解学生成长的环境，为父母提供教育经验，满足儿童在智能、社会、生理与心理等各方面的成长需求。[6]我国的卫生部门会针对孕期及产后妇女进行育儿指导，但这些指导主要涉及婴幼儿的生理方面，因此对此不予详述。

3.2.2 政府购买家庭教育指导服务

政府提供家庭教育指导服务可以有不同方式。一方面可以通过其所属的

---

[1] 参见范辰辉、彭少峰："现代亲职教育：发展现状与未来取向——社会工作介入初探"，载《社会福利（理论版）》2013年第12期。

[2] 参见陈思琴："离婚前父母教育计划：美国离婚法的经验与借鉴"，载《南昌航空大学学报（社会科学版）》2012年第2期。

[3] 参见陶建国、刘树槟："美国加利福尼亚州离婚诉讼中父母教育制度"，载《石家庄学院学报》2016年第1期。

[4] 参见任然："成都首创失职父母强制亲职教育"，载《中国妇女报》2016年10月28日，第A3版。

[5] 参见胡弦："父母'不称职'须接受亲职教育"，载《湖北日报》2017年5月7日，第4版。

[6] 参见谢娜："美国亲职教育研究——历史、现状及评价"，华中师范大学2010年硕士学位论文。

机构直接提供家庭教育指导服务，另一方面也可以付钱通过社会组织提供家庭教育指导服务。当然，政府需要积极促进其他社会组织开展家庭教育指导活动。从理论而言，政府购买家庭教育指导服务的对象，既可以是非营利性组织，也可以是营利组织。[1]

3.2.2.1 提供家庭教育指导服务的社会组织

第一是社会教育机构。从事社会教育的机构是施行家庭教育的有利载体。例如美国儿童博物馆既是儿童玩耍参观的地方，也是父母交流彼此间养育孩子经验的场地。它主要通过馆内外标语、网站建设、父母讲习所、活动项目与展项、父母之间的交流等方式服务父母的育儿教育。[2]日本的社会教育设施有公民馆、公共图书馆、博物馆、青年之家、少年自然之家、妇女教育会馆、影视中心、体育运动场馆、影剧院等，此外还有青少年夏令营、妇女活动之家、母子健康中心等相关设施。这些功能不同、对象各异的设施为各种社会教育的开展提供了丰富的活动场所。

第二是学术团体。作为专业性很强的学术团体，在为父母提供家庭教育指导方面具有专业优势。例如美国的国际儿童教育协会（the Association for Childhood Education International，简称 ACEI）的重要职能之一就是组织亲职教育实践活动，针对儿童成长的各种具体问题提供指导建议。该协会组成人员包括专业教育者、父母亲以及其他能促进儿童享有良好教育的人。[3]

第三是大众媒体。政府通过书报杂志、广播、影视、网络等大众传播媒介进行宣传教育是社会教育的重要组成部分。通过这种途径实施社会教育，具有覆盖面广、浸透性强、易被接受的特点。在日本文部省，由财团法人组织接受政府委托制作家庭教育的节目，通过电视等媒体向家长传播家庭教育方面的信息，为家长提供教育信息与咨询。[4]微信凭借自身便捷性成为覆盖

---

[1] 参见王玲艳、刘颖："西方政府购买（教育）服务的背景、运行机制及其应注意的问题"，载《学前教育研究》2011年第5期。

[2] 参见张海水："非营利性社会教育机构供给父母育儿教育方式的分析——基于美国儿童博物馆实践的思考"，载《基础教育研究》2014年第24期。

[3] 参见谢娜："美国亲职教育研究——历史、现状及评价"，华中师范大学2010年硕士学位论文。

[4] 参见朱文学："日本少年儿童家庭教育的现状及其发展"，载《世界教育信息》1999年第8期。

面极广的新媒体工具，在微信平台上进行指导，不但能打破传统培训受限于时间、地点的困境，还能提高培训的覆盖面和有效性。

第四是社会志愿组织。例如美国最大的面向儿童的志愿者组织PTA（Parent and Teacher Association）为家长提供有关服务，美国各州的父母培训信息中心（Parent Training and Information Centers，简称PTIs）是非营利性组织，鼓励父母参与教育，组织培训父母，提供相关信息。一些社区公益团体会为父母提供亲职教育方案，有些还为单位或个人组织的亲职教育提供财力支持。[1]1981年美国密苏里州设立了家长即教师（Parent As Teacher，简称PAT）项目，为不同文化背景以及社会经济水平的家庭提供教育指导服务，以提高学前儿童的读写能力和学业成就。目前这一项目已经发展成了国际化的非营利性机构，为来自不同种族、家庭背景的儿童及其家庭提供服务。家长教师是这一项目的实施者，大部分家长教师具备早期教育及相关专业本科学历，他们自主申请并经过筛选考核后成为家长教师。家长教师在正式入职前需要接受系统培训；入职以后每年还需要参加12次的家长教师集体会议。PAT项目通过不同方式为家庭提供服务，一是家长教师通过家访向家长提供适合不同年龄阶段儿童发展所需要的课程；二是PAT项目人员或其他专家举行讲座，每月开展一次；三是每年进行一次儿童发展筛查，及时进行教育干预；四是家长教师帮助家长和社区建立联系，共享社区资源。[2]英国于1973年开始实施家庭开端计划（Home-Start Project，简称HSP），主要服务于6岁以下儿童养育困难的家庭。HSP项目并不要求志愿者是专业人士，反而更欢迎家长作为项目的志愿者。HSP项目组织当地家庭形成小组，既有一般性的亲子小组，也有目的性较强的专题小组，给家长们提供会面、交谈、互相支持的机会。家访是HSP项目的核心内容。家访由志愿者实施，主要帮助家长应对生活压力，确保他们拥有养育儿童的自信和技能。HSP项目创立专门子项目促进家长参与儿童的入学准备，例如2013年在英国教育部的资助下创立了充满希望的未来项目（the Big Hopes Big Future Programme，简称BHBF）这

---

[1] 参见谢娜：《美国亲职教育研究——历史、现状及评价》，华中师范大学2010年版，第34~35页。

[2] 参见李晓巍等："美、英、澳促进家长参与早期教育的国际经验与启示"，载《北京教育（普教版）》2018年第4期。

一子项目,以帮助家长为儿童提供良好的家庭学习环境,促进家长参与儿童的入学准备。HSP 项目还建立了家庭开端监测评估系统,考察项目的实施效果。[1]

第五是民办教育机构。民办教育机构也可以成为提供家庭教育指导服务的主体。父母日益认识到家庭教育对儿童成长发展的重要性,对如何成为一个合格的父母有了更明确的认识,形成了对家庭教育指导服务的需求,造就了家庭教育指导服务的巨大市场。民办教育机构参与提供家庭教育指导服务,是对家庭教育指导服务的重要补充,与政府、社会公益组织的家庭教育指导服务形成互补格局。

3.2.2.2 政府向社会组织购买家庭教育指导服务的形式

政府向社会组织购买家庭教育指导服务的一种形式是公私合作伙伴。日本的公民馆委托经营模式就是公私合作的形式。日本公民馆是承担着社会教育功能的机构,父母教育是其一项重要内容。近年来由于全球化趋势下民营企业的限制放松,日本政府将地方自治体负责的设施建设及营运委托给民间单位来经营与管理。通过这种市场化的外包方式,企业承担更多社会责任,在发挥企业优势的同时,也节约了政府成本。但是由企业接管公民馆,也存在一定的问题。企业接管公民馆之后,忽略了公民馆内部运营,弱化了很多社会与公益功能。[2]

政府向社会组织购买家庭教育指导服务的另外一种形式是政府提供财政支持。政府购买家庭教育指导服务主要以直接购买服务与间接购买服务两种方式为主。直接购买方式是由政府选择一些质量较高的服务提供机构,用财政资金购买该机构的家庭教育指导服务,为父母提供基本的家庭教育指导服务。间接购买方式是政府通过提供一定的政策优惠措施,如减免房租、以奖代补等,引导家庭教育服务的承办机构为父母提供最基本的家庭教育指导服务。

美国亲职教育既有社会经费支持,也有政府财政投入保障。例如开端计划(Head Start)首次获得联邦政府拨款就有 9640 万美元,该计划支持家庭教

---

[1] 参见李晓巍等:"美、英、澳促进家长参与早期教育的国际经验与启示",载《北京教育(普教版)》2018 年第 4 期。

[2] 参见倪泽莹:"社区治理视域下日本公民馆研究",南京师范大学 2016 年硕士学位论文。

育，为儿童及家长提供补偿教育服务。平等起步项目（Even Start）也获政府财政投入支持，其旨在提高儿童及家长读写能力与父母的教育水平。[1]日本1947年《教育基本法》就规定了国家及地方公共团体要对家庭教育予以奖励，并通过设置图书馆、博物馆、公民馆等设施，利用学校设施及其他方法实现教育目的。日本政府对社会教育团体开展的家庭教育工作给予补助。如对各级的公民馆和博物馆所需经费补助额在二分之一以内，对一些财团法人组织的活动也予以国库补助。在地方，除了实施以上国库补助的活动外，还根据地方情况，制定实施具有地方特色的家庭教育振兴措施。[2]地方实施的综合措施得到文部省的支持和资助，文部省给予开办家庭学校的市、町、村提供资助。[3]

3.3 政府供给家庭教育服务的组织、财政与制度保障

3.3.1 家庭教育服务供给的组织保障

家庭教育的组织机构是推行家庭教育，包括家庭教育服务提供的组织者。家庭教育的组织机构的设立，因各国的政治与行政体制的差异而不同。

3.3.1.1 家庭教育行政主管部门

一般来说，家庭教育主管机关为教育行政部门。日本的家庭教育属于社会教育行政体制。日本1949年《社会教育法》确立了社会教育、家庭教育在教育体系中的法律地位。将青少年及成年人的教育活动明确纳入社会教育和家庭教育。文部科学省是家庭教育的最高主管机关，负责推动、指导、规划家庭教育发展。文部科学省下属的专门负责社会教育政策规划的组织机构是生涯学习政策局，而生涯学习审议会负责文部科学省有关社会教育、家庭教育等政策的调查审议和咨询工作。地方负责社会教育的行政管理部门，主要

---

[1] 参见魏雪晨、贾勇宏："美国亲职教育的特点及其对我国的启示"，载《湖北经济学院学报（人文社会科学版）》2018年第1期。

[2] 参见刘翠荣："日本幼儿期的家庭教育"，载《外国教育动态》1984年第6期。

[3] 参见朱文学："日本少年儿童家庭教育的现状及其发展"，载《世界教育信息》1999年第8期。

是都道府县和市町村两级的地方教育委员会。[1]

3.3.1.2 家庭教育咨询组织

家庭教育咨询组织主要提供家庭教育发展的咨询性意见,如日本设置全国家庭教育支援推进委员会,引导和促进建立指导家庭教育支援组织,检审家庭教育支援事业证件以及研讨家庭教育方法,成员由教育专家、学校、非营利组织、儿童福利等家庭教育支援团体、企业的人员组成。[2]我国台湾地区各级主管机关组建"家庭教育咨询委员会",该"委员会"由主管机关遴聘(派)学者专家、机关、团体代表组成。"家庭教育咨询委员会"主要为家庭教育方面的重要事项提供咨询建议,例如协调督导考核机关、团体实施家庭教育,研订家庭教育措施与推展策略、方案、计划,规划研发家庭教育课程教材活动,提高推展家庭教育机构的服务效能等。[3]

3.3.1.3 家庭教育推行机构

美国家庭教育协会或家庭教育中心是各州家庭教育管理的总指挥部,负责管理本州家庭教育活动的开展,包括开办指导网站、举办家庭教育论坛等活动;负责培训、考核、认证与评价家庭教育指导师及其相关的招聘、就业和岗位信息;组织家庭教育科研和调查工作。[4]

3.3.2 家庭教育服务供给的财政投入

政府的财政投入是家庭教育服务的物质保障,公共性是公共财政有别于其他财政类型的根本性质[5],公共财政的核心要义在于其公共性,公共财政的职能定位或供给目标应当是公共物品。[6]家庭教育服务产品不同于一般的商品,仅仅依靠市场提供这一种方式不能平衡社会上教育的供求关系。[7]市

---

[1] 参见樊秀丽:"日本家庭教育支援事业的保障",载《比较教育研究》2014年第6期。

[2] 参见杨文颖:"日本家庭教育法律制度研究",北京师范大学2016年硕士学位论文。

[3] 参见罗爽:"中国台湾地区家庭教育指导服务体系及其启示",载《首都师范大学学报(社会科学版)》2015年第3期。

[4] 参见袁淑英:"美国家庭教育服务机构和指导师的主要职责",载《教育探索》2015年第3期。

[5] 参见张馨:《公共财政论纲》,经济科学出版社1999年版,第5页。

[6] 参见贾康:"关于财政理论发展源流的概要回顾及我的'公共财政'观",载《经济学动态》2008年第4期。

[7] 参见劳凯声:"面临挑战的教育公益性",载《教育研究》2003年第2期。

场是逐利的，市场资源的配置是逐利机制，人们不会自发促成公益，甚至会将市场成本转嫁给公共利益，产生"公地悲剧"[1]，导致教育的公益性危机。由于家庭教育服务的公共性，需要公共财政进行支持。家庭教育的公共利益必须通过国家设立各种公共机构或者通过政府财政购买，而不能依靠私人提供来实现。政府是准公共产品的家庭教育服务的最主要的供给主体，公共财政是其提供家庭教育服务的主要保障。

美国对家庭教育的财政投入包括三个方面：一是与儿童发展和儿童照顾相关的各种津贴和补贴等现金支出。美国并未建立起普遍性儿童津贴，但有一些现金支出项目对家庭教育影响大，如贫困家庭临时援助、儿童保育发展综合拨款。二是服务方面的支出，指的是政府建立专门服务机构及人员为儿童在幼年时期的发展提供资金。三是提供税收方面的优惠，指的是在税收和税率方面给予优惠从而减少父母对其子女教育所支出的费用。[2]根据《儿童保育与发展固定拨款法》规定，在1996~2002每个财政年度，美国联邦政府要对该法授权的儿童保育服务提供10亿美元的拨款。对于拨款的用途也有限制，获得拨款的机构需要将其中不少于4%的部分用于促进家长选择权活动、为儿童以及家长提供相关信息服务等方面的项目。《2000年目标：美国教育法》第四编"家长支持"分别从机构、项目申请、经费申请与使用等方面就如何向家长提供支持与帮助做出了相应法律规定。该法第1011条明确规定1993财政年度对PAT项目的拨款为2000万美元，在1994年~1997年保证每一财政年度均有如数的拨款。《早期学习机会法》规定，州领导部门和地方委员会要确保开展相关工作所需款项，以帮助家长提高教育能力。《不让一个儿童落后法》中，为了开展"同一起跑线"项目，促进家长识字，增进全国低收入家庭的教育机会，曾在2002财政年度授权拨款数额为2.6亿美元，并在2003年~2007年期间每个财政年度均保证有如数的拨款用于该项目。该法还明确规定，要保证每个财政年度至少将该拨款的30%用于建立、运作或扩大"家长作为教师"项目、学前儿童家庭辅导项目，或其他早期儿童家长教育项

---

[1] [美] 加勒特·哈丁：《生活在极限之内：生态学、经济学和人口禁忌》，戴星翼、张真译，上海译文出版社2001年版，第1页。

[2] 参见江夏："美国联邦儿童福利支出对早期保育与教育发展的积极影响及其启示"，载《外国教育研究》2013年第7期。

目。[1]

日本文部省从19世纪80年代末就在社会教育年度预算中增设家庭与社区教育经费，日本的社会教育经费主要由国家及地方公共团体负担。对社会教育的一般性财政措施主要是国库支出金、国家财政拨款和地方债。[2]日本政府还对养育儿童的家庭支付儿童津贴。儿童津贴由国家财政负担三分之二，地方财政负担三分之一，其中包括百分之十五的公司缴纳金。[3]

3.3.3 家庭教育服务供给的制度保障

政府对家庭教育的制度保障职责是指政府制定公开的行为规范体系来保障家庭教育的顺利实施。要通过完善制度，来保障重视家庭教育，倡导提供家庭教育服务的氛围。例如一种比较实用的制度形式就是建立起家庭教育日，联合国在1993年就将从1994年起每年5月15日作为"国际家庭日"以提高国际社会对家庭重要性的认识，创设家庭教育日这样一个特殊的日子，意在加深人们对传统家庭教育的认识和优良传统的传承，有利于在全社会形成一种宣传氛围，由家庭这个社会细胞出发辐射影响到全社会整体的和谐发展。

政府通过确立对特殊儿童的家庭教育制度，保证家庭教育的公平性，使家庭条件不同的孩子能够接受同等的家庭教育服务。我国各地区经济发展水平不同，不同家庭群体的家长及儿童对于家庭教育立法的需求、出发点和侧重点也不相同。政府要关注到所有的群体，同时也要关注农村留守儿童、流动儿童、流浪儿童、残疾儿童、经济困难家庭儿童以及城市隐形留守儿童等，还要关注不同地域、家庭结构、经济水平、文化层次家庭的儿童。例如我国集中连片困难地区的4000万儿童，其家庭教育水平明显低于全国的平均水平，为解决教育发展的不平衡不充分矛盾提出了新的挑战。对于特殊与弱势群体，政府要建立支持性的制度，确保家庭教育的公平。应该加大统筹和转移支付力度，为城乡家庭经济困难儿童、经济落后地区、少数民族地区儿童家庭教育提供经费支持。建立为流动儿童、留守儿童、流浪儿童、单亲儿童

---

[1] 参见刘小蕊、庞丽娟、沙莉："尊重家长权利，促进家长参与——来自美国学前教育法的启示"，载《学前教育研究》2008年第3期。

[2] 参见马丽华："论日本公民馆在社会教育中的作用"，河北大学2003年硕士学位论文。

[3] 参见尹琳："儿童福利与制度化的国家支持"，载《青少年犯罪问题》2013年第4期。

的家庭提供家庭教育帮扶的制度。为心理和生理不健全的儿童提供专门的家庭教育指导服务。对于上述特殊与弱势儿童，一方面要在经济上保证其享有公平受家庭教育的权利，另一方面要为其提供有针对性的满足身心特点的家庭教育指导服务与支持，保证每个儿童能享受到公平的家庭教育服务。例如美国的"转折点学校"（Turning point school）除了对不良行为进行矫治之外，还会根据失足青少年的具体情况及其父母的具体实际提供个性化的教育方案和相应的家庭教育培训指导。美国1997年《残疾人教育法修正案》要求加强对特殊儿童父母的指导教育。[1]通过我国历次的家庭教育规划可以发现，我国家庭教育政策的适用范围呈逐渐扩大的趋势。从最早的0~18岁儿童的家长，到新婚夫妇、孕妇、18岁以下儿童的家长或监护人，再到更加关注特殊家庭教育：最早是关注离异家庭等特殊儿童的家庭教育，到现在的包括残障、离异、服刑人员子女等困境儿童的家庭教育。

政府还需要健全制度，保障父母特别是父亲积极参与家庭教育。政府应该将抚育儿童的女性纳入社会保障体系，建立家庭抚育基金支持与帮助生育女性有时间和经济条件承担专职抚育工作，应该鼓励父母双方参与家庭教育，特别是在家庭教育中要凸显父职的作用。埃文·斯波克（Even Spock）在《婴儿与儿童照顾》一书中认为父亲不该与母亲一样从事家庭和儿童照顾的工作，这是没有理由的。对于儿童安全和发展，父母是同等重要的，当父亲认为照顾儿童与他们的工作和职业一样重要时，那将是一个伟大的日子。尽管谈论角色颠倒和共同养育很流行，越来越多的父职研究表明，尽管父亲参与儿童照顾越来越多，但大多数父亲仍然将工作摆在第一位，家庭放在第二位，而全职妇女则将其主要责任放在家庭上。多数男性将婚姻和婴儿当做他们成人职业模式不可缺少的一部分，性别认同的发展和传统角色的预期仍然根深蒂固。[2]父亲需要在家庭教育中投入更多的时间和精力，父亲要帮助母亲教育子女，从而使整个家庭更加幸福。[3]例如日本政府为了促进父亲能更积极地参与家庭教育，于1999年颁发了《男女共同参与策划社会基本法》，规定

---

［1］参见袁淑英：“美国家庭教育服务机构和指导师的主要职责”，载《教育探索》2015年第3期。

［2］See Gillian Pugh, Erica De'Ath, The Needs of Parents: Practice and Policy in Parent Education, Macmillan Education Ltd, 1984, pp. 20-21.

［3］参见中国儿童中心主编：《中国家庭教养中的父母角色：基于0-6岁儿童家庭现状的调查》，社会科学文献出版社2017年版，第83页。

家庭男女双方在育儿等方面都要尽责。2010年7月《育婴及家庭照料休假法》规定父亲可以休较长假期以便照料其孩子，还规定雇主有义务为有三岁以下子女的男员工缩减其工作日上班时间至六个小时，而且无需加班。

日本政府先后出台托幼服务的相关政策，例如"天使计划"（Angel Plan）和"新天使计划"（New Angel Plan），不断完善儿童课后服务和短期照料支持服务以及支援设施；出台一系列政策和措施，鼓励设立公营、私营保育所等；改善保育设施、延长保育时间，推广休息日保育、临时保育、夜间保育等模式。[1]

---

[1] 参见汤兆云、邓红霞："日本、韩国和新加坡家庭支持政策的经验及其启示"，载《国外社会科学》2018年第2期。

4

政府对社会参与家庭教育服务的引导与规范职责

家庭教育服务供给主体的多元化并不意味着政府职责的减少，而是对政府供给家庭教育服务的能力提出了更高要求，即政府应基于公共性对社会组织、私人组织在生产家庭教育服务的行为方面予以引导和规范。在家庭教育服务的供给中，政府、非营利性组织、企业、公民等主体通常不以公共性为导向，这些利益主体之间的力量对比也常常不均衡，这种不均衡所导致的结果就是家庭教育服务的公共性被削弱。[1]而构建家庭教育服务多元协同供给机制的先决条件是政府公共属性的显性化，即政府运用自身权威构建起基于公共性的家庭教育服务多元供给体系。

4.1 社会参与家庭教育服务中的政府职责

4.1.1 社会参与家庭教育服务的公共性

家庭教育服务多元化供给的逻辑起点是公共服务具有内在的公共性。公共服务诞生于公私领域的分离，公共领域对私人领域产生了普遍需求，而公共服务的公共性则是对这种需求的回应。登哈特认为"公共服务不是一个经济思维的产物，而是一个政治思维的产物"。[2]其认为公共服务的政治性来源于政府对社会公共需求的回应，其基本价值和根本属性是公共性。

家庭教育服务的多元化供给体系，表明政府不再是提供服务的单一主体，

---

[1] See Charles Davis, Kenneth Coleman, "Privatization and Public Opinion in Chile, Costa Rica, and Mexico: A Test of Aternative Models", *International Politics*, 2001, pp.561-582.

[2] [美]珍妮特·V.登哈特、罗伯特·B.登哈特：《新公共服务：服务，而不是掌舵》，丁煌译，中国人民大学出版社2014年版，第60页。

而是众多主体中的一员,社会组织、市场组织获得与政府平等的地位,与政府一起承担家庭教育服务的职责。这就意味着随着公共服务的公共性在社会中扩散,社会中的承接主体应与政府共同遵循公共服务供给中公共性这一价值原则,同时承担与之相匹配的更多公共职责。即便是在只有政府提供家庭教育服务供给的时候,也存在公共性的问题,只不过那时关注的是家庭教育服务的公共性所导致的政府供给责任的承担。将市场和社会组织引入到家庭教育服务供给中来之后,就应当关注在这个多元化供给体系中,家庭教育服务的公共性是否会被新的服务承接主体削弱,关注公共性如何被更好地保障。

家庭教育服务公共性体现在政府、市场、社会组织等这些利益主体在供给过程中坚持对公共利益的追求,始终公开以及透明,在供给中满足父母的参与以及对家庭教育的需求,提升供给效率,遵循公平、正义、责任等价值观。如果这些利益主体没有承担其所应履行的职责,公共服务的公共性就会被侵蚀,家庭教育服务的公共性就会流失。

4.1.2 社会参与家庭教育服务公共性的流失

4.1.2.1 私人组织的逐利性

家庭教育公共服务的市场机制可以实现服务的多样化与效率,但市场本身具有自发性、盲目性、滞后性和提供主体的多元性,而且市场也是一个逐利性领域,市场主体不可能在没有利润或利润较少的家庭教育领域提供服务。而且家庭教育公共服务还存在严重的信息不对称问题,父母很难对家庭教育公共服务的绩效进行监督和评估。[1]私人资本逐利的本质决定了当其进入公共服务领域后会忽视对消费水平不高的地区、偏远贫困的地区、收益不高的服务项目的供应,造成家庭教育公共服务供给的不均衡,最终导致分配的不公平问题,家庭教育公共服务的公益性被削弱,家庭教育公共服务的均衡性难以保障。因此家庭教育公共服务资源的分配格局不能仅仅由家长的购买能力来决定,家庭教育公共服务也不能单纯依靠市场运行机制进行分配,否则将会产生家庭教育公共服务供给不均、家庭教育不公平等诸多问题。

---

[1] 参见张翼、吴开俊:"政府抑或市场——教育服务产品提供与生产分析",载《广州大学学报(社会科学版)》2007年第5期。

4.1.2.2 社会组织的"志愿失灵"

由于受到"强国家—弱社会"的政社关系模式影响，对社会组织的管理也采用传统的行政化手段，社会组织在承担家庭教育公共服务职责时，会面临诸如管理制度僵化、审批程序繁琐的现实问题，由此将会产生资金链紧张、专业人员人力不足、设备设施陈旧等问题，这也就是所谓的"志愿失灵"。例如我国社区提供家庭教育公共服务就存在这方面的问题。

4.1.2.3 政府部门的"责任逃避"

政府通过家庭教育服务外包，从某种程度上可以使其从一些家庭教育服务生产领域退出，但这并不是说政府对家庭教育公共服务的保障和监管就会有所减少。很多时候，政府部门为了能够减少在财政方面的支出、精简工作人员、减少工作职能，采取了购买家庭教育公共服务的方式，在签订的购买家庭教育公共服务合同中将其应承担的诸如保障、监管等责任也转移给了社会生产者。这将会导致在新的责任机制没有建立的情况下，传统的家庭教育公共服务责任机制也无法被应用，造成公共服务公共性的丧失。

4.1.2.4 公民的"角色异位"

公民委托政府实施公共权力并且享用公共服务，其监督公共服务的质量、供给方式、价格等。政府则行使公共权力并且供给公共服务，其对公民服务需求的回应便体现了公共性。[1]当父母成了顾客，而家庭教育公共服务的供给者成了企业，这种顾客与企业的关系使得家庭教育公共服务供给主体从一个承担责任的主体变成了一个逐利的主体，其行为势必都是基于利益的考量。父母角色从作为公民的权力委托者异化为家庭教育服务的消费者，失去需求表达与服务的选择权，只能被动接受家庭教育公共服务，没有自由选择和有效反馈的机会。

4.1.3 政府保障社会参与家庭教育服务公共性的职责

政府是国家的具体化和表现形式，国家是"从社会中产生，但又自居于社会之上并且日益同社会脱离的力量"。[2]政府的价值就在于这种力量是使社

---

[1] 参见张雅勤："公共性的扩散、阻滞与疏浚——从'购买服务'到'多元合作'的演变逻辑"，载《江海学刊》2017年第1期。

[2]《马克思恩格斯选集》（第4卷），人民出版社1972年版，第166页。

会保持在秩序的范围内、维护公民的基本权利所必需的。[1]迈克尔·泰勒就认为人们若没有政府，就不能有效地进行相互协作，实现其公共利益，特别是不能为自己提供一些特定的公共物品。[2]

为了维护家庭教育的公共性，政府要起主导性的作用，以行动引导社会，发挥政府服务职能，使社会上的多元力量参与家庭教育供给。运用手段对社会和市场的力量进行引导，使其在家庭教育中发挥更大的效用。政府需要重新定位自身角色，合理划分政策职能和管理职能，主要是将政府的"掌舵"和"划桨"两种职能分开。政府应该把掌舵的职能放在中心的位置，把划桨的职能通过企业化、私有化的方式分给自治或者半自治的机构。对政府进行重新定位，即政府要从统治的角色或者管理的角色转变为社会服务的角色，在社会中更多体现一种引导型的政府职能。[3]

政府在家庭教育事业发展中所扮演的角色应该是引导者。在家庭教育公共服务的多元协同供给体系中，政府更多地承担公共政策输出的职责。政府主要职责是统筹规划，进行制度和政策的安排与设计，为家庭教育公共服务的多元协同供给提供一个优越的环境。引导型政府职能既可以使社会的独立自主性得到保证，又可以协调和控制社会经济生活。政府和社会是彼此独立又相互依赖的有机统一关系。[4]政府对家庭教育引导职责，既不是在事前放任的无所作为，也不是事后被动的干预，而是一种主动预防的政府职责。

此外，政府对家庭教育予以引导，需要避免把引导变为误导，而是要将家庭教育管理的内在规律有效运用。此外，还要保证引导的制度性和法治性。在与各种利益主体的合作中，体现出政府的主导或者引导的作用。"政府具有自为性的特征，这就决定了它不仅仅要代表社会的普遍利益，而且要把自觉培育健全而成熟的社会作为自己的终极政治任务。"[5]

---

〔1〕 参见周学锋："当代政府变革的法理透视：权力向权利的回归"，载《昆明理工大学学报（社会科学版）》2007年第7期。

〔2〕 See Taylor Michael, *The Possibility of Cooperation*, Cambridge University Press, 1987, p. 1.

〔3〕 参见张康之：《公共行政中的哲学与伦理》，中国人民大学出版社2004年版，第238页。

〔4〕 参见张康之：《公共行政中的哲学与伦理》，中国人民大学出版社2004年版，第236页。

〔5〕 张康之：《公共行政中的哲学与伦理》，中国人民大学出版社2004年版，第229页。

4.2 政府对社会参与家庭教育服务的引导

家庭教育公共服务提供主体的多样化，是满足父母家庭教育需求的前提。政府一方面可以直接提供家庭教育公共服务，但是为了满足父母多样化的需求，需要促进家庭教育公共服务市场的完善。家庭教育公共服务市场是教育市场的一部分，西蒙·马金森认为，教育市场生产应该具备五个特征：市场涉及一种稀有"商品"或多种商品的生产；存在着明确的生产领域；存在生产者和消费者之间的货币交换；生产者之间存在竞争关系；存在市场主体性，即适应市场生产、消费和交换的态度和行为。[1]唐纳德·凯特尔（Donald F. Kettl）发现政府购买公共服务"并不总是那么容易发展或促进竞争""为社会服务寻找供应商，特别是合格的非营利组织，常常不是一件容易的事情"。[2]实现政府购买教育服务必须要形成供需都很充分的教育服务市场。

在完善的家庭教育公共服务市场中，必须有能提供家庭教育公共服务产品的生产者，即家庭教育公共服务组织。在家庭教育服务的多元供给体系建设中，"政府的责任在于培育成熟的社会"。[3]政府需要发挥引导功能，在家庭教育公共服务多元主体的合作治理过程中，应当着眼于战略方向，制定战略规划，通过"元战略"的建立总体引导过程治理。[4]家庭教育多元供给体系的引导可以通过以下几种方式实现：

4.2.1 家庭教育规划

教育规划的作用就是通过有效、合理的手段和方式来达到教育资源的合理配置。家庭教育规划以制定中长期家庭教育发展的目标吹响了改革的号角，站在全局的高度和长远的战略定位上着力于解决家庭教育事业发展的体制性难题，对家庭教育事业改革进行统一部署，克服单项改革的碎片化。而且由

---

[1] 参见[澳]西蒙·马金森：《教育市场论》，金楠等译，浙江大学出版社2008年版，第22页。

[2] 参见[美]唐纳德·凯特尔：《权力共享：公共治理与私人市场》，孙迎春译，北京大学出版社2009年版，第132页。

[3] 参见张康之：《公共行政中的哲学与伦理》，中国人民大学出版社2004年版，第232页。

[4] 参见张康之：《公共行政中的哲学与伦理》，中国人民大学出版社2004年版，第224页。

4 政府对社会参与家庭教育服务的引导与规范职责

于规划机制在我国各级政府之间的权力分配中处于一个关键的角色，家庭教育规划可以决定各级政府以及政府上下级之间的权力分配，理顺关涉家庭教育改革的各方主体，回答"由谁去执行改革，权利和义务如何分配"的问题，保证家庭教育改革的顺利进行。[1]

20世纪80年代以来，美国政府在教育改革方案中都对家庭教育的重要性和推进策略作了规定。如美国的高质量教育委员会在1983年4月的《国家在危急中：教育改革势在必行》报告中指出家长是未成年人的第一个和影响最大的教师，有义务对孩子进行教育。在1991年《2000年目标：美国教育目标》中，对家庭教育的目标做了明确，即所有学校都应当加强和家庭的伙伴关系建设，这样才能提高父母对儿童社会性、情感态度与成长的投入。在1994年《2000年目标：美国教育法》第1编"国家教育目标"第102条第1款中规定了到2000年的目标就是所有美国儿童能做好入学准备。其中一个目标就是每一个父母都要成为儿童的第一任老师，每天要花一定的时间帮助孩子在入学前做好准备，同时家长们可以得到必要的培训支持。

在日本，1994年12月《关于今后支援育儿措施的基本方针》（天使计划 Angel Plan）中指出在培养儿童方面，家长和父母往往被认为是起主导作用的，而事实上国家及地方自治组织、企事业单位以及社会也都起到了重要作用。

该计划第5条提出要增加校外活动的时间，给儿童参加社会、文化、自然活动提供更多的机会；完善育儿资讯服务来加强家庭教育。1999年12月，日本又重新修改并制定了"新天使计划"（2000年度至2004年度），该计划确立了包括推进家庭教育在内的多种形式规划。1996年7月，日本中央教育审议会第一次咨询"展望21世纪我国教育的现状"提出了支援家庭教育的对策。在中央教育审议会2003年3月的咨询报告中提出教育行政的最为重要的职责就是要加强对家庭教育的支援。教育行政管理部门要加强家庭教育支援管理团队，提供更多的学习机会和相关的信息；要加强对家庭教育指导者的培训；要完善家庭教育咨询相关体制机制；要在实际调研的情况下研究家庭教育的现状；要建立全国性的家庭教育支援。2011年，"推进家庭教育支援探讨研究委员会"设立，该委员会于2012年3月发表了"创建丰富的家庭教

---

[1] 参见高晓文、于伟："'教育规划'在深化改革中的决策机制：职能、布局与限制"，载《基础教育》2016年第2期。

育活动"的报告。该报告中提出了家庭教育支援的四个决策，即增加父母学习的机会；努力加强亲子与地方的关系；建立家庭教育支援体制；培养儿童的成长习惯。[1]

4.2.2 家庭教育财政

政府应当主要建立起公共财政投资的渠道，加强运用投融资工具及财税优惠政策，引导更多社会资本进入家庭教育服务领域，形成家庭教育服务的多元供给模式。

国外政府通过多种财政激励机制鼓励多元化社会主体参与提供教育服务，从而加强与社会组织间的合作。主要的措施如下：一是美国、澳大利亚为代表的国家免去慈善机构的税款，二是德国、法国为代表的国家为支持公共服务者提供免费的场所，三是德国为代表的国家以财政优惠政策鼓励社会组织的社会服务，四是以英国为代表的国家采用专项项目的方式帮助社会组织的能力建设，如"能力构建者""未来构建者""基层资助"等项目。[2]

政府应该丰富提供家庭教育公共服务社会组织的资金来源，拓宽提供家庭教育公共服务社会组织的成长空间。鼓励社会力量向提供家庭教育公共服务社会组织进行资金捐赠，加大政府向社会组织购买家庭教育公共服务的力度。例如美国教育部通过资金支持非营利组织以及地方教育服务机构使其能够有效落实家长参与政策及项目活动。[3]

4.2.3 家庭教育信息

信息是政府加强家庭教育事业发展宏观调控有效性的基础。政府利用信息来调节与控制家庭教育的发展、家庭教育服务行为以及父母家庭教育行为是一种崭新的管理手段和管理方式。政府通过"信息引导"，通过对家庭教育事业发展进行规划，引导公众对国家发展、家庭教育发展战略目标的了解，

---

[1] 参见樊秀丽："日本家庭教育支援事业的保障"，载《比较教育研究》2014年第6期。
[2] 参见王浦劬、[美] 莱斯特·M. 萨拉蒙等：《政府向社会组织购买公共服务研究：中国与全球经验分析》，北京大学出版社2010年版，第221~244页。
[3] 参见和建花："法国、美国和日本家庭教育支持政策考察"，载《中华女子学院学报》2014年第2期。

引导社会组织积极参与家庭教育服务。政府通过制定适用于各种类型和性质家庭的教育发展计划在发展家庭教育事业过程中引导外界各方采取行动,并确保其所作出的行为符合政府所想要达到的发展方向。

美国教育部通过专门设立有"父母"栏目的网站向家长进行政策宣传、项目推介以及教育咨询的普及。其中包括如何做好入学前的准备,如何寻找入学的学校和如何辅导孩子课后的学业等板块。在美国还有很多诸如此类的家庭教育项目、协会组织以及网站。国家级别的有父母教育网络(The National Parenting Education Network,简称NPEN)、国家儿童教育协会(The National Association for the Education of Young Children,简称NAEYC)、国家家庭关系委员会(The National Council on Family Relations,简称NCFR)、美国家庭资源联合(The Family Resource Coalition of America,简称FRCA)等。其中NPEN作为促进父母教育的机构,其主要涉及了如何提高父母和家庭支持效果、发展家庭教育和父母研究,促进父母教育者的能力建设及相关职业者的领导职能。[1]《2000年目标:美国教育法》规定各州要建立"家长信息资源中心",并由联邦教育部对该中心提供经费或实物资助,主要还是通过中心的活动,增强家长的育儿常识和信心;通过家长与专业人士的合作,从满足出生至5岁儿童的教育需求;加强家庭与教育机构的联系,促进学前儿童发展。[2]美国中小学的校园网都有数量众多的家长教育的信息,一般都有家长和教师联谊会(Parent-Teacher Association,简称PTA)这一栏,其中有各类的家庭教育网络资源。[3]

教材是家庭教育指导教学中知识的载体,政府也可以通过指导的方式,引导社会主体在家庭教育过程中对知识的选取。日本政府比较重视为家长们提供有关家庭教育的情报,为指导、促进家庭教育事业,给家庭教育提供参考资料。日本文部省组织专家编撰、出版现代家庭教育书籍,为家长提供丰富而具体的信息和指导方法。例如组织专门力量先后编著出版了《现代家庭

---

[1] 参见和建花:"法国、美国和日本家庭教育支持政策考察",载《中华女子学院学报》2014年第2期。

[2] 参见刘小蕊、庞丽娟、沙莉:"尊重家长权利,促进家长参与——来自美国学前教育法的启示",载《学前教育研究》2008年第3期。

[3] 参见杨敏:"中美两国中小学家长在参与学校教育中的角色比较",载《基础教育参考》2009年第2期。

教育》丛书（分婴幼儿时期、小学中低年级、小学高年级和初中三个阶段3册）、《未来家庭教育丛书》《亲子携手共进的家庭》《父亲的思考》专集、《生存能力的家庭培养》专集。[1]这些资料是由日本著名的专家所写，并且通过了"家庭教育资料作成恳谈会"研究并讨论，这些资料中具有指导家长认知儿童的各个成长阶段基本特征等内容。

4.3 政府对社会参与家庭教育服务的规范

发展家庭教育服务的多元供给体系要确保家庭教育服务的公共性，虽然鼓励社会组织和个人加入家庭教育供给体系中，但是并不因此卸去政府相应的责任。政府通过购买第三方服务、提供财政支持等方式将家庭教育公共服务委托于社会组织，政府的家庭教育公共服务主体责任没有发生本质的改变，其仍然是家庭教育公共服务的终极责任承担者。政府在购买教育服务中是供应者，而社会组织是生产者，这是角色的分离而非角色的转换，其结果是政府将承担更多的具有价值权威性的分配职能。这要求政府通过充当裁判员，制定准则，维护秩序，为家庭教育公共服务多元供给创造和维护必要的规则环境。政府作为家庭教育公共服务多元供给体系的规范者，其主要履行的职责如下：一是制定政策，即政府要通过制定家庭教育公共服务政策和规范，为社会组织提供公平和良好的竞争环境，规范家庭教育公共服务机构的行为，促进家庭教育公共服务市场的有序发展。二是管理和监督，即通过为社会组织的供给行为提供服务及便利适应供给主体的多元性和供给方式的多样性，通过对社会供给主体的监督管理有效督促其办学行为，提高管理效率和教育质量，并且确保家庭教育的公平。[2]

4.3.1 家庭教育指导服务机构的准入与退出规制

家庭教育指导服务机构与作为消费者的父母之间存在信息不对称，因此

---

〔1〕参见朱文学："日本少年儿童家庭教育的现状及其发展"，载《世界教育信息》1999年第8期。

〔2〕参见吴开华："政府购买教育公共服务的法律性质与立法规范"，载《广东第二师范学院学报》2018年第1期。

政府有责任保证家庭教育指导服务机构的服务质量。政府通过设置家庭教育市场准入门槛，限制进入该领域的参与者，包括制定家庭教育服务指导机构的主体资格标准、设立条件、申办程序等。对于已经开办但同构评估达不到要求的家庭教育服务机构应强制其退出市场。准入与退出机制的目的是促进家庭教育指导服务的专业化。专业化的主要过程可以分为：执照颁发、等级评定、服务认证（Bratton&Hilde brand，1980）。上述三个过程在认证的接受者、认证主体与要求自愿的程度方面有所不同。

一是执照颁发。有了执照，个体就是印信的接受者。专业执照由政府之类的政治机构授予，因为政府在其中具有利益，它要保护其市民免受不胜任实践者的侵害。执照通常要求有实践经验，给持有执照者从事某一特定行业或专业、使用某一头衔或者行使某一特定功能的权利。

二是认证。认证是被授予专业项目主体（学校、学院、大学、机构），而不是授予个人。这类认证由专业协会或者机构授予达到既定资质和教育标准的项目主体，这些标准通过最初的制定、定期评估以及定期复审来维持。认证通常是自愿的，除非有些与执照要求相关。

三是服务认证。服务认证是由非政府专业协会授予那些符合专业协会确立的资格和标准的个体的自愿性认证。服务认证方案的目标是：提高和保持职业标准；通过提供成就指南鼓励自我评估；识别对专业和相关学科的原则和实践具有可接受知识的个人；承认那些表现出高水平能力和职业道德素质的人，以及通过鼓励参与持续的职业发展计划，提高职业表现。[1]

4.3.2 家庭教育专业人才的规范

家庭教育指导离不开家庭教育的专业人才。朗沃思（Longworth）说过："不能确立国家对家庭生活师资的要求最终会损害项目的发展。"[2]家庭教育专业人才在家庭教育指导服务中具有至关重要的作用。事实上，教育者也许是家庭生活项目中最重要的因素，因为最终是教育者制定和实施项目，并直

---

[1] See M. E. Arcus, J. D. Schvaneveldt, J. J. Moss (Eds.), *Handbook of family life education: foundation of family life education*, SAGE Publications Inc, 1993, pp. 64-65.

[2] M. E. Arcus, J. D. Schvaneveldt, J. J. Moss (Eds.), *Handbook of family life education: foundation of family life education*, SAGE Publications Inc, 1993, p. 51.

接与项目参与者互动。[1]专业化水平的提升需要在准入制度和机制制定上加强专业化。

4.3.2.1 资格标准制定

家庭教育工作人员的专业性首先体现在家庭教育专业人员资格申请认定的"资格准入"上。认证制度成为实现家庭教育人才专业化理想的首要措施。美国认为家庭教育指导师需要具备的素质一是要具备相关知识,美国联邦教育部规定了家庭教育指导师必须要具备教育学、心理学、护理学、法学等与家庭教育相关领域的知识储备。各州在联邦教育的规定基础上可以做出适合本土的调整。二是具备相关的能力和素质。对于家庭教育指导师的基本能力和道德等素质的要求被规定在2002年出台的《全国家庭教育指导工作思路》中。为了保障家庭教育人才的专业化,政府对申请家庭教育专业资格者的学历条件和实际经验条件都会作出规定。例如美国联邦教育部2006年对家庭教育指导师申请者的学历和实际经验方面的资格作出基本规定。美国各州或各郡并不是完全照搬联邦政府的要求,而是结合本地实际对当地指导师申请资格做出了特殊规定。[2]

日本的家庭教育是社会教育的组成部分,对自主性、自发性社会教育活动进行援助、促进的人员被称为社会教育的指导者。1986年,社会教育审议会社会教育分科会还提出了《关于社会教育主事的培养》的报告,[3]指出社会教育主事应具备的素质和能力。日本的《社会教育法》对社会教育主事的任用资格作了如下的规定:①在大学学习2年以上并取得62个学分以上,或毕业于高等专门学校并担任3年以上社会教育主事助理职务,或在政府机关和公共机关、社会教育有关团体中担任文部大臣指定的社会教育有关职务并修完社会教育主事讲习课程者。②具有教育职员普通许可证,且担任文部大臣指定的教育职务5年以上,社会教育主事讲习结业者。③在大学学习2年以上,取得62个学分以上,且在大学里修完文部省令所规定的有关社会教育

---

[1] See M. E. Arcus, J. D. Schvaneveldt, J. J. Moss (Eds.), Handbook of family life education: foundation of family life education, SAGE Publications Inc, 1993, p.52.

[2] See Early Childhood Development Act (Senate Bill 658).

[3] 参见[日]社会教育审议会成人教育分科会:《关于社会教育主事的培养》,教育委员会月报,1987(1)。

科目的课程，担任 1 年以上社会教育主事助理职务者。④社会教育主事讲习结业，经都道府教育委员会认定具有相当于以上三条的教育与经验者。[1]

4.3.2.2 资格认定

在美国，家庭教育指导的专门人才是家庭教育指导师，有两种途径可申请获得家庭教育指导师职业资格证。第一种是免考直接申请，当申请者的各项条件符合要求时可以免于考试直接申请资格证。第二种是培训并考评，当申请者不符合第一种条件时，通过参加相关培训及考试并被测评和认证后，可以获得资格证。由于各州家庭教育发展状况和家庭教育指导活动的工作中心有诸多不同之处，联邦教育部对家庭教育指导师资格认证无法做出统一的规定，因而由地方家庭教育协会或家庭教育中心等机构进行认证。各州主要通过笔试、面试、即兴回答问题及突发事件处理的形式来决定学员是否具有相关的能力，此外，学员还要参加家庭教育实习并撰写实习总结，经考评合格后才可以获得资格证书。[2]

在日本，要获得社会教育主事资格，大体就两种方法：一种是已经具有一定资格者，通过接受由文部大臣委托的大学或其他教育机关实施的社会教育主事讲习来取得其资格，所谓"其他教育机关"是指受到委托的国立社会教育研修所。第二种就是在大学里取得有关社会教育的规定学分并担任一年以上社会教育主事助理。无论哪种途径，其取得资格所必须学习的科目及学分数都是由《社会教育主事讲习等规程》予以规定的。从日本现在的都道府县和市町村教育委员会事务局终身学习课（社会教育课）中的社会教育主事的来源来看，主要是来自中小学的现职教员。而且为了使社会教育主事成为社会教育的指导行政的中心存在，日本的《教育公务员特例法》把它作为"专门教育职员"来对待，并规定其具有地方公务员的身份。[3]

4.3.2.3 业务培训

美国的家庭教育指导师培训机构有公立和民办两种。公立培训机构的培训由家庭教育协会或家庭教育中心承担，往往还会同当地有名的院系进行合

---

[1] 参见梁忠义：《当代日本社会教育》，山西教育出版社 1994 年版，第 246 页。

[2] See Betty·cooke, "Competencies of a Parent Educator: What Does a Parent Educator Need to Know and Do", *Child Welfare League of America*, Vol. 5, 2006, pp. 785-802.

[3] 参见梁忠义：《当代日本社会教育》，山西教育出版社 1994 年版，第 246 页。

作培训。民办培训机构则一般由社会口碑较好、有政府授权、培训质量较高的机构承担。

2006年，美国家庭关系委员会建议各州家庭教育指导师的培训内容包括有人类成长与发展、家庭社会学、家庭内部学、人际关系学、家长教育与指导、家庭法律、道德规范等，[1]同时规定了可以授权各州可依据当地实际情况做出相关规定。[2]密苏里州的家庭教育指导师取得资格证后第一年须参加州教育部举办的不少于20小时的职业发展培训，第二年15小时，第三至第五年10个小时，第六年以后除参加10小时专业发展培训外，还需制定并上交个人发展规划书。州教育局还规定家庭教育指导师必须学习美国教育部于1999年修订的PAT国家中心的学习材料《Born to Learn》。[3]

在日本，社会教育指导者的培养一般由文部省委托的大学完成，此外，社会教育主事及主事助理的培养也可在其他教育机关，主要是行政机关附属的国立教育研修班进行。文部省令明确规定了有法定资格要求的社会教育指导者的培养内容、时间等。日本除了注意社会教育指导者的培养，还加强他们在工作期间的研修。研修主要是通过文部省附属机关国立教育会馆社会教育研修所及国立青年之家、国立少年自然之家、国立妇女教育会馆等社会教育设施进行，主要是通过国立社会教育研修所进行。日本地方政府的研修主要是派遣研修，即参加上一级机关举办的研修；主办研修，其实施的主体大多是县教育委员会。[4]

4.3.2.4 考核

美国各州对家庭教育指导师的评价一般采取个人自评、指导师互评、群众评议和专家评审相结合的方法。[5]美国各级教育部门都很重视家庭教育指导师的队伍建设，采取了很多方法激励家庭教育指导师专业化、科学化发展。北卡罗莱纳州每年审查家庭教育指导师资格，审核合格后颁发下一年资格证

---

〔1〕See Betty·cooke, "Competencies of a Parent Educator: What Does a Parent Educator Need to Know and Do", *Child Welfare League of America*, Vol. 5, 2006, pp. 785-802.

〔2〕参见袁淑英：“美国家庭教育指导师研究"，河南大学2009年硕士学位论文。

〔3〕See Early Childhood Development Act (Senate Bill 658).

〔4〕参见吴丽娅：“日本社会教育管理体制之研究"，四川师范大学2005年硕士学位论文。

〔5〕See P.A. Gallagher, CA Rhodes, Sharon M. Darling, "Parents as professionals in early intervention: a parent educator model", *Research Article*, 2004, Vol. 24, No. 1, pp. 5-13.

书；取得资格证的家庭教育指导师每年要在州家庭教育协会组织下参加两次论坛。[1]

4.3.3 家庭教育服务行为监督

政府需要对家庭教育服务机构的服务行为进行监督，主要通过以下方式进行：

4.3.3.1 家庭教育服务规范机制

随着信息技术的发展，网络、影视、广告、出版物等媒介对家庭教育的影响日益增强，对于这些媒介的行为应该予以规范，以影视与网络规范为例，应该完善未成年人影视分级制度和未成年人网络保护制度。电影分级制是按照影片内容将其划分为若干个等级，为不同的等级设置不同的年龄限制，允许相应层次的观众群观看。[2]要发挥家长在电影分级制度实施中的作用，例如美国电影协会组织儿童的父母来评价与识别电影级别，并参加有关电影分级异议的案件审理。[3]美国的电影分级并不是强制执行的制度，但是我国可以确立电影分级的强制执行制度，要求电影接受第三方机构的分级审查，以营造儿童良好的观影环境。[4]

在网络保护方面，各国对未成年人的保护大多通过立法的方式进行。未成年人的网络保护主要涉及以下几项制度：一是信息分级，该制度旨在对涉及色情暴力等信息作出区分[5]。二是内容过滤。例如美国《未成年人互联网保护法》中规定了全国的公共图书馆如未安装色情过滤系统将无法获得补助资金。[6]又如日本成立了第三方的"手机网站审查使用监视机构"，通过审

---

[1] See Early Childhood Development Act (Senate Bill 658).

[2] 参见杨环："论电影分级制度的设置"，载《电影文学》2017年第4期。

[3] 参见窦立博："中国特色电影分级法律管理制度研究"，中国社会科学院研究生院2012年硕士学位论文。

[4] 参见葛欣航："我国电影分级制度观察与探讨"，载《媒体时代》2012年第9期。

[5] 参见莫洪宪、邓小俊："论加强未成年人网络保护立法的必要性和可行性"，载《网络时代的青少年和青少年工作研究报告——第六届中国青少年发展论坛暨中国青少年研究会优秀论文集》2010年版，第417~430页。

[6] 参见吴庆："未成年人网络问题的公共治理——世界的经验及对中国的启示"，载《中国青年研究》2006年第8期。

查手机网站登载广告的标准,认证对青少年安全的网站。[1]三是上网限制,例如美国《儿童网络保护法案》对网站设计者发布信息进行了强制性规范,必须设置网站进入者提供年龄证据环节。[2]日本在2008年的《青少年网络规范法》中明确将"诱使犯罪或自杀""显著刺激性欲""显著包含残忍内容"这三种信息划归"有害信息"范畴,并限制未成年人浏览。[3]四是强化法律责任,未成年人的网络保护制度一般都明确网络信息服务商、信息内容提供者、网络运营商、电信运营商等各自的责任。[4]

随着家庭教育需求的增长,家庭教育图书出版市场也快速发展。但是当前家庭教育出版市场鱼龙混杂,一些家庭教育图书在科学性、专业性、导向性等方面把关不严,家庭教育图书质量良莠不齐,给家长造成了许多困惑甚至误导。因此亟须建立对家庭教育读物筛选、评价与推介机制。

4.3.3.2 家庭教育服务价格规制

家庭教育服务是一种准公共产品,因此不能完全依靠市场价格机制对资源进行优化配置,这就需要政府对价格进行合理的规制并出台相应的政策予以支持。其中政府对家庭教育服务的价格规制由直接价格规制和间接价格规制两种方式组成。直接价格规制是由政府直接规定服务价格,这种方式一般运用在公办的家庭服务机构,间接价格规制是政府对市场价格机制的运行提供有利条件,这种方式一般运用于民办家庭教育服务机构,是一种间接的规制,一般由民办家庭教育服务机构根据其办学成本确定收费标准,并由当地政府相关部门备案,由此对市场几个机制的运行进行规制。

4.3.3.3 家庭教育服务质量规制

家庭教育服务质量需要达到或者超过国家所规定的质量标准,即满足国

---

[1] 参见莫洪宪、邓小俊:"论加强未成年人网络保护立法的必要性和可行性",载《网络时代的青少年和青少年工作研究报告——第六届中国青少年发展论坛暨中国青少年研究会优秀论文集》2010年版,第417~430页。

[2] 参见莫洪宪、邓小俊:"论加强未成年人网络保护立法的必要性和可行性",载《网络时代的青少年和青少年工作研究报告——第六届中国青少年发展论坛暨中国青少年研究会优秀论文集》2010年版,第417~430页。

[3] 参见牛凯、张洁、韩鹏:"论我国未成年人网络保护的加强与改进",载《青少年犯罪问题》2016年第2期。

[4] 参见吴庆:"未成年人网络问题的公共治理——世界的经验及对中国的启示",载《中国青年研究》2006年第8期。

家对家庭教育服务质量的相关规定，包括在教育内容、师资水平、内部治理机构、教育评价等方面。此外，家庭教育的服务对象具有特殊性，在教育产出和结果方面较难建立明确的因果关系，而是呈现出多维化的特征，这就要求政府在制定教育服务质量规制政策时注意可量化和不可量化这两者的关系。

4.3.4 政府购买家庭教育服务规范

为了避免政府购买家庭教育服务基于熟人关系或者"内部化"，需要明确在购买家庭教育服务中的各方权责关系，由此应该由政府和社会组织签订契约来规范双方的行为。在契约中应当明确规定政府和家庭教育服务承接主体之间的权利、义务和责任，明确购买服务的内容、形式、标准以及数量等内容，明确在服务过程中出现问题时的解决方式以及对社会组织的质量评估方式。

此外，需要健全政府购买家庭教育指导服务的流程。首先政府应该在明确家庭教育服务需求的基础上，确定相应的规划，包括购买的资金来源、购买内容、购买数量及所面向的范围。随后，政府依据公开公正的原则对外招标，选择出最优的服务提供者与之签订购买合同。

最后，由教育行政部门和政府相关职能部门协同监管，并由教育行政部门、相关利益代表等组成监管委员会，监督政府购买家庭教育服务行为。

4.3.5 家庭教育服务绩效评价

政府有关部门可以通过委托第三方专业机构对购买的家庭教育公共服务进行绩效评价，从而达到对家庭教育服务提供者的考核和评估目的，建立起监督机制。第三方可以是独立于教育服务提供者和政府的社会组织，也可以是社会公众或者其他竞标者，重点对家庭教育服务项目的质量和资金使用绩效进行考核评价。

建立健全社会组织等级评估机制。等级评估机制是指对社会组织的内部治理、基础条件、规范运作、工作绩效、社会评价等方面进行评估，根据打分的情况对社会组织进行等级的评估，并对其进行相对应管理，只有满足了特定等级的社会组织才有资格购买家庭教育服务，成为承接商，由此可以从准入资格这一源头上进行质量监督。

完善信息公开和信息公示制度，定期将评价结果向社会公布。例如，日本施行指定管理者制度，为监督指定管理者在管理营运上的行为，设立了专门的评鉴委员会对各个机构的运营进行评鉴，并把结果公布在网上。[1]

　　建立家庭教育服务绩效评价结果的使用机制，政府在购买家庭教育公共服务时对承接主体的重要参考依据即是评价结果，并根据评价结果进行分级管理，对于具备发展潜力和质量较优的等级者给予政策上的倾斜，从而加快家庭教育指导服务购买市场的培育。

---

[1] 参见［日］新保敦子："全球化下日本公民馆的发展及其社会影响"，载《现代远程教育研究》2011年第2期。

5

政府对家庭教育行为的监管职责

家庭教育的公共性不但需要政府承担起服务提供者的角色,给予父母在家庭教育中必要的支持,使其提高家庭教育的能力,而且正是基于家庭教育公共性的特征,父母的家庭教育行为并非无限制的,其家庭教育权利并不是绝对的,并不意味着父母在享有该权利时可以舍弃所应当承担的社会公共责任。[1]政府基于公共性要求,需要对父母的家庭教育行为予以监督。

5.1 政府对家庭教育行为监管正当性的证成

儿童的独立权利主体地位分离了父母权利与儿童权利,政府对父母家庭教育行为的监督正当性来源于父母权利具有义务性以及儿童最大利益原则。

5.1.1 儿童权利与父母权利的分离性

父母教育权利的事实基础是子女的出生,但子女的出生并不当然地成为父母获得教育子女权利的正当理由。家庭承担着儿童社会化功能,但是儿童具有独立的人格和权利主体地位,因此父母的教育权利与儿童权利会表现出渐进的分离性和独立性特征。家庭的成员不仅属于家庭,他们也属于社会,是社会组织细胞的坚实基础。社会学家一般认为家庭的社会功能大致有:生育功能、抚养功能、经济功能、娱乐功能、教育功能、宗教功能,等等。基于上述对家庭本质的认识,子女不仅仅是家庭的成员,更重要的也是社会的成员。家庭的教育目标是将子女培养成为健康、具有理性和责任能力的社会

---

[1] 参见林喆:"论私权保护和公共责任观念的建立",载《政治与法律》2001年第6期。

成员，家庭肩负着这种子女社会化的重要功能。因而，父母的责任就是将自己的子女培养成为独立自主的个体，培养成为具有自主、自治、自律能力的行为主体以适应社会的发展和变化。

儿童在社会化和个体化进程中有一个显著特征，就是儿童断绝始发纽带的程度越高，他渴望自由和独立的愿望就越强，其自我膨胀的需要也越强，脱离父母权威的要求也就越强。在这种社会化过程中儿童自身的权利意识普遍膨胀，而且这种膨胀还要求社会和家庭给予承认，它要求社会和家庭要把儿童看成是和父母非同一的独立的个体，儿童有自己的感觉、期望、需要、选择和自由。[1]洛克就认为随着年龄的增长，儿童享有的自由也会逐渐增多，他说道：虽然儿童应当生而享有平等，但是这种平等并非完全的平等。这种平等被父母统治和管教所支配。就像婴儿的襁褓一般，在婴儿时期给予婴儿包裹与支撑，但是随着儿童年龄与智慧的发展，这种襁褓就会成为一种桎梏而被逐渐松开直到褪去，最终实现人的完全自由。[2]由于上述特征的存在，而且父母与子女的关系处于动态运行之中，再加上社会文化因素的涉入，特别是父母与子女的价值观不同，使父母与其子女的关系会表现出巨大的张力和冲突。在对待家庭关系的传统认知领域中，父母在家庭中的自治权是被完全认可的，承认父母具有生育子女和养育子女的绝对权利，然而儿童权利观的兴起使得人们开始普遍质疑和批判这种父母的绝对权利。[3]布卢斯坦（Blustein）认为儿童缺乏作出理性决定的能力或者认为他们的选择并不充分自主。即使这是真的，儿童应该享有与儿童的现实自由、父母的长期目标以及其他人的安全相兼容的自由。儿童，作为儿童，享有自我决定权，他们的要求和愿望应当被考虑，当他们能够认识到有正当理由以一种方式而不是其他方式或者实施有意识或目的的行为（应该指出布卢斯坦说需要考虑儿童的需要和愿望，并不必然被认可。儿童的需要和想法不应该被赞扬至反复无常。）因此，布卢斯坦认为，父母并不享有不受限制地为其子女，特别是成人

---

[1] 参见张扬：《西方儿童权利理论及其当代价值研究》，中国社会科学出版社2016年版，第149页。

[2] 参见[美]穆瑞·罗斯巴德：《自由的伦理》，吕炳斌等译，复旦大学出版社2008年版，第160页。

[3] 参见张扬：《西方儿童权利理论及其当代价值研究》，中国社会科学出版社2016年版，第166~168页。

子女做决定的权利。而且，父母权威应被限制，以使其子女能发展其自主选择的能力。为子女发展这种能力创造条件是父母的义务。[1]美国学者富兰克林·E.齐母林也认为，法律认可儿童成人之前也享有自主权，原因在于，一是基于儿童身体与心理的发育，那么到了儿童晚期，认为其只有完全依赖性的法律地位已经不适宜；二是儿童完全成熟之前，只有赋予其独立抉择的权利，让儿童通过作出抉择的活动才能学会怎样自由行为。[2]20世纪后，西方民主思想得到广泛发展和传播，《儿童权利公约》便在此背景下应运而生，其所倡导的儿童观与诸如"儿童具有社会身份""儿童理念"等理念在世界范围内产生深远的影响并逐渐被人们所认同。

5.1.2 父母家庭教育权的义务性

父母的家庭教育权是父母教育权的一部分，父母教育权是父母亲权的一项内容，家庭教育权的性质由父母亲权的性质决定。父母亲权是基于父母子女的血缘关系而直接由法律规定的，在法律上父母对子女的权利与义务相伴而生，父母为未成年子女所做的任何在人身和财产上的决定都应该基于未成年子女的利益。因此，家庭教育权利本质上是亲权的一种延伸，与亲权具有相同的性质。

罗马法和日耳曼法中强调家父的父权（Patria Potestas，Munt），将其作为父母子女关系法的主要内容。年轻人依附于家庭团体，受家长支配。近代早期的专制国家在很大程度上承认家庭的父权结构。子女对家父权威的顺从，被认为是臣服君主的前提和基础（对于不顺从的子女要处以公开刑罚）。国家严格控制家庭教育，特别是宗教教育。家父必须保证家庭成员（妻子、子女和仆从）的行为正派、符合天主教教义并忠于君主。对家父科以这种责任是警察国的控制手段之一，所以如果家父在这些方面漫不经心，就会受到刑法的制裁。启蒙运动对父母子女关系有重要影响。照料义务（Sorgepflicht）取代了家父支配权，成为新的父母子女关系基础。以前和父母权力相联系的对

---

[1] See M. E. Arcus, J. D. Schvaneveldt, J. J. Moss (Eds.), *Handbook of family life education: foundation of family life education*, SAGE Publications Inc, 1993, pp.100–101.

[2] 参见[美]富兰克林·E.齐姆林：《美国少年司法》，高维俭译，中国人民公安大学出版社2010年版，第1页。

子女的决定权有了新的含义，这种权限不再表现为一种权力，而是为了实现子女独立生活目的的工具。这里的出发点不再是父或父母的权力，而是子女的人权；父母要帮助子女保障和发展他们的人权。和启蒙运动时期相比，19世纪的发展体现出明显的复辟趋势。复古主义的家庭理论强调家庭的内部空间特征，认为家庭属于道德和私人的领域，在这个领域中应当尽可能减少法律冲突和国家干涉。这种观点重新强调丈夫和父的权威性，以维护家庭的统一和完整，并借此对抗国家对家庭的干预和控制。人们趋向于认为，父母和子女之间主要通过心理和感情因素维系，因此从法律中剔除了父母子女关系的内容。父母子女关系法在20世纪经历了根本性的变革，以致20世纪也被称为"子女的世纪"。"子女的人格和权利"起源于启蒙运动时期，现代子女法改革也以此为基本出发点。青少年有权要求受保护和接受教育，该请求权主要针对国家和社会，对于父母子女关系也有一定意义。父母对子女事务的决定权仅仅是一种工具，其目的是照料和教育子女。[1]

"随着人权思想的彻底化，儿童权利被确认之时，作为自然权的亲权理所当然向强调其义务性转移"，这种义务性（或责任）理念也是贯穿于儿童权利公约的基本精神。[2]虽然有的国家区分亲权和监护立法，有的国家采用大监护的概念，但丝毫不影响对监护性质的认识。就监护的性质而言，监护除有身份属性外，更多体现为一种职责，是一种不得随意抛弃的法定职责。关于儿童监护的性质更多体现为一种职责，以实现儿童利益为主旨的观点在许多国家的立法中有所体现。未成年人监护虽然也有父母权利的体现，但从本质上说是一种父母责任，其终极目标在于实现未成年人的利益，因为在儿童利益面前，一切其他因素都退居其次。[3]

父母教育权有一个重要特性，它是一种不可放弃的、必须履行的权利，因此，父母的家庭教育权利同时也就是父母的家庭教育义务。布莱斯通曾言：基于自然法，父母对未成年子女的养育是一种义务，不仅来源于自然的天性，也来源于父母生育子女的行为，因此，子女有权利要求父母尽到抚养的义务，

---

〔1〕参见［德］迪特尔·施瓦布：《德国家庭法》，王葆莳译，法律出版社2010年版，第255~259页。

〔2〕参见尹力：《儿童受教育权：性质、内容与路径》，教育科学出版社2011年版，第197页。

〔3〕参见吴用：《儿童监护国际私法问题研究》，对外经济贸易大学出版社2009年版，第22页。

而父母的权利正是基于他们对子女的这种义务。赋予父母对子女的权利，一者在于更好地履行其照顾子女的义务，另者也在于对父母履行义务所做的补偿。子女对父母的服从义务既合乎自然正义也是对父母的一种回报。[1]

近些年，国际上立法普遍将父母亲权转向父母责任，限制父母的亲权。《德国基本法》第6条第2项第1句规定："对子女的照顾与教育是父母的自然权以及首要的强制义务。"实际上更多地将父母的法律地位视为义务。权利和义务是同一事物的两个方面：照料和教育是父母的天然权利，也是其最高义务，国家机关负责监督此种义务的履行。根据德国联邦宪法法院的解释，《德国基本法》第6条第2款规定的父母对子女的照料和教育属于传统的基本权利，父母的独立性和自我责任（Eigenständigkeit und Selbstverantwortlichkeit）受到宪法的优先保护。父母权利的思想基础在于，父母比其他任何人或机构更加关心子女的最佳利益。因此，父母权利既是一种自由权，也是针对国家干涉的防御权，国家不能用监督职能排除父母权利。《德国基本法》第6条第2款保护的范围还包括，父母有权自由决定用何种方式适当地实现他们的父母责任。除了自由权，《德国基本法》第6条第2款还规定了国家行为的基本方针。根据联邦宪法法院的理解，《德国基本法》第6条第2款不仅保障父母照顾，也从整体上规定了父母责任。[2]

从这两项规定可以看出，父母教育权是以其子女的自我实现为核心导向，以追求其子女的利益或幸福为目的。[3]父母的教育权是基于保障子女的自我实现而设立的，而不是只单纯强调父母所享有的权利，在宪法上就将子女自我实现的义务性作为教育基本权的内涵之一，父母只不过是子女的代言人，必须以促进其子女的人格自由开展为目的，而不能强迫其子女成为自己所希望之人格实现。也就是说，父母教育权的核心导向是父母帮助子女实现自我，父母应当考虑子女的利益。[4]美国法院通过判例确立家庭教育权的法律地位，

---

[1] 参见吴用：《儿童监护国际私法问题研究》，对外经济贸易大学出版社2009年版，第113页。
[2] 参见［德］迪特尔·施瓦布：《德国家庭法》，王葆莳译，法律出版社2010年版，第262页。
[3] 参见许育典：《法治国与教育行政——以人的自我实现为核心的教育法》，高等教育文化事业有限公司2002年版，第41~42页。
[4] 参见许育典：《法治国与教育行政——以人的自我实现为核心的教育法》，高等教育文化事业有限公司2002年版，第41~42页。

但在一些判例中明确了家庭教育权是要被适度限制的，体现出家庭教育权的相对性，国家应当为了保障儿童的权益而对家庭教育权做出限制，而政府和社会则应当承担教育儿童更多的职责。如在判例中就明确了家庭应保障儿童健康的公共利益，而政府作为监护人可以限制父母的权利，学校有权利根据儿童的身心健康情况决定其参加劳动的时间。这种观点被许多学者所肯定。[1]

我国并未对亲权与监护作出区分，父母教育权包含在监护之中。我国是非常明显体现父母教育权利的义务性一面的国家，在我国相关法律中都有明确的规定。父母教育权的义务性，其首要意义在于防止亲权的滥用。父母除了应当送适龄子女上学以外，还要求必须为子女接受教育提供一切必要的条件。[2]在党的十八大报告中提出要引导人们自觉履行法定义务、社会责任、家庭责任，把家庭责任与社会责任并列提出，也说明了家庭教育权的义务性质。

5.1.3 基于儿童最佳利益的国家亲权

国家亲权是相对父母亲权而言的，因此也被称为"国家父母权"。国家亲权就是指国家在未成年人的父母或者法定监护人没有或者不能适当履行其监护义务时，由国家公权力对父母或者法定监护人的自然亲权进行干预，由国家代替父母或者法定监护人对未成年人进行监管，换言之，国家在父母或者法定监护人不履行或者不能履行职责时扮演了未成年人监护人的角色。这种国家亲权[3]是福利国家下国家干预主义的一种体现。干预主义的国家介入理论强调政府公共权力介入父母子女关系的合法性和必要性，其主张要宽泛地、积极地、主动地介入家庭生活，要对父母的养育、教育和管理进行必要的监督和干预，以最大限度地维护子女的权利，促进子女的发展。在历史上相当长的时间内父母对于儿童的抚育被认为是家庭内部的私事，并且认为父母的这种自由应该得到保护。但是这种权利并不是无限制的，美国最高法院法官在 Prince V. Massachusetts 案中就阐释了这样一种观点：每一项宗教或者父母权利都是受到限制的权利，为了更好地保护儿童的权益，国家就可以通

---

[1] 参见骆正言："论美国判例中家庭教育权的演变"，载《比较教育研究》2009年第3期。
[2] 参见尹力：《儿童受教育权：性质、内容与路径》，教育科学出版社2011年版，第197~198页。
[3] 参见郑净方："国家亲权的理论基础及立法体现"，载《预防青少年犯罪研究》2014年第3期。

过督促、规范、禁止等多种方式来限制父母对儿童的权利。[1]

父母照顾的法律性质在于子女的最佳利益。法律之所以频繁使用这一总括性法律概念,是为了强调:行使照顾权时不能首先考虑父母自身的利益,而应当优先考虑子女的最佳利益。子女最佳利益的积极意义在于,父母在照顾子女时有义务最大限度地保障子女的道德完整和发展。这并不是说,只要国家机关觉得父母没有最大限度地追求或达到子女最佳利益,就应该或可以立即进行干涉;而是说父母在行使抚养和教育子女的自然权利(德国《基本法》第6条第2款)时,应当在一定限度内实现子女的最佳利益,并根据自己的判断选择适当的手段。不能通过所谓的"国家教育"(Staatserziehung),将父母变成用以实现政治目标的手段。只有当父母在目的或手段上严重背离子女的最佳利益,且这种行为已经脱离了社会基本共识时,国家才能行使监督职能(《德国基本法》第6条第2款第2句)。[2]

国家亲权理论认为国家扮演了未成年人监护人的角色,而未成年人则被认为是国家的财产。国家因此负有保护未成年人的职责,而且应当积极行使该项职责;强调国家亲权高于父母亲权。如果父母缺乏保护子女的能力以及不履行或者不适当履行监护其子女职责,国家应以"儿童最佳利益原则"对国家财产(儿童)进行保护并强制介入儿童成长过程,国家在必要之时可以运用强制性干预手段越过父母的亲权对未成年人进行保护。当国家履行未成年人的监护人职责时,就应当像未成年人的父母那样以未成年人的利益为第一位考量。[3]国家介入家庭使儿童得到最佳利益的保障,在此过程中国家所承担的便是父母责任的补充责任,儿童的权利主体地位逐渐被认可。《儿童权利公约》是以儿童为中心,是体现子女本位的国际公约。《儿童权利公约》确认了家庭和国家对儿童成长和发展的双重责任,其中家庭(父母)承担首要责任,国家承担次要责任,这种次要责任是一种补充性的责任。但《儿童权利公约》也确立国家对儿童的亲权责任,要求国家积极介入家庭领域,采取

---

[1] See Prince V. Massachusetts, 321 U.S. 158, 166 (1994).
[2] 参见[德]迪特尔·施瓦布:《德国家庭法》,王葆莳译,法律出版社2010年版,第321页。
[3] 参见姚建龙:"国家亲权理论与少年司法——以美国少年司法为中心的研究",载《法学杂志》2008年第3期。

一切措施保障儿童权利。[1]

国家是未成年人的最高监护人，国家采取措施干预父母的照顾权以可能和足够为限，这一义务的履行受国家机关监督，国家监督的基准点就是孩子的最佳利益原则（The Best Interests of The Child or The Best Interests Principle）。经济学家米尔顿·弗里德曼认为政府对父母权利的干预其中一个主要理由是对儿童和其他无法对自身行为负责的人的家长主义保护。[2]哈耶克在其《法律、立法与自由》中也有类似的表述，他认为从教育中儿童和家长两方面来看，孩子作为一个不具备责任能力的公民无法判断他们是否知道自己所真正需要的东西，况且孩子也没有使自己获得知识的必要财产，而作为家长而言，其在无法确定自己对儿童的无形投入是否能够得到足够的回报时也常常会因此而减少其对孩子教育的投入。[3]儿童通过接受教育可以提高其自身素质并且提高将来的生活质量，但这并不是所有家长或者那些没有责任能力的儿童所能认知的，而政府正是基于这样的一种前提而对家庭教育进行干预。德国在《德国基本法》和《德国民法典》中规定了父母应当不仅保证孩子的生理发育和发展，更应该关注孩子内在精神的健康发展，要以培养孩子的社会独立生活能力为首要责任。《德国基本法》（1949年5月23日通过，2012年7月11日修改版）第6条第2款规定："抚育孩子不仅是作为父母的一项权利，同时也是其一项义务，在父母行使权利的同时应接受国家对其的监督。"其意义在于将父母对未成年人的教育从家庭主义、个人主义提升到国家主义。同时，德国立法者规定了一些具体要求，以进一步阐明其对子女最佳利益的看法。根据《德国民法典》第1626条第2款，父母应考虑子女不断增长的能力和子女对于独立地、有责任感地实施行为的不断增长之需要（第1句）。在和子女的发展情况相适应的前提下，父母应当和子女商讨父母照顾的问题，并力求获得一致意见。这两项规定都体现了立法者的基本思路，即子女的独立性是教育目的，独立性并不是在某一时刻（如子女成年时）一蹴而就的，而是一个分为很多层次、不断发展的过程的结果。父母通过引导年轻人参与决定，

---

[1] 参见郑净方："国家亲权的理论基础及立法体现"，载《预防青少年犯罪研究》2014年第3期。
[2] 参见［美］弗里德曼：《资本主义与自由》，张瑞玉译，商务印书馆2004年版，第93页。
[3] 参见［美］哈耶克：《法律、立法与自由》，邓正来等译，中国大百科全书出版社2000年版，第358页。

来实现这种过程，因此应当和子女一起商议某些事项。对于第1626条第2款所规定原则的法律性质存在争议（"对父母的提示"？抑或"基本方针"？）。迪特尔·施瓦布认为这些原则是对"子女最佳利益"这一概念的具体化；在根据子女最佳利益标准作出决定时，这些原则具有指导意义。此外，第1631a条要求父母在教育和职业事务（Angelegenheiten der Ausbildung und des Berufs）中，应注意考虑子女的才能和偏好。存在疑问时，应当听取教师或其他有关人士的建议。严重违反第1626条第2款和第1631a条的，会导致第1666条规定的措施。违反第1631a条所规定义务的，还会影响抚养权利。[1]根据第1626条第3款第1句，与双亲的交往一般属于子女的最佳利益。若子女已经和其他人"拥有"联系，且与其继续交往有利于子女的发展，子女和其他人的交往也同样符合子女最佳利益。这一规定是1998年的子女法改革新增的，旨在保障子女和父母交往的权利。[2]

5.2 政府监管家庭教育行为的形式

基于对儿童利益保障的考虑，政府应该对父母家庭教育行为负有监管职责。政府行使这一职责，主要是指向父母家庭教育行为的规范问题，既保护父母家庭教育权利，又能积极保护儿童的利益，这涉及为人父母的资格问题。

5.2.1 父母资格：政府监管家庭教育行为的基础

父母资格是通过父母角色的确立而自然生成的，但是父母并不是天生就自然拥有了教育孩子的能力。可以说，父母天然有义务教育自己的孩子，但是父母并不是天生的就会教育子女。而只有具备了相应的教育知识和技能的父母才能有利于儿童的健康发展。这种发展包括了身体和精神上的，儿童的发展需要在家庭中由父母打下基础，学校和老师应当在此基础上积极促进儿童的发展。[3]父母教育子女需要热情、责任感，同时也需要科学的教育理论指导和科学的教育方法。

---

[1] 参见［德］迪特尔·施瓦布：《德国家庭法》，王葆莳译，法律出版社2010年版，第321~322页。
[2] 参见［德］迪特尔·施瓦布：《德国家庭法》，王葆莳译，法律出版社2010年版，第323页。
[3] 参见［美］柯尔伯格：《道德教育的哲学》，魏贤超译，浙江教育出版社2000年版，第71页。

我国父母角色的扮演，教育主体资格的培养处于一种自发的、盲目的、非理性状态。每一个人基本上都是凭借本能在摸索中扮演了父或母的角色，没有受过系统的关于父母角色理论的教育、没有获得角色技能的教育以及角色规范的教育，很多父母没有对自我角色的正确定位与认知，在不了解儿童生理、心理的生长规律的情况下盲目地教导子女，造成侵害子女权利、污染儿童心灵、扭曲儿童人格等问题。[1]通过一项教师对家长看法的调查发现，认为家长善于学习，注重自身成长，能够运用较为科学的家庭教育理念教育子女的教师比例只有10.68%；认为能够参与学习，但还不能很好地在实践中运用科学的家庭教育理念教育子女的教师比例比较大，占53.85%；认为家庭教育观念落后，信奉"不打不成才""树大自然直"等观点的教师人数比例有7.69%；认为对子女教育不闻不问，只顾工作，谈不上什么家庭教育理念的教师比例有27.78%。因此有必要确立父母家庭教育主体资格制度，提高父母的家庭教育能力。在面对怎么预防虐待和忽视儿童问题的时候，就有哲学家提出国家应该在法律上要求人们在被允许养育儿童之前获得父母执照。父母执照项目旨在防止不合格的父母拥有对儿童的监护权，其最终目标是防止不胜任的父母虐待儿童并造成其死亡。父母执照的建议并不是对现行父母权利本身的挑战，而是对拥有这一权利的人的限制，因为父母行使这一权利是有条件的而不是绝对的。

5.2.2 父母资格的标准及其确立

关于如何确立父母资格的标准，即谁有资格成为父母问题，美国儿童精神病专家维斯曼指出要获得父母的主体资格必须先要获得执照。他认为一个不称职的父母将会对儿童的成长以及社会的稳定产生严重的危害，为此必须建立起父母执照制度才能从根本上解决上述问题。这种制度规定了父母在教养子女之前必须依据称职父母的行为标准规范其自身的行为并考核通过获得执照。[2]

---

[1] 参见段文阁："父母家庭教育主体资格的缺失与培养"，载《江西教育学院学报（社会科学版）》2010年第2期。

[2] 参见张蕾："家长学校的问题与对策研究——以湖南省永州市蘋洲中学家长学校为个案"，中央民族大学2007年硕士学位论文。

父母执照根据未来父母必须达到国家发放执照的标准可分为两种类型：第一种是弱标准的父母执照，针对那些可能虐待和忽视儿童的父母，防止那些虐待领养儿童的坏的父母。第二种是强标准的父母执照，它比弱标准的父母执照走得更远，其目的不仅仅是防止养育和伤害儿童的坏父母，而是选出那些称为好（或足够好）父母的人。[1]怎么确立父母足够好的标准，哪些父母是好（或足够好）的父母，这是个问题，也使得要求父母获得执照存在一些争议。拉福莱特（LaFollette）承认关于儿童发展和成人心理有太多我们还不知道的东西，但同时指出这并不要求我们制定出一系列使我们挑选出好父母的标准。拉福莱特的建议是"并不要求我们只给最好父母发放执照；而只是用来排除那些坏的父母"。[2]非常坏的父母是那些可能虐待或忽视其子女的父母，如果这就是拉福莱特所主张的标准，那么他的建议可以被理解为主张父母执照的弱标准。弱标准的目标不是选出满足很多标准的好父母，而是筛选出那些坏父母。那些主张父母执照强标准的人认为要想成为父母必须满足更多严格的要求。他们主张强标准并不仅仅是防止那些抚养和伤害子女的坏父母，而是挑选出能成为好（或足够好）的父母。[3]不过坚持父母资格的强标准存在一定问题。首先，仅根据父母是否按照子女的最佳利益予以抚养来主张父母身份，对这一主张是有反例的。这些反例打破了这一观念，即由于儿童有权利获得尽可能好的抚养，所以我们应该建立一种父母执照的严格形式。第二个问题是父母执照的强标准中有太多我们还不知道的儿童发展和成人心理学的内容。因此，我们不能在足够好父母和不好父母之间作出区分。第三，父母子女关系是一种重要的且与众不同的关系，通过这种关系，父母和子女的某些特定利益被满足。作为人类的最重要的利益是心理福祉，参与亲密关系，自由追求给我们生活带来满足和意义的东西。出于这些利益以及它们与亲子关系的关切性，对父母执照有特定的含义。有充分的理由认为，父母自由在许多方面与宗教自由是一样的。最后一个理由是采用这些标准会导致政府对其公民在本应该保持中立的领域加强价值正确（或至少不惩罚那

---

[1] See Michael W. Austin, *Conceptions of parenthood: Ethics and the Family*, Ashgate, 2007, p. 88.

[2] Jurgen De Wispelaere, "Licensing parents to protect our children?", *Ethics &Social Welfare*, 2012, pp. 195-205.

[3] See Michael W. Austin, *Conceptions of parenthood: Ethics and the Family*, Ashgate, 2007, pp. 89-90.

些不认同这些价值观的人）。还有一点就是，采用强标准容易将不能为其子女提供机会的过错归罪于父母，但其实通常他们不能这样做的主要原因是在他们因素之外的社会与经济障碍。[1]

因此，采用弱标准的父母执照是一种比较可行的方式。根据弱标准的父母执照模式，政府应该对父母教育管理子女的行为予以规范。政府应该为父母设定最基本的行为规范，要求父母接受家长教育。以列举的办法设定父母家庭教育惩戒权的程度、方式及必要的范围。如逾越必要程度、方式与范围，则需承担相应民事、刑事责任。此外，法律还可明确父母必须接受强制学习的情形以及学习后的考核标准，要求监护人主动学习与掌握家庭教育方面知识、方法与规律，提升家庭教育能力。在弱标准父母执照的基础上，推进强标准的父母执照模式。按照教育者先受教育的原则，父母自觉接受父母教育和家庭教育指导是他们应尽的责任和义务。真正合格的父母资格，需要经过专业化的教育培训才能获得。[2]

5.2.3 父母资格制度的实施保障

5.2.3.1 父母教育

每一位父母都有着天赋的教育权利，他们需要具备与行使该项权利相适应的教育能力，这也是父母的责任。父母对未成年子女的教育并非可以"无师自通"，在教育子女中会存在不少问题，在一定程度上是缺乏相应的教育和指导能力造成的，而且很难靠家庭自身予以解决。作为称职父母所必备的知识与技能只有经过规范而系统的学习才能获得，但是目前为止，我国的基础教育乃至高等教育体系中都没有相关的课程，在学校里并没有"如何成为合格的父母"这样的课程，我们国家的教育中缺乏诸如教导孩子如何生活与如何建立家庭这样的内容。[3]

在对儿童家长家庭教育需求的调查中发现，有99.7%的家长赞同"父母

---

[1] See Michael W. Austin, *Conceptions of parenthood: Ethics and the Family*, Ashgate, 2007, pp. 90-92.

[2] 参见曾秀敏："家长学校教育的规范性研究——以秦皇岛市为例"，载河北师范大学2011年硕士学位论文。

[3] 参见［苏］瓦·啊·苏霍姆林斯基：《家长教育学》，杜志英等译，中国妇女出版社1982年版，第5页。

是孩子的第一任老师,家庭教育从孩子出生时,乃至这以前就开始了"这一观点。对孩子的教育问题,有95.24%的家长认为应该由学校和家长共同负责;99.02%的家长认为家庭教育重要;73%的被调查家长认为家庭教育有很多学问,需要学习培训或者有很多困惑,暂且应付;93.71%的家长认为有必要进行家庭教育的学习。对在孩子成长过程中家长和教师应担负什么职责的调查表明,有51.71%的教师认为家长担负主要职责,41.03%的教师认为教师只有在学习上承担主要责任,家长在其他方面承担主要责任;只有5.13%的教师认为教师担负主要职责,家长次之。因此家长在儿童的成长中担负重要职责。针对家长的调查表明,有74.77%的家长认为自己迫切需要家庭教育方面的指导或培训,对学校教师的调查表明,认为加强家庭教育指导有必要和非常必要的教师比例达99.14%。学生家长最需要指导帮助的方面主要包括如何与孩子沟通交流、家庭教育的理念、学习习惯与方法指导、孩子身心发展的规律及特点、心理辅导、青春期教育等。在调查中发现,对孩子实施家庭教育最困难的影响是不懂教育方法,占57.24%。

作为教育者必须自己先受教育,因此父母首先要自觉地接受关于家庭教育方面的指导。著名的教育家苏霍姆林斯基就提出过要开设父母学校,让家长进入家长学校进行系统地学习和有针对性地培训,从而培养家长为人父母的必备技能,这样便可以结合学校和家庭两方面的教育,共同为儿童的健康发展出力。法国虐待儿童协会也主张要将学校教育作为指导父母成为合格父母的途径,有时甚至要把这种教育作为强制性的举措,因为很多根本不会教育孩子的父母是不会主动参加学习的。[1]为人父母的学习应当成为人生的必修课,通过父母教育,指导父母认识自身的角色与责任,帮助父母了解子女的心理与生理,指导父母掌握教育的专门知识与技能,改变其家庭教育观念,增强其家庭教育能力。就当今世界及其挑战而言,如果做一名成功的父母有着特殊的意义,那么对父母胜任力技能的持续认识可以发展成一套知识体系。如果有一套普遍适用的知识,那么就可以教授。如果可以教,家长教育者可以作为一个教育者,以最大限度的个人成长和决策为目标进行教学。关于孩子如何学习和父母如何教学的知识可以与有意义的学习过程相结合,重点是

---

〔1〕 参见柏新华:"法国的家长学校引人关注",载《家教指南》2003年第3期。

帮助父母发现他们潜在的价值前提,从而使即时决策与长期目标保持一致。这种知识和过程可以被视为家长教育的内容和结构,从每个家长发现自己的现状开始,可以提高他对自己已经在学习的内容的认识,并延伸其要继续学习的技能。它提供了促进互动的具体技能,提供了反映和准备更深层次关联的具体理解。[1]

政府需要确立称职父母的行为标准,进行教育考试,并采取必要的措施来保障实施父母资格制度。[2]要真正实现父母提升自己的素质来养育自己的子女,必须要规定父母要事先获得合格父母的资格,履行相应的义务。例如,根据《浙江省家长学校工作规程》,家长需要参加一定课时的从幼儿到高中阶段的课程和培训以达到合格家长的标准,通过参加应知应会考试获得不同阶段的结业证书,此外,为加强该举措的可行性还出台合格家长结业与入学相挂钩的政策,即在各个学龄阶段报名时,家长应已经获得了相应阶段的结业证书,以此方式来调动家长参加培训学习的积极性。[3]

5.2.3.2 父母监护权剥夺

父母对子女享有教育权,但是如果父母对子女教育过度,例如父母在对子女进行教育惩戒时过度损害了子女的身心健康,许多国家就会从法律上对父母行为进行规制,规定父母承担刑事或者民事责任。父母对子女过度教育所产生的民事责任,有些国家采用在民法典中列入特别规定,有的国家采用侵权行为法、婚姻法、家庭法等的一般规则来对父母过度教育行为进行规制。教育过度产生侵权责任时,父母会被剥夺监护权。而各个国家或地区在法律中所规定的撤销监护权的条件基本相同,即父母对子女的管教行为严重侵害了子女,并规定民事法院撤销父母监护权或者亲权的情形。[4]例如《德国民法典》就规定了无暴力教育。(1)子女有权获得无暴力教育(第1631条第2款第1句)。不能对子女加以体罚、心灵上的伤害和其他侮辱性的教育措施(第1631条第2款第2句)。尽管父母权利受基本权利保护,但其在行使手段

---

[1] See Evelyn Pickarts, Jean Fargo, *Parent Education: Toward parental competence*, Meredith Corporation, 1971, p.27.

[2] 参见曾秀敏:"家长学校教育的规范性研究——以秦皇岛市为例",河北师范大学2011年硕士学位论文。

[3] 参见王安静:"象山县农村家长学校办学中的政府干预",华东师范大学2011年硕士学位论文。

[4] 参见马菱霞、王丽萍:"子女本位下的父母惩戒制度研究",载《理论学刊》2017年第2期。

上仍然受该规定的限制,即父母权利只能通过法律许可的方式进行。第1631条第2款第2句规定的特殊禁止,可以视为对第1句规定的一般暴力禁止的具体化(联邦议会第12/1242号出版物,第7页)。立法者强调,无暴力教育的目标不能同作强制手段执行,重要的是要改变教育者的观念。《德国民法典》对体罚、心灵伤害和其他侮辱性的教育措施概念也作了解释。认为体罚(Körperliche Bestrafungen)是指施加于子女身体上的、引起疼痛或不适的影响(Einwirkung),其目的在于通过对子女不当行为的反应来操纵其未来的行为。这里无须达到刑法意义上"虐待"(刑法典第223条)的程度,但轻微的影响不属于"体罚"。德国学者指出为了避免不当的国家干预,对于心灵伤害(Seelischen Verletzung)应当进行谨慎解释。法律上禁止的心灵伤害指的是针对子女的但又没有发生身体影响的严重行为,例如令子女受到伤害性的嘲笑。而其他侮辱性的教育措施(Songstige Entwβrdigende Maβnahmen),指的是那些由于子女(尚)无法感知(例如残障儿童就可能存在这种情形),所以没有造成"心灵伤害"的侮辱性行为。而且暴力禁止针对的是教育措施(Erziehungsmaβnahmen),而不是所有的照料和保护措施。父母当然有权利甚至可以使用强力阻止子女钻到汽车底下,给不听话的幼年子女洗澡或从子女手中拿走可能给子女或他人造成伤害的物品。若父母严重违反了《德国民法典》第1631条第2款对于无暴力教育的规定,德国家庭法院(Familiengericht)可以在青少年局的协助下,根据第1666条用适当的手段进行干预。例如家庭法院可以发布行为规则(Verhaltensregeln)命令,在紧急情况下还可以部分或全部地剥夺父母照顾。[1]

在美国,各州基于司法实践对侵权原则的不同适用采取了不同的做法。有的州基于侵权豁免而对父母管教子女的行为完全不予干涉,有的州则不适用侵权豁免原则而以"理性父母"来判断父母对子女的管教行为是否涉及侵权。

5.2.3.3 父母刑事责任

境外国家或地区一般在刑法典中设置单独条款规定父母应当承担的刑事责任,关于可能触犯的刑事法律罪名一般包括故意杀人罪、故意伤害罪、过

---

〔1〕参见[德]迪特尔·施瓦布:《德国家庭法》,王葆莳译,法律出版社2010年版,第322~323页。

失致人死亡罪、过失致人重伤罪、虐待罪等，相应的刑事法律责任刑罚一般是处以不同年限的徒刑。[1]美国针对父母对子女的刑事责任被规定在联邦及各州的法律中，主要是关于虐待、遗弃、照顾等方面的约束，其中对于家长虐待儿童的行为，由《儿童虐待预防与处理法》《家庭安全法》《儿童保护法》《儿童福利法》等法律进行规制，其中《儿童虐待预防与处理法》是最重要的联邦立法，为各州规定了虐待与忽视的最低标准的指导准则。[2]日本于2000年颁布并实施了《虐待儿童防止法》，明确规定了各种对未成年儿童进行虐待的情形，2004年又对该法进行了修改，增加了社会团体对被施虐儿童的保护机制。[3]

5.3 政府监管家庭教育行为的保障

为了加强对父母家庭教育行为的监管，政府应该建立相应的制度，保障父母正确履职，完成儿童社会化的任务。

5.3.1 规定父母或监护人的家庭教育职责

父母家庭教育权利源自亲权，亲权包括人身亲权和财产亲权，人身亲权包含保护权、教育权和惩戒权，父母对子女的家庭教育权属于人身亲权。为了保障未成年子女的健康成长，亲权人没有特殊的原因不能将亲权转让给他人行使，而必须由本人自己行使权利，否则其权利将会被剥夺或者部分剥夺。有些国家实行亲权与监护分设制度，有些国家实行亲权与监护合一制度，在实行亲权与监护合一制度的情形下，可以在亲权或者监护的制度规定中明确父母对子女亲权的法定职责地位。在亲权与监护制度分设的情形下，要对监护人的监护职责做出规定，明确监护人履职的具体要求。监护制度要对监

---

[1] 参见马菱霞、王丽萍：“子女本位下的父母惩戒制度研究”，载《理论学刊》2017年第2期。

[2] See Administration on Children, Youth and Families, Administration for Children and Families, U. S. Department of Health and Human Services Preventing Child Maltreatment and Promoting Well -Being: A Network for Action, https://www.childwelfare.gov/preventing/preventionmonth/guide2012/index.cfm, 2012/2013-01-22.

[3] 参见涂信忠：“学校推展家庭教育模式之评析与建构”，嘉义大学2014年博士学位论文，第25~26页。

人的监护能力做出规定,避免不具备监护能力的人对未成年儿童实行家庭教育。例如在美国,养育子女是父母在宪法上的权利,父母作为子女的监护人,其监护职责包括对子女教育的监管,包含对子女施以必要的惩戒。美国在20世纪以后开始使用公权力介入到对父母子女权义关系的行使情况监督中,父母被要求在管教子女时尊重子女的意见,此外,父母的惩戒权也被更加严格地限制。[1]美国各州在儿童权利保护领域也被美国联邦最高法院授权其可以深入到他人家庭内部进行干预。早在20世纪90年代美国已颁布多项法律强调父母对子女的抚养责任,尤其是增强"父职"(fatherhood)的规定。[2]例如1994年颁布了旨在促进家长参与儿童的教育的《教育美国法案》;1998年颁布了规定"逃逸抚养责任是重罪"的《逃避责任家长处罚法》(Deadbeat Parents Punishment Act);[3]1996年的立法中规定了每一个商业部门在聘用新雇员的时候必须将雇员信息在地方儿童抚养机构登记,通过这种方法找到那些失职的父亲;1998年在立法中规定了失职父亲的培训计划。[4]通过这些措施来督促失职父亲履行自己的职责。《日本民法典》从第818条到第837条规定了亲权制度,亲权的效力主要有:监护、教育的权利义务;在必要范围内的惩戒权,等等。第838条至第875条规定了未成年人监护制度,关于未成年身份上的监护权利义务,参照亲权人对子女照顾的权利义务。第857条规定未成年人的监护人,就亲权人行使的监护、教育子女的权利义务,居所指定权、惩戒权和营业许可权等的事项,与行使亲权人有同样的权利义务。但是,在有监护监督人时,如果监护人想要变更行使亲权人确定的教育方法、居所、将未成年人送入惩戒场所或许可营业或撤销许可或予以限制,应征得监护监督人的同意。[5]

---

[1] 参见笔墨:"美国的未成年人监护",载《中国社会报》2014年6月17日,第4版。

[2] 参见何欢:"美国家庭政策的经验和启示",载《清华大学学报(哲学社会科学版)》2013年第1期。

[3] 参见何欢:"美国家庭政策的经验和启示",载《清华大学学报(哲学社会科学版)》2013年第1期。

[4] 参见林艳琴:《我国未成年人监护制度的理论与实践》,中国法制出版社2017年版,第109~111页。

[5] 参见王书江译:《日本民法典》,中国法制出版社2000年版,第148~154页。

5.3.2 设立专门的监督机构对家庭教育进行监督

基于亲属与监护人的特殊关系，亲属作为监督人将是对被监护人的保护有利的选择，政府介入到监督中将会更加强化这种监督。因此需要建立政府机关和亲属的双重监督机制，政府应该设立专门的监督机构对父母的家庭教育行为进行监督。这里不是要强制性地对所有的监护人都实施监督，从节约成本角度出发，监督的重点应是那些不是由亲生父母作为监护人的情形，由父母作为监护人而又有过严重的违法或者不良行为的家庭、父母离异的家庭、曾经有过未成年人权益侵害记录的家庭等。[1]

应该建立强制报告制度，监督严重不当教育行为。对家庭教育不当行为的强制报告制度，应该明确规定如果有任何人发现父母或其他监护人有不承担监护、教育职责的情形，其都有义务向司法机关或者家庭教育管理部门报告。教师、医生、处理儿童工作的人员以及行政执法人员，有较多机会、近距离的接触到家庭教育缺失、失当或监护不到位的儿童，因此应该首先明确规定这些人员如果发现儿童处于监护与教育的缺失、失职状态，必须及时向司法机关或家庭教育管理部门报告。至于家庭教育不当行为强制报告的范围，应该规定只要存在可能对儿童产生危险或危害的情形，不要求情节严重，就可以报告。否则就很难通过及时地干预一般性的家庭教育侵害行为，达到预防可能发生的严重家庭教育侵害行为。家庭教育不当行为强制报告制度还应该对有关部门接到举报后的处理程序和内容作出明确规定，特别是明确规定可以代表被监护人侵害的儿童向法院提起诉讼的权利。只有这样，才能真正有效干预家庭教育与监护的缺失、不当行为问题。例如在美国，许多州的法律都规定了儿童身边经常接触的人有报告的义务，即强制报告义务。只要在儿童身边的诸如学校职工、心理医生、社会工作者等发现或者有理由怀疑有虐童事件的发生，就有立即报告的义务，如果相关人员没有及时报告将可能承担罚金、监禁等刑事或者民事责任。相关部门在接到报告后，即会对相关情况进行调查。[2]

---

〔1〕参见李霞：《监护制度比较研究》，山东大学出版社2004年版，第337页。
〔2〕参见姚金菊、吴琼洁："美国如何防止'虐童'"，载《中国教育报》2012年11月25日，第2版。

5.3.3 对不履行监护职责监护人的惩戒制度

对父母或者其他监护人不履行监护职责，或履行职责不当，或者对被监护的未成年人施行严重不良行为或犯罪行为，政府应该根据不同程度采取不同层次的惩戒措施。

5.3.3.1 建立父母失职责任

对于父母的一般性监护失职行为和其他教育失职行为规定应该承担的责任。但是具体的责任形式与类型，需要根据父母的失职行为的类型和严重程度，作出不同的规定。如果父母不教育子女或教育存在明显不足，但是没造成严重伤害的，可以通过民法进行调整，追究父母的相应责任。如果父母不教育或者教育明显不足，并且造成严重伤害的，应该由刑法进行调整。可考虑将其纳入现行法律规定之中，与遗弃罪合并。不过要指出的是，在追究父母责任的过程中，要特别注意应该对父母不教育和教育存在明显不足进行明确界定，避免出现难以适用的情形。同时，对因未教育或教育明显不足造成严重伤害，也需要进一步探讨和深究。[1] 20 世纪 20 年代，美国部分州通过的强制入学法中，就有因孩子逃学而惩罚父母以及监护人的规定，宵禁法也规定了未成年子女违反宵禁法的父母责任。父母承担责任的方式包括罚金、支付法庭费用、参加少年法庭的审理程序、对受害人的赔偿、支付犯罪子女在改造和矫正期间的治疗和监管费用、与孩子一起参加社区服务以及监禁。但各个州刑事制裁措施的种类和程度并不完全相同。加利福尼亚州违反父母责任法的制裁是最为严格的，包括不超过 1 年的监禁，路易斯安那州规定了不超过 6 个月的监禁，不过绝大多数州对于违反父母责任法规定的制裁措施并不严厉。例如堪萨斯州、密歇根州、德克萨斯州要求父母参加对其子女的审理程序，阿拉巴马州、堪萨斯州、肯塔基州、西弗吉尼亚州要求父母支付少年法庭处理少年犯罪案件的所有费用，佛罗里达州、爱达荷州、印第安纳州、北克罗莱纳州、弗吉尼亚州要求父母向州政府支付矫正未成年犯的治疗和监禁费用。科罗拉多州、佛罗里达州、路易斯安那州、

---

[1] 参见王莹："从儿童被伤害案件看我国家庭教育的法律规制"，载《华东交通大学学报》2013 年第 6 期。

密苏里州、德克萨斯州要求父母与其实施了犯罪行为的孩子一起参加社区服务。此外，亚利桑那州、佛罗里达州、印第安纳州、堪萨斯州、肯塔基州、北克罗莱纳州、北达科他州、俄勒冈州要求父母参加咨询或法庭要求的其他治疗方案，科罗拉多州、德克萨斯州、威斯康辛州要求父母参加培训和父母责任课程。市级行政单位通过的父母责任法令都未规定监禁的制裁措施，如盐湖城父母责任法令规定，对于父母第一次违反法令，是命令父母进行合适的咨询，对于第二次违反，是判决父母承担不少于100小时的社区服务同时完成恰当的咨询。该法令的制裁措施中既不包括监禁，也不包括罚金。[1]

5.3.3.2 建立强制亲职教育制度

明确家庭教育强制性指导和帮助条款。对于那些家庭教育方法不科学、家庭教育能力严重不足的家庭或行为有偏差孩子的父母或监护人，应该强制其接受相应的培训和指导，帮助他们提升家庭教育能力。例如在美国，有学者在涉及国家介入父母子女关系的问题上提出了对父母进行强制教育的措施，"法官林赛一再主张对父母也应当进行强制教育，要求他们出席学校董事会指令所做的关于纪律、卫生和饮食的学术讲座"[2]美国一些州政府也在探索国家对父母的支持和指导措施，"政府正在准备发布关于婚姻方面的建议和对父母责任的建议，并提议建立一个'全国家庭和父母机构'，除了其他一些方面的工作之外，机构的主要任务是'描述和传播诸如父母抚养和亲属抚养等方面的信息和良好举措。'……政府还表示：父母在履行他们的义务以及防止儿童和青少年走向犯罪方面需要支持和指导。为了帮助提供这些支持和指导，1998年《犯罪和扰乱社会秩序法》（the Crime and Disorder Act）授权法院，即当儿童和青少年被判有违法行为之后，法院有权发布父母关心照管儿童的命令……这一命令包括要求父母出席建议和指导会议，在那儿父母将在如何对待他们的儿童方面得到帮助。例如，帮助父母对儿童设立和执行一致的行为标准。法院也可以发布要求对儿童的行为实施控制，在此，对父母进行强

---

[1] 参见董蕾红："美国校园枪击案中的父母刑事责任"，载《青少年犯罪问题研究》2013年第5期。

[2] 参见［美］玛格丽特·K.罗森海姆等编：《少年司法的一个世纪》，高维俭译，商务印书馆2008年版，第301页。

有力的指导是必要的、适当的"[1]。

5.3.3.3 监护权剥夺制度

在亲职教育还不能有效避免父母严重不当教育行为,严重危害儿童的身心健康时,可以剥夺父母的监护权。对拒不履行监护责任、严重伤害青少年的监护人,可以对其行为以及品行进行评估,并中止或撤销其监护人资格,剥夺其监护权。建立对一般性监护失职行为和其他教育失职行为的及时干预制度,防止因一般性失职未被及时干预而演变为严重失职行为。处理有可能需要剥夺监护权的教育失职行为,需要完善剥夺监护权案件调查期间,以及剥夺监护权后儿童的教育、监护转移与安置制度。

德国立法就规定,父母在具体情况中没有履行其职责,并因此导致子女陷入危险的,国家必须对子女加以保护,有关保护措施甚至可以对抗父母。家庭法院对此有管辖权,它可以在青少年局的协助下,依据职权进行调查或发布命令。由于现实生活中经常出现对子女的非法虐待和漠不关心,立法者在2008年决定重新修订《德国民法典》第1666条及相关的子女关系法。第1666条的修订目的并不是要改变现有的父母权利和国家监督之间的分界线,而是为了解决规范适用上的现实困难,并引导法院采取切实的措施,为受害子女提供实际的帮助。根据这一规定,当子女的最佳利益在人的照顾领域受到危害,或子女的财产受到危害时,家庭法院必须采取措施加以干涉。根据修订后的第1666条第1款,在符合下面两个条件时,法院才能为了保护子女在身体上、精神上和心灵上的最佳利益而进行干预。(1)子女在身体上、精神上、心灵上的最佳利益受到危害。子女最佳利益受到危害,是指各种对青年人的完整性利益和发展利益的严重损害。完整性利益内容也较为广泛,比如维护身体健康,提供食品、衣物、住房以及最低限度的人身投入。如果在这些完整性利益领域发生了危害,国家必须迅速有效地采取干预措施。发展利益指的则是指通过教育和适当社会接触的发展、学校和职业培训、对精神和文化兴趣的培养以及随着年龄增长而逐步提高的自觉能力。由于在一个多元化的社会中,对于"最好教育"本身就存在很多不同的理解。因此国家在自我发展利益领域的行为不同于完整性利益领域,其必须保持一定的克制。

---

[1] [美]玛格丽特·K.罗森海姆等编:《少年司法的一个世纪》,高维俭译,商务印书馆2008年版,第448页。

一般认为，教育的目的在于"获得内在的和外部的独立、发展社会交往能力（例如融入生活、尊重他人的合法权益等）、发展精神和心灵上的潜质"。同时也必须清醒地认识到，教育的目标不可能百分之百的实现，所以只能对严重背离教育目标的行为加以干涉。无论如何，国家干预必须以具体的、现实的对子女的危害为前提。虽然修订后的第1666条第1款针对的仍是修订前法律规定的那些行为，例如父母滥用其照顾权和漠视子女，但不限于这些行为。新法针对的是所有那些客观上和子女之保障利益及发展利益的目的和意义相背离的父母照顾行为：如在教育中使用暴力从而侵害子女无暴力受教育权、身体上和心灵上的虐待（第1631条第2款），施加心灵折磨、恐吓、拒绝同意必要的医疗措施、不能充分保障生活需要、不充分照看、缺少亲情投入、在教育方面的不作为、不必要地或未经充分准备而改变生活环境，对子女有害的交往限制或交往允许、拒绝将适龄子女送往学校、在培训和工作事项上没有充分顾及子女的能力和偏好、诱导子女犯罪和卖淫。（2）父母无意或不能避开危险。法院干预的另一个必备条件是，父母无力或者不准备避开对子女的危险。这里不需要考虑父母是否有主观过错。如果父母不准备避开危险，法院首先要通过声明敦促其采取行为，以保障子女的最佳利益。对于危害严重的情形，法院可以立即进行干预。

2008年修订后的《德国民法典》第1666条增设了详细的措施列表，列举了法官为保护子女可采取的具体措施。修订前的法律虽然给法院较大的裁量权，但是法院采取的措施类型却极为单一，没有考虑干预措施的多样性。条文中的列举并没有穷尽所有可能的措施。法院必须在具体情况中选择适当的措施，既要排除对子女最佳利益的危害，又不会过度干预父母之权利。第1666条第3款规定了可能的措施：要求父母寻求公共救助（例如健康救济、儿童和青少年救助）；要求父母遵守教育义务；为了避免子女受到家庭暴力的危害而禁止父母使用家庭住所或特定的其他住所；出于同样的理由，如果子女通常停留在住所的特定领域，则禁止父母停留或靠近该区域；禁止父母和子女联系或会面；代替有权进行父母照顾的人作出意思表示，例如同意子女接受必要的治疗；部分或全部地剥夺父母照顾。除了上述措施之外，法院还可以向父母提出告诫或警告，要求或禁止父母实施特定行为，将其子女安置在某处住所或其他家庭。除非专门针对父母的措施，法院作出的一般措施对第三人也发生效力。[1]

　　法院采取的干预措施，必须是为排除子女危险而言是适当的和必要的。德国联邦宪法法院从《德国基本法》第6条第2款第1句引申认为，子女有获得父母照料和教育的权利。父母权利是基本权利，同时也是基本义务。父母权利受宪法保护的前提是，父母准备好履行或已经根据子女的最佳利益履行了教育义务；只有在这条件下，才能认为该父母权利和父母责任是相称的。国家机构负责监督父母责任的实施。《德国基本法》第6条第2款第1句规定，教育和照料子女是父母的自然权利，这一规定的目的是维护父母在责任担当方面的独立性和自主性，而绝不能将其理解为可以抛弃的"权利"，即不能以此为依据遗弃子女。国家监督责任的基础在于，子女作为基本权利的权利人，有权要求国家保护。国家监督的基准点是子女的最佳利益。但国家在行使监督职能时必须注意父母的优先地位：不能一发现父母不履行义务或稍有疏忽行为，就剥夺父母的照料和教育权利，甚至直接由自己承担该任务。这里必须严格遵守比例原则。国家对父母权利的干预措施，必须和父母不履行义务的严重程度以及维护子女利益的要求相适应。国家可以采取措施干预父母的照顾权，但以可能和足够为限。[2]在手段上必须遵循比例原则，即干预的严重程度和所追求的结果之间必须为适当的关系。对于特殊重大的措施，法律特别强调了要遵循必要性原则。这一原则对政府干预家庭教育行为的方式选择做出了规范，该原则要求：（1）只有当通过其他方式，包括官方援助都不能排除危险时，才能采取措施令子女脱离父母家庭（第1666a条第1款，注意《德国基本法》第6条第3款的规定）。（2）只有当采用其他措施无效或采用这些措施不足以避开危险时，才能剥夺全部的人的照顾（第1666a条第2款）。针对父母一方之措施的效力，父母双方都有照顾权的，其中一方的全部或部分照顾权被剥夺时，另一方单独行使照顾权（第1680条第3款和第1680条第1款）。在这种情况下法院必须审查，父母另一方在具体案件中是否无力单独行使照顾权或无力抗拒另一方的干涉，若存在这种情况，就必须一

---

〔1〕 参见［德］迪特尔·施瓦布：《德国家庭法》，王葆莳译，法律出版社2010年版，第360~364页。

〔2〕 参见［德］迪特尔·施瓦布：《德国家庭法》，王葆莳译，法律出版社2010年版，第263~264页。

并剥夺该方父母的照顾权。按照第1626a条第2款单独行使照顾权的母的照顾权被剥夺的,在符合子女最佳利益的情况下,应当将子女照顾权转移给父(第1680条第3款和第1680条第2款第2句)。根据《德国民法典》第1666条、第1666a条,家庭法院对于措施的发布有管辖权。法院既可以依职权发动此种程序;也可以根据任何人的申请开始程序。该程序应当优先并快速地进行。在确定如何避免子女最佳利益受到危害时,法院应当听取父母的意见,在适当情况下也应当听取子女的意见;法院必须安排和父母本人的会面。法院必须毫不延迟地审查是否需要立即发布临时措施。如果涉及(或部分地涉及)剥夺对人的照顾,就必须在程序中为子女指定法律顾问。根据《关于家庭事件和非诉事件的程序的法律》第159条的规定,法院必须听取子女本人的意见。如有令人信服的、持久影响子女最佳利益的理由,表明必须变更裁判的,法院必须变更其有关照顾权的裁判。对子女的最佳利益的危险不复存在的,或措施的必要性已经丧失的,法院必须废止根据第1666~1667条发布的措施(第1696条第2款)。对于持续时间较长的措施,法院必须在适当的时间间隔内进行审查。[1]

5.3.4 建立政府监护人制度

建立政府监护人制度,当父母不当行使家庭教育权利超过一定的范围与程度,严重侵害未成年子女身心健康,需要剥夺父母的监护权时,由政府替代父母,成为未成年子女的监护人。但是施行政府监护人制度,其扮演的是超然的监督者角色,并不是动辄让政府代替父母监护,由政府直接充当未成年人的监护人。政府监护作为家庭个体监护的补充,决定了被监护的对象是那些监护人因为客观原因无法提供成长所需的必要环境的儿童。当父母不是因为客观原因而是因为不履行义务导致儿童受到伤害的,或者父母故意虐待儿童使儿童受到伤害的;父母有严重不良行为并影响了未成年子女健康成长;父母都被处以刑罚;父母离婚时均不同意抚养孩子等情形时[2],则应

---

〔1〕 参见[德]迪特尔·施瓦布:《德国家庭法》,王葆莳译,法律出版社2010年版,第364~366页。

〔2〕 参见钟久辉、袁慧:"关于构建未成年人国家监护机制的思考",载《党史文苑》2007年第7期。

由政府充当未成年子女的监护人。而且，适用政府代位监护，需要同时建立未成年人监护监督机制，监护监督机构必须对未成年家庭监护予以监督并及时反馈。[1]

---

[1] 参见李超、毕荣博："从未成年人保护看国家监护制度的构建"，载《青少年犯罪问题》2004年第4期。

6 政府对家庭教育权利的保护职责

家庭教育是父母在作为私人领域的家庭中对子女行使教育权的体现，体现的是父母的家庭教育权利。家庭教育作为家庭这一私人领域的活动，蕴含了公民在道德上的自主、多元化与宽容，以及以此为基础的对个体独立性与主体性的高度认同。私人领域的保护价值就在于尊重个体价值，在个体与他人、社会以及国家的关系中，保留个人自我实现和选择的空间。私人领域对于不影响他人和公益的多种生活样态予以宽容和保护，对个体自我追求予以鼓励和支持。[1]因此，由于家庭教育具有私人性质，家庭教育应避免受到外部权力的干预，政府要保护父母家庭教育权利。

6.1 作为私权的家庭教育权利

家庭教育权利作为父母教育权在私人领域的行使，是一种私人权利。私权是与公权相对应的一个概念，常被用于泛指非公共权利性质的私人权利。私权有狭义与广义之分，狭义上是指与私法相联系的权利，广义上是指与公民的人身、健康、荣誉、财产及其私人的经济、民事活动以及与民营企业的活动相联系的权利。[2]私权体现私人意志，其本质在于意思自治，它比任何其他权利都更能体现私人的自由意志。私权是私益的法律实现方式，私权追逐私人利益，私益是私权的最终根据。[3]家庭教育的私人性质是家庭教育私人权利的基础，家庭教育权利的私人权利性质，由以下因素决定：

---

[1] 参见王秀哲：《我国隐私权的宪法保护研究》，法律出版社2011年版，第44~45页。
[2] 参见林喆："论私权保护和公共责任观念的建立"，载《政治与法律》2001年第6期。
[3] 参见邱本："认真对待私权"，载《吉林大学社会科学学报》1998年第6期。

6.1.1 父母教育子女的自然道德基础

家庭教育权利是父母教育权的部分内容，是父母教育权在家庭领域内行使的体现，具有父母教育权的特征。父母与子女的关系基于自然事实而形成，它先于各种法律典章。家庭由父母与子女之间自然存在的生物关系决定，是自然产生和存在的，是当事人婚姻的结果。父母教育权是一种基于血缘关系的自然权利，13世纪中期托马斯·阿奎那（Thomas Aquinas）就曾指出，"子女天生是父母的一部分。"[1]格劳秀斯（Grotius）也认为"生育使父母获得对子女的权利"[2]。家庭教育权利是一种基于血缘关系而存在的法律关系，这种关系一旦形成，父母就有义务对子女进行教育、监督、保护。从教育权演变的历史中可以发现，父母基于身份对子女的教育权，被认为是父母不可剥夺的天然职责和权利。我国儒家的"养不教，父之过"思想就集中体现了父母对子女拥有最初教育权的观念。

父母在家庭教育中对子女具有直接的，甚至是绝对的权威。国家引导儿童向成人发展，这不仅仅是儿童个人自我成熟的需要，也是整个家庭的诉求，更是国家与社会不断向前发展的条件。家庭是社会的天然和基本单元，除了家庭本身有权受到国家与社会的保护，每一位家庭成员也都有权利获得良好的发展。承认人类家庭所有成员的固有尊严及其平等的和不移的权利，是世界自由、正义与和平的基础。

儿童还不具备基本的生存知识、经验与能力，因此由谁来引导、通过怎样的方式来引导其发展，是儿童获得良好发展的前提条件。这一重任落到了父母肩上。由于儿童自己缺乏判断什么是好的、什么有利于其自身的长远利益的相应的知识、经验、能力以及心理准备条件，成人就具备了代表儿童作出决定的正当性，而且成人也有这个义务。这不仅仅是为了儿童的发展，也是为了整个社会的公共福祉。照顾儿童并且引导他们逐步成熟，成为一个完整的社会人，是人类生活中的一项重要任务。父母为了子女的利益来承担该项任务。父母要完成这项任务，儿童和成人之间必须要具备一定的服从与权

---

[1] [澳]布赖恩·克里滕登：《父母、国家与教育权》，秦惠民等译，教育科学出版社2009年版，第42页。

[2] [英]洛克：《政府论（上篇）》，瞿菊农、叶启芳译，商务印书馆2015年版，第42页。

威关系,而且其他成年人也应尊重这种权威。[1]

父母基于自然血缘关系,成为其未成年子女获得良好生存和发展的第一守护者。自然的血缘关系决定了父母一般都会比其他人更关心自己的孩子,父母对子女的关心、教育和爱,可能在爱的方式及由此决定的教育表现形式上有所不同,但是一般情况下并没有本质区别。父母对子女行使教育权利的正当性可以从父母教育权威的合理性取得侧面佐证。这种正当性决定了父母的教育权利是一种应有的、理所当然的权利,是父母的一种私人权利。

6.1.2 父母子女关系的本质

父母子女的关系天然地具有高度的亲密性和私密性,父母子女关系因生物性联系而表现出高度的伦理性、身份性、稳定性、忠诚性、亲密性和兼容性。传统上家庭都被视为高度自治的领域,正如历史学者伊丽莎白·普莱克(Elizabeth Pleck)所宣称的"家庭理想":"一系列将家庭隐私神化、使得夫妇及父母亲变得极为神圣,并且有助于家庭稳定的主观意愿。"[2]家庭是稳定性和秩序性非常强的社会基本单位,家庭本身有聚集家庭资源、统筹安排、抵御风险的内在调节功能,家庭中父母和子女关系的私密性与伦理性应该得到最高的尊重和保护。

由于家庭是与人类同时存在的、先于国家的社会基础单位,因此这种权利一般被认为是"固有的、原始的、前国家的、不可让与的人的权利",属于一种自然法上的权利。父母的自治权属于自然先验权或建构取得权,父母在养育子女的事务上享有充分的主导权和决定权,国家应该尊重和保护父母自治的传统权利,只有父母违反了最低限度的照顾义务,才能对这一权利进行限制。洛克就认为,父母权利既不是建立在父母对其子女拥有所有权基础之上,也不是建立在子女基于理性而同意父母对他们进行控制基础之上。洛克认为父母的权利是为了孩子的福利,父母管理、教育子女权利的基础是父母对孩子福利所承担的责任,其权利的来源是基于孩子不能有效行使权利和作

---

[1] 参见[澳]布赖恩·克里滕登:《父母、国家与教育权》,秦惠民等译,教育科学出版社2009年版,第47页。

[2] [美]玛格丽特·K.罗森海姆等编:《少年司法的一个世纪》,高维俭译,商务印书馆2008年版,第16页。

出理性决定。正因为如此，父母才能获得高于孩子并控制孩子的权利。他认为父母必须管理孩子至其发展出理性的效用，从而有能力管理自己。这是一种被普遍接受的关于父母权利来源的理论。[1]这种理论为父母自治的传统奠定了重要的基础，其基本的主张是生理的父母与他们的孩子有特殊的血缘联系，由于父母具有孩子所缺乏的成熟、经验以及做出棘手决定所需要的判断、理解和推理等理性能力，因此天生的亲情纽带使父母的行为更有利于其子女的利益，父母总是能为子女的利益着想，总是能为其子女作出最好的决定。[2]

基于父母亲子关系的亲权，自从产生起即是一种私权。人类文明的历史即是一部父权逐渐减少的记录。[3]国家和社会承担的教育儿童的职责越来越多，直接削弱了家庭作用。[4]但是无论公权力如何渗透进人们的日常生活，有部分职责仍旧不能由国家包揽，这就是亲权职责，父母总是直接养育孩子的主体。[5]亲权体现的是父母对未成年子女的天然情感利益。亲权人承担某种责任与亲权的私权属性两种表述并行不悖，因为二者并不是基于同一层面、同一性质法律关系的表述。亲权包括一定社会价值[6]，但是社会价值、社会性并不改变亲权在私法体制内的私权属性。[7]

6.1.3　父母教育权优先于国家教育权

由于血缘关系，儿童与父母有着原始的、亲密的联系，从那里产生的父母对子女的权利和责任，优先于或者说强于其他的教育主体。家庭教育权利从其渊源来看，是从社会教育权分化发展而来的。教育在国家产生以前就存在，

---

〔1〕 See Samantha Brennan, Robert Noggle, "The Moral Status of Children: Children's Rights, Parents' Rights, and Family Justice", *Social Theory and Practice*, 1997, pp. 1-26.

〔2〕 参见张扬：《西方儿童权利理论及其当代价值研究》，中国社会科学出版社2016年版，第171~172页。

〔3〕 参见［英］伯特兰·罗素：《婚姻革命》，靳建国译，东方出版社1988年版，第18页。

〔4〕 参见［法］让·凯勒阿尔、P.-Y.特鲁多、E.拉泽加：《家庭微观社会学》，顾西兰译，商务印书馆1998年版，第9页。

〔5〕 参见［英］伯特兰·罗素：《婚姻革命》，靳建国译，东方出版社1988年版，第19页。

〔6〕 参见李文辉、高晓霞："关于设立我国亲权法律制度问题的探讨"，载《河北法学》1999年第3期。

〔7〕 参见巩姗姗："论亲权的私权属性——对权利义务统一说的驳斥"，载《华北电力大学学报（社会科学版）》2010年第3期。

儿童在原始社会中是由原始公社所共有的，也为公社所共育。[1]在家庭出现以前，社会（如氏族）享有对儿童的教育权。因此社会教育权，从发生学上而言，是最原初的教育权，但它并不是法律意义上的教育权，而是自然法上的权利。

国家确立义务教育制度之后，国家公权力就开始介入到并制约着家庭教育。家庭向国家公共教育的出让或转移教育权的最终结果，是在一定程度上以国家教育为主导或重心。教育国家化和普及义务教育，使教育的公共性取代了教育的私事性而得到社会认同。

从权利渊源上看，国家权力与社会权利不同，它不是自发生长出来的，而"是一种受委托的权力"[2]。人民主权，即社会成员的共同意志所构成的社会的最高权力，是国家权力的来源。国家教育权作为使之成为一种国家权力，而人民主权的性质使之成为一种社会权利，因此国家教育权是社会教育权在逻辑发展过程中的一种权能分解，是社会教育权的分解物。国家教育权作为一种继受性的权力，由宪法制定权所派生，其需要遵循"法律授权即拥有"（或"法无规定即禁止"）原则。国家确立公共教育制度以后，使家庭出让了一部分由家庭不能承担的培养公民文化的教育权利。但是家庭从来没有，也不可能全部出让自己对子女的教育权利。[3]家庭教育作为一种原生性权利无法被取代，并不会因为国家教育权的强大而消亡。[4]实施公共教育的原则由几个因素所决定，第一是财产私人所有制的社会和国家性质，第二是父母对未成年人不可分离的监护责任和义务。公共教育的原则决定了在实现教育公平和社会公平的同时，不能超越教育的私人自由——教育的私人性，家庭教育权利也因此具有了合法性。[5]19世纪，资本主义国家通过教育立法、兴学助学等措施确立了国家教育权，但是父母基于亲权而享有对子女的教育权却并未由此消失。在一些国家的宪法中，依然充分体现了父母拥有对子女最

---

〔1〕参见劳凯声：《变革社会中的教育权与受教育权：教育法学基本问题研究》，教育科学出版社2003年版，第156页。

〔2〕秦惠民："现代社会的基本教育权型态分析"，载《中国人民大学学报》1998年第5期。

〔3〕参见郑新蓉："试析父母教育权的起源、演变和特征"，载《教育研究与实验》2000年第5期。

〔4〕参见王琼雯："家庭权初论"，苏州大学2013年博士学位论文。

〔5〕参见郑新蓉："试析父母教育权的起源、演变和特征"，载《教育研究与实验》2000年第5期。

初的和天然的教育权的思想。[1]

如果说父母的教育权是第一义的、"始源的教育权",则国家、公共团体、学校（教师）的教育权相对于父母来说,便是第二义的、"副次的教育权",这种权利性质决定了国家、学校、其他社会组织和个人负有尊重父母教育权的义务。父母的教育权优先于国家始源性的权利,即使是实体法上没有明文规定,父母的教育权也可以从法理上推导出是"作为父母的自明的权利",其受法理保障。自然权的实质包含着一种法价值和法理念,这种价值和理念对实体法具有某种限制作用,从而使父母教育权具有防御的功能。这种防御权在消极的意义上,可以排除公权力或第三者对父母教育权的不当介入和干涉;在积极的意义上,具有排除妨碍的请求权。由于父母教育权与自然法上的家族制度相关联,因而,只要父母不滥用或懈怠教育权利,国家不仅不可予以剥夺并且负有不可破坏性地介入其实质内容的义务,而且负有对父母的养育责任提供适当援助的积极义务。[2]

6.2 家庭教育权利的优先性

私权对个体权利和自由的保护是其固有的特性之一,它是保护个体人身和财产自由,对抗国家政治权力的工具。自然法思想认为私人权利天然地具有高于国家权力的优先性,国家权力是私人权利的派生物,为私人权利服务。在自然权利观下,个人权利与国家权力相比具有优先性,个人权利构成国家权力的基础和前提。政府与私人的关系决定了政府要认真对待私权。政府是社会的总代表,表面上政府是代表全社会,但实际上政府是代表作为社会构成基因的所有私人。政府只有认真地对待私权,才不会有愧于作为社会的总代表。[3]但是,国家一旦建立,就具有自己独特的逻辑和发展道路。权利法定原则说明了国家立法对社会生活的控制。国家作为社会中唯一享有立法权的组织,通过立法赋予个体法定权利。这时权利已经不再是自然法意义上的权利。个体的自然权利通过国家立法成为法定权利,个人权利从自然权利转

---

[1] 参见温辉:《受教育权入宪研究》,北京大学出版社 2003 年版,第 105 页。
[2] 参见尹力:《儿童受教育权:性质、内容与路径》,教育科学出版社 2011 年版,第 195~196 页。
[3] 参见邱本:"认真对待私权",载《吉林大学社会科学学报》1998 年第 6 期。

149

化为法定权利。[1]

6.2.1 父母对家庭教育负有首要责任

父母子女关系是一种最稳定、最牢固的身份关系，它是一种基于自然事实而形成的最自然、最亲密的直系血亲关系。它先于各种法律和规范。政府与家庭都对儿童的发展负有责任，其中家庭是第一位的，父母通过实施家庭教育促进儿童的发展。政府基于教育的公共性，为保护儿童介入家庭教育生活。但是，国家在涉足家庭教育事项时，需要保护家庭和儿童的隐私及尊重父母的教育自主权。对于政府介入家庭教育，人们较为担忧的是，政府权力介入家庭生活可能会产生官僚的任性替代家庭的任性，从而造成对父母子女关系稳定性和连贯性的破坏和对儿童的伤害。坚持政府介入家庭教育的一个基本预设是，政府可以代表儿童利益，而且政府总是比较清楚和了解儿童需要，比较懂得儿童的情感、利益和价值。政府行为对儿童总是有利的，而且儿童也是可以通过政府获得充分的保护。但是实际情况可能并非如此，政府并不一定总是了解儿童的需要，也并不总是明白儿童的真正利益。政府一般会依据主流的意识形态来评估和判定父母养育子女方式的合理性，但是这就会侵犯父母的多元价值理念和多元生活方式。在属于社会的家庭领域中的父母教育自由与自我负责与国家发展之间，怎样确定二者之间的界限，一直是关于政府正当性理论的核心问题。需要通过设计一定的制度，为国家和社会划定界限，界清各自的自主范围。人身自由理论认为生育子女是社会主体自由权的一部分内容，它是社会主体自由权的必然延伸。生育子女是父母的权利内容，父母对子女的成长负有高度责任。父母是其未成年子女利益的最佳保护者，在了解子女发展需要上，父母具有不可替代的地位，但是这需要一个前提，就是父母须是合格的、有能力的。

家庭教育的演进历史表明，人类的养育史是一部父权减少、父母权力削弱的历史。虽然随着国家承担保护教育儿童职责的建立，亲权的支配性和绝对性逐渐减弱，但无论公权力如何渗透，家庭职责总有一定内容是国家替代不了的，国家依然难以取代直接照管儿童的父母角色。在责任承担方面，父

---

[1] 参见杨小虎、杨立杰："私权的公共治理功能"，载《求索》2009年第1期。

母负有主要责任，社会和国家承担协助责任。因为家庭是社会的基本组成部分，是社会的基石。未来社会的公民将在这里社会化并带着在这里形成的个性走入成年生活。[1]库普（Loan Coope）认为家庭向父母和儿童提供情感安全、学习机会，最大程度提供与社会创造性人际关系价值体系的条件，其被视为在以下情况下功能是有效的：提供充分的保护、空间、食物、收入和基本设施，使成人履行其婚姻、子女抚养和公民角色，不会导致阻止自信和积极表现的太大压力；获得儿童医疗、安全和健康发展，通过自己的资源或者通过特别帮助和服务的竞争使用；认可其社会化儿童的任务，鼓励其个性发展和能力，引导其行为和兴趣，指导其态度和价值……[2]家庭生活传统上固有的很多任务，例如传授特定的技能，交易行为的准备，传承文化和社会规范，现在由其他团体，最明显的是学校和同伴等团体的影响。尽管如此，家庭仍然是抚养下一代的基础，帮助儿童成长为健全的成人，在外部更广阔的世界就位的责任仍然落在父母身上。

作为父母教育权一部分的家庭教育权利，是父母个人作为教育主体、且只对自己的子女实施的教育上的自由权，具有身份专属性，且优先于其他主体，可根据自己的意志自由地实施教育。[3]父母教育权的自然权性质说明了父母对儿童的教育具有首要的权利和责任。公民的任何一项被认为是"应当"享有的权利，只有通过法律的形式确认成为公民的法定权利，并通过公民的实际行为形成实际所享有的状态，作为权利主体的公民才算真正享有了该项权利。父母教育权的合法性说明，父母的教育权是受到国家法律的确认和保护的，父母也由此获得在合法范围内自由行使家庭教育行为的权能。[4]

6.2.2 家庭教育权利免受政府侵害

父母教育是社会控制的一种基本手段，政府通过父母教育施加教育影响，使家庭的隐私权和自我决定权与国家健康和有竞争力的公民需要之间产生冲

---

[1] 参见郑净方、郑雄升："国家与家庭关系的再考察——从家庭暴力视域分析"，载《怀化学院学报》2012年第10期。

[2] See Gillian Pugh, Erica De'Ath, *The needs of parents: practice and policy in parent education*, Macmillan Education Ltd, 1984, p. 15.

[3] 参见尹力：《儿童受教育权：性质、内容与路径》，教育科学出版社2011年版，第197页。

[4] 参见尹力："试论父母教育权的边界与内容"，载《清华大学教育研究》2012年第5期。

突。父母教育是家庭生活教育的重要内容，西方国家在实行家庭生活教育时就碰到价值角色的冲突问题。一般来说，政府在以下四个领域为父母提供支持：一是拉特（Rutter）称作"适宜的环境"或者必需的生活机会和设施，发生在经济、社会和教育剥夺之间的互动是复杂的，但是很多父母发现当基本的个人和家庭需求都没有着落的话，抚养儿童是极度困难的。二是父母需要关于获得社区帮助资源的信息和知识。主要包括：福利权利和利益；关于儿童普通疾病和如何应对突发事件；或许更为重要的是关于人类健康和发展，特别是儿童发展的不同阶段和父母所扮演角色的知识。三是父母需要的社会交往技巧。父母如果要充分发挥教育功能的话，这些技巧需要一辈子来获得。例如：爱和处理人际关系，照顾、支持和抚育其他人，对其他人需要敏感性的能力；思考和思维的灵活性，反映和适应变化的需要和需求的能力；态度和行为的一致性，可靠的和可依赖的行为；提供稳定和安全的环境，能预期到反应，规则是清晰的；通过积极的倾听，给予适当的非言语和言语信息，反思情绪和协商交流的能力；做决定和接受责任的能力；抗压和处理冲突的能力；应用信息和知识的能力，在理论上掌握怎样应对暴躁的脾气是没用的，除非能付诸实施。他们还包括实用技能，如提供住房、管理家庭财务、平衡饮食结构所需的技能。四是父母的理解能力。父母需要理解自己作为父母和人，理解他们的价值观，以及这些价值观如何影响孩子的成长方式。强调理解和回应孩子的需求有时掩盖了一个事实，即父母具有个人发展和实现的需求。这些需求也必须得到理解，家庭群体中几乎不可避免的利益冲突也必须得到正视和解决。[1]

6.2.2.1 政府促进提升家庭教育能力的价值中立

政府在家庭教育中保持中立性，首先是要尊重不同家庭教育中的价值。家庭生活教育为家庭生活教育者提出了若干问题，围绕一些问题产生讨论和争议：家庭生活教育中应该传授价值吗？谁的（或哪一种）价值应该被传授？价值怎样被传授？[2]一些人认为价值是家庭的特权（显著特点），因此价值

---

[1] See Gillian Pugh, Erica De'Ath, *The needs of parents: practice and policy in parent education*, Macmillan Education Ltd, 1984, pp. 16-19.

[2] See M. E. Arcus, J. D. Schvaneveldt, J. J. Moss (Eds.), *Handbook of family life education: foundation of family life education*, SAGE Publications Inc, 1993, p. 78.

不应该纳入家庭生活教育项目，家庭生活教育中不应该传授价值，因为没有哪一种机制制度能获得一致认可。另外一些人则认为由于家庭生活教育的目的和内容，关注价值不可避免，因此关注的焦点是在家庭生活教育项目中怎样很好的处理价值。支持尊重不同价值原则的人倾向于后一种价值教育的观点。[1] 政府介入家庭教育的中立性要求家庭生活教育者"应该能够有效地处理自己的感情和态度；应该能够帮助年轻人和成年人明晰自己的概念，在其自身价值结构基础上予以扩充；能够处理社会态度和价值的形成"。家庭教育者需要尊重不同的家庭价值，需要有对不同道德观点不是加强行为或规则意识，而是唤起负责人的人类理性和行为、获得实现人际关系的能力。[2] 在一个多元社会中，只有国家能尊重弱势文化社群的文化差异，宽容并保护少数或弱势文化社群的发展，才能真正发展并落实社会的多元性，使多元文化在社会中自由开展。在一个多元社会中，每个人或群体对不同精神思想、政治意识以及文化认同的现象、问题，都会有自己的看法，甚至是可能有差异性的对立。这种对不同观点、描述以及解释之多样性或多元性的多元文化国保障，必须透过国家的中立性原则与宽容原则来落实。而教育事务属于文化事务的一个重要部分且是最根本的基础。[3] 在现代多元文化国中，国家应该更加明确自己的角色定位，即国家本身并不是不同文化事务问题的"当事人"，它更应该扮演的是"宽容"的保护者角色。[4]

6.2.2.2 政府实施父母教育的方式

试图把父母教育建立在父母的能力和需要基础上的重点在学习而不是教学，这一点是至关重要的，在组织的工作中更多的显然是"教育性的"。例如，伦敦教育局的一家成人教育指导师工作团体，将父母教育的目标定为：帮助人们控制其养育关系，形成和重视他们自己的知识和经历，理解一系列

---

[1] See M. E. Arcus, J. D. Schvaneveldt, J. J. Moss (Eds.), *Handbook of family life education: foundation of family life education*, SAGE Publications Inc, 1993, pp. 19-20.

[2] See M. E. Arcus, J. D. Schvaneveldt, J. J. Moss (Eds.), *Handbook of family life education: foundation of family life education*, SAGE Publications Inc, 1993, p. 99.

[3] 参见许育典：《法治国与教育行政——以人的自我实现为核心的教育法》，高等教育文化事业有限公司2002年版，第57~58页。

[4] 参见张燕玲："家庭权及其宪法保障——以多元社会为视角"，载《南京大学学报（哲学·人文科学·社会科学版）》2011年第4期。

选择，以此扩充其视野。这些是通过鼓励利用相关知识和信息（身体的、情绪的和环境的）和鼓励学习正确的技巧来质疑已经形成的观念（ILEA，1983）。英国国家婚姻指导委员会的官员这样提及教育：向人们（父母）提供可资使用的尽可能多的信息；向他们提供机会，思考和讨论与他们需要、愿望、生活方式、个人特点和潜能有关的信息；鼓励他们在作决定和选择的时候有自信；接受他们自己作的选择。当我在这里讨论信息的时候，我是指小型非正式团体在这里开展婚姻教育工作，其信息流向是多种多样的，父母向父母，父母向团队领导者，当然绝不可能只有一种方式——领导者向团体。开放大学主办的父母教育课程利用众多的非正式团体，但是提供特定教学养育技巧的工作，也与此相关。他们的目标是：激励学习者重视他们自身和其他人的经历；提供支持个人和集体决定的信息；帮助学习者审视自身经历、价值观和资源以及在制定和实施个人和集体决定时的信息。[1]

政府在家庭教育中保持中立性，需要政府向父母提供教育时更多的是传导原则而不是规定。鉴于家庭人际关系、个体特征和能力的重要性，建议父母教育的任何方式都应该建立在原则而不是规定之上。从众多的父母教育方式中，可以总结出父母教育和支持的原则：没有绝对正确的养育方式，没有绝对完美家庭的蓝图，承认和尊重不同的家庭模式很重要。育儿是一个持续的过程。父母的发展从出生开始，一直持续到幼儿期、学生时代、早期关系、伴侣关系、怀孕、出生、为人父母和祖父母。在不同阶段可能有不同的需求，这些需求可以通过不同的方式得到满足。为人父母的能力反映了每个人的自信心和价值感。这对学校的社会和个人教育工作有影响。与父母和未来的父母一起工作，支持应该承认、重视并建立在他们自己的技能、经验和能力之上，而不是诱导依赖或内疚。育儿不仅仅是养育孩子的问题，这是父母和孩子之间的持续互动，他们都在不断发展。育儿（通常）涉及母亲和父亲，因此，任何家长教育方法都与男孩、女孩、男性和女性有关。如果育儿是一个循序渐进的过程，关系到整个人的发展，那么这对所有在整个生命周期中与年轻人和父母一起工作的人都有影响，他们可能需要将自己的参与视为更广泛的支持网络的一部分。在一个多元文化社会，对父母的任何支持中都需要

---

[1] See GGillian Pugh, Erica De'Ath, *The needs of parents: practice and policy in parent education*, Macmillan Education Ltd, 1984, p.51.

考虑到通过不同的育儿模式和对家庭生活的态度表现出来的文化多样性，而从事这项工作的人需要了解和理解这些不同的文化背景。与父母密切合作并根据他们自己的需求制定的计划和服务可能更容易被接受和更广泛地使用。必须从充分就业、提供财政（通过公平税收和充足的收入维持）、住房和日托等更广泛的背景下看待抚养儿童。[1]斯特恩（Stern）说："父母教育应该帮助父母在思考、理解、沟通和决定育儿问题的自然过程中发挥作用。它应该激发父母的信心，鼓励他们的独立感和责任感。"随后的发展与这些观点一致，因为重点是父母的个人成长和发展、增强自信和自我意识、提高沟通技能、减少孤立和帮助人们对自己的生活有一定的控制力，这与儿童发展基本要素的指导一样重要。与家长的合作也倾向于从他们已经熟悉的团体和聚会场所演变而来，而不是通过在成人教育机构开设课程。也许正是由于这些原因，如此多的计划都植根于强大的社区网络，这些网络为我们提供了如此多的志愿和自助组织。[2]

6.2.3 家庭教育权利免受第三方侵害

家庭教育权利的私权性质，除了排斥政府的不当侵入外，还免受第三方力量的侵害。例如父母家庭教育权利是父母双方的共同权利，父母一方不能侵犯另一方的这一权利。德国学者就倾向于认为父母权利是个人权利，同时认为，在行使父母权利时要受到共同约束。因为《德国基本法》没有使用"父"或"母"或者"父母一方"的概念，而是将"父母"（Eltern）作为一个整体来表述"父母权利"，其用意是要求父母一起承担抚养和教育未成年子女的职责。这就意味着政府在制定儿童政策时要考虑父母和睦、婚姻稳定和家庭和谐等因素。[3]《德国民法典》第 1627 条 "父母照顾权行使" 规定，父母基于各自的责任并在互相和睦的情况下，为了未成年子女的福利而行使父母照顾。在意见不一致时，双方务必达成一致。第 1628 条 "父母意见不一致

---

[1] See GGillian Pugh, Erica De'Ath, *The needs of parents: practice and policy in parent education*, Macmillan Education Ltd, 1984, pp.44-45.

[2] See GGillian Pugh, Erica De'Ath, *The needs of parents: practice and policy in parent education*, Macmillan Education Ltd, 1984, p.50.

[3] 参见叶强：《论国家对家庭教育的介入》，北京大学出版社 2018 年版，第 58~59 页。

时的法院裁判"规定,父母就父母照顾中的个别事项或者具体种类不能达成合意,而这些事务又涉及未成年子女重大利益的,家事法院可以依据父母一方的申请将父母照顾委托为父母一方行使;家事法院在作出决定时,还可以对此委托施加限制条件或者相应义务。[1]除了父母一方尊重另一方的家庭教育权利,社会主体也要尊重父母的家庭教育权利。社会主体也会对父母的家庭教育产生影响,这也是社会教育权发挥作用的一种体现。但是社会教育权不能侵害家庭教育权利。

政府基于家庭教育权利的防御权,不但自身要对家庭教育权利予以尊重,还负有积极保护家庭教育权利不受第三方侵害的义务。作为基本权利的家庭教育权利形成的客观价值秩序要求,政府不得非法侵害家庭教育权利,这一要求进一步而言,是政府不仅不能侵入家庭教育权利,还需要政府积极地采取各种措施来保护家庭教育权利不受其他社会主体的侵害。

6.3 政府保护家庭教育权利的方式

政府需要以积极作为方式尽到其保护家庭教育权利的法定职责。一方面政府要消极干预家庭教育,尊重父母的家庭教育行为。另一方面要积极采取行动和必要的防范措施对家庭教育进行适当干预,达到保护父母家庭教育权利的目的。政府对家庭教育权利的保护义务意味着在父母受到政府公权力或者其他社会主体侵害时,政府应当提供必要的、有效的保护。因此,政府应该建立和完善家庭教育相关法律制度,尤其是相应的司法救济制度,在父母的家庭教育权利受侵害时政府能够及时给予必要的救济。政府保护父母家庭教育的方式主要有立法保护、行政保护与司法保护。

6.3.1 家庭教育权利法律化

立法机关主要通过立法将家庭教育权利具体化、法律化。家庭教育权利是教育权的一个重要组成部分,家庭教育权利的实现状况,直接影响到儿童的发展与健康成长。通过家庭教育立法,明确家庭教育的权利义务,各类社

---

[1] 参见叶强:《论国家对家庭教育的介入》,北京大学出版社 2018 年版,第 58 页。

会主体所应承担的责任、责任范围以及承担的法律责任。家庭教育权作为一种权利，被世界上大多数国家所认可，并由法律明确规定其内容。

父母对儿童教育的首要责任被各国法律所确认。德国宪法明文规定父母享有抚养和教育子女的权利，德国魏玛宪法在法律上明确规定父母教育权是"自然法之权利"，该法第 120 条规定"抚养子女，使其身心健全，并能适应社会，为父母之最高义务，亦为其自然权利，国家及社会应督其实行"。《德国基本法》第 6 条第 1 款就规定了照料和教育子女是父母的自然权利以及最首要的义务。如果有出现教养权者不尽教养义务，或者是子女基于其他原因可能堕落的情形，未成年子女可以根据法律规定，在违背有教养权者的意愿下脱离家庭。[1] 第 2 款延续了这一精神，明确规定抚养与教育子女是父母的自然权利，也是父母的最高义务，国家应该监督父母抚养与教育子女的行为"。[2] 德国宪法确立了公民之间的行为规范以及个人、社会与国家的关系准则。按照德国联邦宪法法院的解释，宪法的条款主要在于保护家庭教育不受公权力非法干预。[3]

教育子女是父母的首要责任，已经作为对美国传统的继承与发扬得以确立。[4] 美国是联邦制国家，各州都有自己的宪法和法律，同时美国也是判例法国家。美国《联邦宪法》中没有规定家庭对儿童的教育权，当有关法律引发违宪争议时，联邦最高法院便引用《联邦宪法》上的正当程序条款——即任何一州……不经正当法律程序，不得剥夺任何人的生命、自由或财产——予以判决。法院将正当程序条款中的"自由"解释为个人对自己家庭事务的自决权，首先包括父母对子女的教育权。除了宪法之外，美国判例法对家庭教育权作出了阐释。在迈耶案中，法院第一次提出"家庭教育权"。法院认为，尽管正当程序条款所保障的权利范围并不清晰，但是至少包括个人结婚、成家、抚育子女、依自己内心的指示信仰上帝的权利，因为父母教育儿童是一种天然的责任。两年后，法院在皮尔斯案中进一步详述了迈耶所揭示的权利。根据自由理论，政府无权迫使儿童仅仅接受公立学校的教育，儿童不仅

---

[1] 参见杜亮、王伟剑："家庭、国家与儿童发展：美国、德国和日本儿童政策的比较研究"，载《河北师范大学学报（教育科学版）》2015 年第 1 期。

[2] 参见陈致嘉："父母教育子女之权限及其法律基础"，载《教育资料文摘》1994 年第 9 期。

[3] 参见李道刚："论德国家庭教育权"，载《山东社会科学》2003 年第 4 期。

[4] See Yoder v. Wisconsin, 406 U．S. 1972, (205).

是国家的，具有哺育教导责任的人有权利或职责督促儿童接受其他教育。私人教育儿童并非在本质上是有害的，家庭教育就被认为是有益的和富有成效的。虽然迈耶和皮尔斯案的司法推理之后也受到质疑，但它们迄今仍被认为是《家庭法》《儿童法》《宗教自由法》等法律的两个中流砥柱。通过上述两个案件，美国联邦最高法院承认了家庭教育权是宪法权利之一。[1]美国承认家庭学校的合法地位，而且通过制定一系列法律来规范家庭学校的办学行为，既保障父母的家庭教育权利，又确保儿童在家庭学校中能受到良好的教育。

在日本，父母对家庭教育承担主要的责任。日本的多部法律都明确了父母及其他保护人是培育子女的最主要的责任人这一基本理念。例如2003年施行的《少子化社会对策基本法》、2005年修订的《培育下一代支援对策促进法》都对上述原则作了说明。2006年12月，日本修订了《教育基本法》[2]，第10条就是家庭教育条款，它明确规定父母和其他监护人对于孩子的教育负有最重要的责任。[3]

《中华人民共和国宪法》规定了父母有抚养、教育未成年子女的义务，但并未明确将教育子女列举为父母的权利。不过这也不意味着父母教育权没有宪法的依据。有些特定的权利没有在宪法中列举出来，一个可能的原因是制宪者认为这些特定的权利是不证自明的，而且父母教育权作为一种私权利，也是先于国家而应当享有的权利，即使宪法没有明确列举出来，国家也必须给予尊重和保护。除了各国的国内法对父母的首要教育责任进行规定之外，国际法也对这一原则予以了确定。《儿童权利公约》规定父母或视具体情况而定的法定监护人对儿童的养育和发展负有首要责任。《公民权利和政治权利国际公约》规定尊重父母和（如适用时）法定监护人保证他们的孩子能按照他们自己的信仰接受宗教和道德教育的自由。《世界人权宣言》规定了父母对其子女所应受的教育的种类，有优先选择的权利。

在我国，有关家庭教育的规定绝大多数都是义务性的，没有在法律上将

---

[1] 参见骆正言："论美国判例中家庭教育权的演变"，载《比较教育研究》2009年第3期。
[2] 参见杨文颖："日本家庭教育法律制度研究"，北京师范大学2016年硕士学位论文。
[3] 参见杜亮、王伟剑："家庭、国家与儿童发展：美国、德国和日本儿童政策的比较研究"，载《河北师范大学学报（教育科学版）》2015年第1期。

其作为一种权利。[1]《中华人民共和国宪法》规定了婚姻、家庭、母亲和儿童受国家的保护、父母抚养教育未成年子女的义务，《中华人民共和国民法典》（以下简称《民法典》）规定未成年人的父母是未成年人的法定监护人，《中华人民共和国教育法》规定未成年人的父母或者其他监护人，应当为其未成年子女或者其他被监护人受教育提供必要条件，应当配合学校及其他教育机构，对未成年子女或者其他被监护人进行教育。上述法律规定可以概括为，父母依法享有教育子女的权利，父母的这一权利是一种私权利，但是必须符合国家与社会对儿童教育方面的基本要求。

6.3.2 家庭教育权利的行政保护

行政机关对家庭教育权利的保护义务，主要是通过执行立法机关制定出来的有关家庭教育权利的法律法规，来达到规范和促进父母家庭教育行为的目的。对于防止社会主体侵犯家庭教育权利法律规范的落实，离不开行政机关的执法行为。行政机关一般会具体化为各级政府机关和部门，家庭教育权利的保护离不开行政机关的积极作为。行政机关履行保护家庭教育权利的职责，应该严格执行业已制定的有关家庭教育的法律、行政法规，积极履行家庭教育权利保护义务。行政机关对保护义务的违反主要是没有履行或没有适当履行义务。行政机关没有履行或者没有适当履行法律规定的政府对家庭教育权利保护义务时，需要追究行政机关相应的法律责任。父母应该可以通过行政复议或行政诉讼等方式，追究行政机关的相应责任，维护自身的法定权利。[2]

6.3.3 家庭教育权利的司法救济

政府为避免公权力或第三人侵害家庭教育权利，要对侵害家庭教育权利的行为进行必要的惩罚和及时的补救。司法机关通过对父母提出的行政机关的不作为诉求予以及时救济以达到家庭教育权利保护目的。父母的家庭教育权是具有私权性质的权利，政府不能过度介入家庭教育事务。对于政府过度

---

[1] 参见邓丽、陈恩伦："我国家庭教育权实施困境及对策研究"，载《哈尔滨学院学报》2009年第9期。

[2] 参见郑旭文："基本权利的国家保护义务"，载《福州大学学报（哲学社会科学版）》2012年第6期。

介入侵犯父母家庭教育权的行为，国家应该建立有效的制度，对政府的行为进行司法审查。在美国，家庭教育权作为自治性隐私权（right to decisional privacy），指他人所享有的就其具有私人性质的事务作出自我决定的权利。[1]在迈耶诉内布拉斯加（Meyer v. Nebraska）一案[2]和皮尔斯诉修女协会（Pierce v. Society of Sisters）一案[3]中，法院已将自治权的概念引入到了抚育小孩和家庭事务中。在迈耶诉内布拉斯加一案中，美国联邦最高法院宣称"人们有要求获得有益知识的自由，结婚的自由，建立家庭、抚育小孩的自由，顺从自己的良心选择信仰的自由，等等。这些都是一个自由人追求幸福所必需的要求。"在皮尔斯诉修女协会一案中，法院认为俄勒冈州要求所有的小孩必须到公立小学就读的一部法律"侵犯了父母的自由权，从而直接将教育小孩的权利控制在政府手上。"虽然美国《联邦宪法》没有明确提到自治权的概念，但以上两个案件都标志着，美国联邦最高法院开始意识到自治权的存在。[4]

德国联邦宪法法院在1997年12月21日关于"性教育课案"的裁定中认为，性教育是为了让人类在性领域实现有道德的决定和有道德的行为；性教育让受教育者明白人类共同生活和社会共同生活的意义，主要是明白婚姻和家庭的意义，同时增加受教育者的责任感；性教育还让青少年明白，人类的自我实现是在性的推动作用下，过一种有意识的生活方式，并且在个体和社会的整体中达到有序。从《德国基本法》来看，依据其第6条第2款第1句之规定，性教育首先是父母的权利，然而这并不意味着它仅仅只是父母的权利，因为依据其第7条第1款之规定，国家享有学校事务的计划和组织权；国家的教育形成范围不仅包括学校机构的组织划分，还包括课程的内容设置和教育目的的设定，因此，国家原则上不需要父母同意，就可以按照自己的教育目的行事。学校的性教育课只是对性的事实和过程进行传授，是价值中立的，并不影响父母在个人化的、私密化的空间里继续教育孩子；换言之，

---

[1] 参见张民安主编：《自治性隐私权研究——自治性隐私权的产生、发展、适用范围和争议》，中山大学出版社2014年版，第1页。

[2] 268 U.S. 510（1925）.

[3] 262 U.S. 390（1923）.

[4] 参见张民安主编：《自治性隐私权研究——自治性隐私权的产生、发展、适用范围和争议》，中山大学出版社2014年版，第217页。

学校和父母共同完成对儿童的性教育，只是二者的分工不同，学校更侧重于性知识的传授，父母侧重于性价值观的启蒙；不过，为了保障父母的教育权利，学校应该及时和全面地告知父母性教育课的内容和方法；但由于父母权利是个人权利，不同共同权利，父母无权参与学校课程的设置。[1]尽管联邦宪法法院最后并未支持父母的诉求，但是却是司法介入家庭教育权利主张的一次尝试。因此，对于政府过度介入家庭教育事务，侵犯父母教育权利的，父母可以向司法机关寻求救济。

在德国，子女最佳利益由于第三人的行为而受到危害的，家庭法院也有权并有义务进行干预，修订后的《德国民法典》第1666条第1款在这一点没有改变。这种干预可以直接针对第三人作出（第1666条第4款），这种情形下也适用有关父母行为的规定。当父母不愿或无力避免因第三人行为产生的危害时，监护法院可以进行干预。父母也可以自己前往家庭法院，寻求针对第三人的措施。[2]

---

〔1〕 参见叶强：《论国家对家庭教育的介入》，北京大学出版社2018年版，第131页。
〔2〕 参见［德］迪特尔施瓦布：《德国家庭法》，王葆莳译，法律出版社2010年版，第363页。

7 我国家庭教育政府职责的立法建议

家庭教育的政府职责明确以后，以何种形式使其确定并切实得以履行，是必须要面对的问题。政府职责履行的制度约束必不可少，波普尔就认为，社会生活最重要的与需要的是好的制度。[1]一个政府的存续和实现自身职责同样需要良好制度的维持与约束，法律制度是社会制度的核心，对约束政府权力、促进政府履职起决定作用。法律有助于实现统治者政策、价值与整个社会结构、习惯的整合。法律是社会控制的主要工具之一，[2]法律以国家强制力为后盾实施既定政策或达成既定目标，是促进社会变革的有效方法。[3]

7.1 家庭教育政府职责履行现状的分析

家庭教育的政府职责必须通过法律手段予以规范，一方面使政府职责的内容更加明确，另一方面也使政府职责能够得到有效的履行。但我国关于政府职责的法律规定还相当不完善，政府职责实现的法治要件没有坚实的法律制度支撑。

7.1.1 家庭教育政府职责履行中存在的问题

从目前我国家庭教育的政府职责规定来看，政府对家庭教育的职责体系

---

[1] 参见[英]卡尔·波普尔：《猜想与反驳——科学知识的增长》，傅季重等译，上海译文出版社1986年版，第491页。
[2] 参见[美]罗斯科·庞德：《通过法律的社会控制》，沈宗灵译，商务印书馆2010年版。
[3] 参见马汉宝：《法律思想与社会变迁》，清华大学出版2008年版，第112~113页。参见宏斌云："治理社会的三种模式"，载http://article.chinalawinfo.com/Article_ Detail.asp? Article ID＝62380，最后访问日期：2018年4月23日。

还不健全。

7.1.1.1 政府提供家庭教育服务不充分、不平衡

一般而言，政府在对家庭教育的支持与监督中处于主导地位。我国政府提供家庭教育服务的能力不足，主要表现为家庭教育的政府财政投入不足，并且各地区存在不均衡现象。中国儿童中心"我国家庭教育指导服务体系研究"课题组2012年对省级家庭教育工作管理机构进行了问卷调查，调查范围涉及江苏、广西、重庆、天津、上海、山东、贵州、广东、北京、云南、陕西、河南、黑龙江、四川、安徽15个省（自治区、直辖市）。被调查的15个省（自治区、直辖市）2012年都有纳入地方财政预算的家庭教育工作经费，其中12个省有家庭教育工作专项经费。从调查中可以得知，2011年指导服务家庭教育的费用平均值是1.81万元；2012年为2.15万元。指导服务机构的经费以自筹为主，政府投入较少，并且一般无增长。经费问题是开展家庭教育指导服务工作的基础保障。然而对于经费的来源尚无硬性的规定。[1]2011年纳入地方财政预算的家庭教育专项经费占所有家庭教育指导服务经费的22.4%，2012年这一比例为20.7%；2011年从财政支出的非专项经费占所有家庭教育指导服务经费的21.8%，2012年这一比例为22.2%；2011年需要自筹的经费占所有家庭教育指导服务经费的56.2%，2012年这一比例为57.0%。从经费的增长情况来看，2012年与2011年相比，有89.2%的指导服务机构纳入地方财政预算的家庭教育专项经费无增长；87.2%的指导服务机构从财政中支出的非专项经费无增长；71.4%的指导服务机构自筹经费无增长。可以认为，开展家庭教育指导服务的经费中自筹经费占到一半以上，其余从财政中支出的专项经费和非专项经费各占总体的20%左右，并且这两部分经费2012年与2011年比较基本无增长。[2]调查同时发现，15个省（自治区、直辖市）未成年人数（未满18周岁）均值为1127万人。未成年人数最多的是河南，为2389万人；最少的是云南，为130万人。纳入地方财政预算的家庭教育工作经费数额均值为50万元，上海2011年纳入地方财政预算最多，是

---

[1] 参见中国儿童中心编：《我国家庭教育指导服务体系构建与推进策略研究》，中国人民大学出版社2016年版，第19页。

[2] 参见中国儿童中心编：《我国家庭教育指导服务体系状况调查研究》，中国人民大学出版社2014年版，第35~36页。

201万元。山西、黑龙江没有纳入地方财政预算的家庭教育工作经费。2011年财政拨付的家庭教育工作专项经费均值为70万元，最多的是广东500万元，山西、河南、黑龙江没有。自筹社会经费均值为40万元，最多的广东是200万元，贵州、重庆、河南、安徽、黑龙江没有自筹经费。[1]

家长学校是指导推进家庭教育的主要载体和渠道，我国家长学校办学规模逐步拓展，实现了由示范到普遍设立的质性飞跃。[2]据全国妇联的统计数据表明，我国目前基本形成了全覆盖的省、市、县、乡（镇）、村五级家庭教育指导工作网络，搭建了较为完善的家庭教育指导提供平台。[3]但是家长学校提供家庭教育指导服务的实效性不强。一是家长参与家长教育的积极性不高。关于学生家长对家庭教育培训的态度如何，在针对学校教师的调查中，认为家长非常支持，主动参与的有35.04%；认为比较被动，但能听从学校安排参加培训的有46.15%；认为非常抵触大部分不愿意参加培训的有4.27%，表示不清楚的有14.53%。二是家长学校的管理不规范，家长学校管理制度不健全，对家长参与学习的日常教学管理、考核等缺乏制度保障。

学校作为提供家庭教育服务的重要渠道之一，其现状并不令人满意。针对家长的调查发现，有56.87%的家长表示未参加学校举办的家庭教育指导活动，对学校主办的家庭教育指导活动评价，表示满意以上的占92.5%，表示不满意和说不清楚的有7.5%。针对教师对学校与家长沟通合作整体情况看法的调查表明，认为非常好和比较好的比例只有45.3%，认为一般、比较差和很差的比例有54.7%，认为学校不重视家庭教育指导工作或者不清楚的比例占36.75%，发现学校没有家长学校或其他家庭教育机构或者表示不清楚的有52.99%，表示学校没有指导家庭教育的骨干教师或者不清楚的有69.23%。即使有家长学校或其他家庭教育机构，开展的活动也比较少，每周一次的占3.42%，每半月一次的占4.27%，每月一次的占14.1%，每学期开展1~2次的占34.19%，基本没有活动的占18.8%，表示不清楚的占25.21%。根据调

---

[1] 参见中国儿童中心编：《我国家庭教育指导服务体系状况调查研究》，中国人民大学出版社2014年版，第16~20页。

[2] 参见吕慧、缪建东："改革开放以来我国家庭教育的法制化进程"，载《南京师大学报（社会科学版）》2015年第2期。

[3] 参见赵东花："我国家庭教育指导服务工作网络初步形成"，载http：//www.Gov.cn/jrzg/2012-08-28/content_ 2212297.htm，最后访问日期：2012年8月28日。

查，大部分学校成立了家长委员会，但是基本不开展任何活动的也不少，有21.37%。在对学校有无政策督促、鼓励教师学习有关家庭教育知识的调查中，表示没有或不清楚的有51.71%。在对学校是否有对指导者提出对待家长的具体要求的调查发现，表示没有或不清楚的比例有51.85。学校对家长进行教育指导的活动中，家长会占95.3%，专题讲座占56.41%，专题网站占19.23%，其他占4.7%。在对学校是否对单亲家庭、特困家庭、重组家庭的学生以及残疾学生、留守儿童等特殊学生群体家长进行特别的指导教育的调查表明，表示有的比例有53.42%，表示没有或不清楚的比例有46.58%。认为学校家庭教育指导效果很好的占13.25%，一般的占65.81%，认为不好的占5.56%，认为不清楚的占15.38%。

我国家庭教育指导形式较为单一，多以集体指导和个别指导为主，过度依赖在幼儿园、中小学等教育机构中进行指导，其他渠道不畅。[1]在对父母接受家庭教育指导来源的调查中发现，网络占46.18%，家长学校占44.41%，新闻报刊占38.49%，亲戚朋友占32.93%，从未接受家庭教育指导的占28.22%。获得家庭教育的信息主要来源从高到低依次是朋友或家长交流（76.48%），微信、QQ、网络等资源（63.29%），电视节目（51.37%），图书、报纸（43.43%），听讲座（22.66%），咨询专家（10.32%），专业的家长培训班（7.94%）。上述调查显示我国在指导父母家庭教育方面存在体系化不足的问题。当前的家庭教育信息获取方式，有56.87%的家长表示不满意或一般。

政府对家庭教育指导课程与教材建设不足较为明显，2010年《全国家庭教育指导大纲》对0-18岁儿童的身心发展特点及其家庭教育指导方式、内容纲要以及针对特殊教育的指导方式、内容纲要作出了相关规定，但是其要点还需要详细的指导教材来配合，才能起到很好的指导效果。全国各地一般是根据指导大纲和实际需要自己组织编写家庭教育指导教材。家长学校的课程建设长期以来是家长学校工作中的薄弱环节。学校举办的家长学校，多数教师正常的学校教学任务繁重，自行编写教材难度很大。社区家长学校师资水平更加有限，也编写不出高质量的家庭教育指导教材。因此家长学校需要政

---

[1] 参见中国儿童中心主编：《中国家庭教养中的父母角色：基于0-6岁儿童家庭现状的调查》，社会科学文献出版社2017年版，第6页。

府提供符合父母需要的教材。

7.1.1.2 社会参与家庭教育公共服务的引导与规范机制尚未建立

改革开放以后，由于家庭教育不良导致的未成年人社会问题，政府逐渐将家庭教育纳入视野。二十世纪末国家提出要帮助家长加强和改善对子女的教育，并先后制定了《九十年代中国儿童发展规划纲要》、全国家庭教育工作"九五""十五""十一五""十二五"规划以及《关于指导推进家庭教育的五年规划（2011-2015 年）》。此外，《中国儿童发展纲要（2001-2010 年）》、2001 年《公民道德建设实施纲要》《中国儿童发展纲要（2011-2020 年）》《法治政府建设实施纲要（2015-2020 年）》也有家庭教育相应的内容。我国家庭教育政策的适用范围呈逐渐扩大的趋势，而且家庭教育规划的目标越来越明确、注重评价来保证规划的实施效果、涉及家庭教育承担职责的部门越来越多且职责更加细化、中央与地方家庭教育规划协同。政府对家庭教育的规划，除了中央层面上颁布实施了相应的规划外，各省区市以及基层政府都根据全国层面的家庭教育规划制定实施了本地区的家庭教育工作规划。

但是总体而言，我国政府作为家庭教育公共服务的供给主体，供给渠道单一，还尚未建立起多元化的社会参与机制。虽然我国制定有"九五""十五"计划，也在其中鼓励更多的社会主体参与到家庭教育中来，但是在社会支持发展方面还处在启动阶段，还没有建立起正式的政策法律来规范社会和家庭在权利义务方面的内容，如此缺乏法律的支持和保障，甚至从某种程度上来说还制约了家庭教育的社会支持。这一方面是由于政府还没将此领域的相关立法提到重要位置，另一方面是在人力和资金保障等方面的缺乏导致对社会支持的乏力，而正是由于这种乏力导致了社会资源运转无法达到最大的效能。

我国家庭教育宣传形式逐渐多样化，如传统报刊、电视媒体、咨询电话、微博微信等多种信息服务平台，大幅度为家长和儿童参与家庭教育指导活动提供了多种便利。[1]但是总体而言，我国社会参与提供家庭教育仍不充分。在对家长的调查中，有 89.68％的人表示没有参加过社区举办的家庭教育指导活动，有 87.9％的人没有参加过所在单位举办的家庭教育指导活动，有

---

[1] 参见吕慧、缪建东："改革开放以来我国家庭教育的法制化进程"，载《南京师大学报（社会科学版）》2015 年第 2 期。

92.79%的人没有参加过专门培训机构举办的家庭教育指导活动。

政府对家庭教育师资的培养还不健全。目前我国高等师范院校开设教育学专业，主要开设教育学、心理学、教学论等课程，家庭教育或家庭教育指导课程几乎没有，而在教师在职培训的课程中，主要以提高学科教学能力为重点，也几乎没有家庭教育的内容。而且培养家庭教育指导教师的社会机构也比较少见。家庭教育人员数量不足或是专业知识的缺乏影响了家庭教育指导的效果。教师是否接受过家庭教育指导系统培训的调查表明，接受过的比例占34.19%，没有或说不清的比例有65.81%。对参加过家庭教育指导相关培训教师的调查表明，认为很有帮助的占24.36%，有帮助的占37.18%，没有帮助的占10.26%，说不清的占28.21%。在针对教师是否总结过家庭教育指导或管理经验的调查中，表示有的比例占45.73%，而没有或不清楚的比例占54.27%。主持或参加过家庭教育的课题研究并形成研究成果的教师比例有15.38%，而表示没有或不清楚的比例则有84.62%。教师在与家长沟通中会出现困难，通过调查发现，偶尔有困难的比例有79.49%，经常有困难的比例有6.41%。而目前教师获得家庭教育知识的主要途径从高到低依次为书本与媒体（84.19%）、自己的摸索积累（68.8%）、工作单位开展的培训（58.12%）、长辈影响（30.77%）、大学课堂上的学习（29.06%）等，说明高校系统的学习与单位的系统培训的力度还需要进一步加强。在对教师的调研中也发现，有89.32%的教师认为需要通过知识讲座或培训获取家庭教育的指导相关内容。

我国还未建立起对家庭教育服务市场的完善监管制度。家庭教育指导服务机构随着家长对家庭教育服务需求的增加应运而生，已经生成了一定规模的服务市场，但是在社会服务机构的人员配备、课程设置、收费、教学内容等方面还不规范。另一方面家庭教育服务的法律制度建设没有及时跟上，对家庭教育指导服务机构的资质、注册、管理监督机构，都没有明确的规定。[1]在针对家长的调查中，43.22%的家长认为费用比较合理，24.58%的家长认为费用太高，32.2%的人表示说不清楚。关于培训机构家庭教育指导人员的水平，42.37%的家长认为水平比较高，53.39%的家长认为水平一般，

---

[1] 参见周雪莉："家教市场，供需双方皆盼规范有序"，载《哈尔滨日报》2008年12月31日，第8版。

0.85%的家长认为水平比较差，3.39%的家长表示不清楚。而且我国对家庭教育社会环境的监管也还不完善，例如我国的电影分级和未成年人网络立法还不健全。

7.1.1.3 政府对父母教育行为监督机制不健全

我国政府对父母教育行为的监督职责已经确立，但是还不健全。一方面我国父母对儿童权利的了解与尊重意识还不是很强。根据对父母的调查，对《未成年人保护法》表示非常了解的有4.89%，表示了解一些的有74.47%，表示不了解的有20.65%。对《预防未成年人犯罪法》表示非常了解的有6.05%，表示了解一些的有66.71%，表示不了解的有27.24%。对孩子不打不成器这一观点，表示赞同的有24.55%，因此父母有可能出现过度惩戒的情况。另一方面我国尚未建立独立的亲权制度，只有相应的监护制度，父母对儿童亲权体现在监护之中。我国监护制度对于父母与其他监护的权利义务是没有加以区分的，而且监护模式是以亲权监护为主近亲属监护为辅。这种监护制度表明我国视监护为家庭范围内的事，导致国家角色缺位，给国家介入监护事务设置了障碍。

我国现行《民法典》《未成年人保护法》《预防未成年人犯罪法》都规定了监护人对未成年子女的职责，但是现有法律过于原则、概括，缺乏实施细则和评价标准，可操作性不强。父母的监护资格未考虑监护责任履行必须具备的品行以及是否具有相应的教育能力。我国《民法典》规定了监护人须具备监护能力，《未成年人保护法》规定了父母在遇到如外出务工等无法承担其监护责任的情况，应当请求其他成年人承担其监护人的职责。但是对于监护能力是什么，其具备哪些资格要件，不具备监护能力的情形有哪些，委托监护应该遵循的标准，都没有具体、明确说明，使得这一规定缺乏可操作性。正是监护能力资格制度的缺失，使得留守儿童的家庭教育成为我们面临的一个重要社会问题。法律对父母的约束机制比较薄弱，导致为数不少的父母没有很好地实施家庭教育，也没有自觉接受父母教育。

政府作为儿童利益的保障者，应该对监护行为予以监督。但是我国现行法律没有使用监护监督的概念，没有规定监护监督的主体，更不用提规定监护监督主体的职责等问题。法律对未成年人的父母或其他监护人如果没有依法履行监护义务该承担的责任有相关的规定，但是由什么部门去监督实施，在什么情形下，监护部门可以实施监督，法律都没有规定，因而政府的监护监督权无法得以实现。[1]

7.1.1.4 政府对家庭教育权利的尊重与保护职责有待进一步落实

我国传统儿童观从国或家的利益出发来认识儿童的价值，主要将儿童视为父母、家庭或家族的附属物，或者是国家与社会未来的劳动力，忽视了儿童作为独立的人格和社会主体地位。在实行家国同构的社会，家庭教育不可能仅仅成为家庭的事情，封建政府通过对家庭教育的影响和控制来培养自己的臣民。1949年后，我国建立了全能政府，政府垄断了主要社会资源，包办了公民的事务，也深刻影响了家庭教育，公权力进入了私权领地，造成了一系列影响。改革开放后，我国市场经济体制逐步成形，逐步形成了国家与社会的分野，个人的私权意识日益觉醒，家庭的私人性越来越受到人们的重视，政府对家庭自治地位也趋于重视。但总体而言，人们还是习惯将家庭看作私人领域。不过国家意识仍深深影响家庭以及家庭教育，国家对家庭教育的认识，很多时候还是从国家发展与社会建设的角度出发，会忽视家庭教育的私人性，造成对家庭教育权利的忽视。2015年《教育部关于加强家庭教育工作的指导意见》已经确认了家长在家庭教育中的主体责任，社会和国家也开始承担一系列维护儿童权利、保障家庭教育之职。但总体而言，政府对家庭教育权利的认识，家庭与国家利益的关系还处于进一步调整之中，对家庭教育权利的尊重与保护还需要进一步落实。

7.1.2 家庭教育政府职责缺失的制度性成因

7.1.2.1 家庭教育政府职责目标的模糊性

政府职责明确、清晰是实现政府职责的制度前提和法治保障。应该为政府履行职责设定具体的目标，只有这样才能有效地认定政府职责，当政府失职时，才有依据和基础对其进行问责。但是从我国现有约束政府的法律制度来看，还缺乏对我国政府预期责任的具体明确的规定。我国长期以来存在政府重职权轻职责的现象，在法律制度上，规定政府职权较多，规定政府职责

---

[1] 参见石婷："论国家对未成年人监护的公权干预——以保障留守儿童的合法权益为视角"，载《当代青年研究》2014年第3期。

少，因此从法律规定中不能推断谁是直接责任主体。家庭教育政府职责目标规定的不明确，造成了政府职责的虚化。已有的一些家庭教育有关政府责任的法律和制度太过原则、抽象，不容易把握和操作，或者模棱两可，要求过高，缺乏针对性。例如，在我国家庭教育的规划中，家庭教育规划的科学性不够。"可测量""可评价"是衡量家庭教育规划科学性的重要标准，也是衡量政府职责目标是否达成的依据。我国家庭教育规划还具有传统性特征，科学化程度不够高。定量分析不足，具体量化指标和量化要求很少，影响家庭教育的科学性及可预测性。

7.1.2.2 家庭教育政府职责的落实性规定缺失

家庭教育的政府职责规定之后，需要切实地履行。以政府对家庭教育的财政职责为例，我国现有的财政预算没有将家庭教育体系纳入财政预算，与学校教育相比，家庭教育的财政投入短缺问题比较突出。我国在家庭教育工作的相关文件中规定了将妇联作为家庭教育的指导机构，但是政府未向妇联拨付家庭教育指导专项经费，教育部门也没有家庭教育的专项财政。各地对家庭教育经费的投入受重视程度与经济发展水平关系很大。我国各地在经济社会方面的发展差异比较悬殊，这将意味着各地在对家庭教育的投入力度上存在着较大的差距。

又如政府作为家庭教育服务的直接提供者，要确保家庭教育指导是有效的、稳定的，家庭教育活动要能保证正常、持久地开展并发挥作用，需要有专门的家庭教育设施和专业的家庭教育人员。我国主要通过家长学校对父母进行家庭教育指导，但是国家财政没有设置和拨付家庭学校工作专项资金，家长学校主要通过自筹的方式解决办学经费问题，但是家长学校自筹经费难度比较大，这在很大程度上制约了家长学校的发展。在家长学校的监督考核方面，有文件提出了一些具有参考指导意义的诸如"是否具有"评比制度、教学计划与奖励制度之类的弹性标准，但是没有规定硬性的指标，也没有规定监督机构对其予以监督，缺乏刚性约束与规范，导致相关规定无法执行与评估。受我国目前的师资培养、培训机制的局限，家长学校的师资水平离父母家庭教育指导的需求还有很大差距。多数家长学校的师资靠内部解决，由中小学校的教师兼职从事家庭教育指导工作，而且基本未接受家庭教育的专业培训，缺少相应的理论与技能。总之，在家长学校的发展过程中，由于政府投入、管理体制及其监督机制方面的问题,家长学校的不充分、不平衡性比较突出。

7.1.2.3 家庭教育政府职责间的划分不明晰

《教育部关于加强家庭教育工作的指导意见》(教基一〔2015〕10号)规定了政府对家庭教育的指导、支持与监督职责,但在实际中同一级别的部门之间和不同级别的政府部门之间在对家庭教育的职责方面还是没有比较清晰的边界。

同级政府不同部门之间的权责不是很明确,中央政府与地方政府之间的权责也不是很明确。我国政府一直对管理和实施家庭教育工作起主导作用,但是却没有独立设置的家庭教育管理机构,妇联、教育部、民政、卫生等部门承担了与家庭教育有关的工作,例如《全国家庭教育指导大纲》由妇联联合其他六个部门共同制定。这种体制虽然可以发挥各个部门的优势合力推进家庭教育工作,但是组织协调机构不明确或没有完全有效发挥组织协调作用,行政主管部门不明确或碎片化,政策的出台、实施缺乏统筹规划,整体合力发挥不足。

1981年,中共中央书记处19号文件规定由妇联指导家庭教育,在家庭教育的实施中,一般是以妇联为主,其他部门相互配合协调。妇联是一个社会群众团体,并不是一个行政部门,由它协调政府相关部门去实施家庭教育指导工作,在实际中会存在很多困难。由妇联去指导和管理家庭教育,在人力、财力、协调能力等方面都存在缺陷。因为妇联只掌握本系统情况,并不了解其他系统和社会机构情况。[1]多部门综合管理模式尽管有助于各部门的协同治理,但是可能导致各部门职责交叉与责任推诿,反而制约家庭教育工作的有效实施。例如在家庭教育规划中,对家庭教育的主管部门、参与部门的职责还不是很明确。家庭教育规划涉及的职能部门有9个,但是由谁牵头组织家庭教育实施,各个部门的具体职责是什么,不是很明确,导致的结果就是各个职能部门对家庭教育工作的组织实施积极性不高。

家庭教育政府职责中的中央与地方职责一个典型表现就是政府职责的同质化现象。我国政府在不同层级的权力、责任和机构设置上存在"职责同构"

---

〔1〕 参见江材讯:"家庭教育立法研究报告",载 http://blog.sina.com.cn/s/blog_1396ef95c0102wh3l.html,最后访问日期:2018年5月15日。

现象，政府对家庭教育的管理也是如此，以各地家庭教育规划为例，基本上是对全国家庭教育工作规划的简单复制，并未突出地方化特色，各地家庭教育规划同质性现象较为严重。笔者收集了东北的黑龙江省，东部地区的山东省、浙江省、福建省，中部地区的湖北省、江西省，西部地区的陕西省、甘肃省、重庆市、云南省的家庭教育工作"十三五"规划。通过比较发现，这几个省的家庭教育规划有个别差异，如在发展家庭教育的基本原则上，与全国家庭教育"十三五"规划提出的原则基本一致，只有云南省补充了"坚持家庭教育民族多样性原则"、黑龙江省补充了"坚持地方特色原则"。福建省则要发挥福建与台湾的"五缘"优势，推进两岸家庭教育共同发展。在家庭教育事业发展的一些具体指标上，大部分省市也是直接套用国家规定的指标，只有浙江、重庆、江苏根据本地实际作出了高于国家的规定。

7.1.2.4 家庭教育政府职责实现形式还不完善

我国更多关注宏观的规划职责以及指导职责，对家庭教育指导服务的方式、对父母家庭教育行为的监督形式也还不完善。目前我国家庭教育指导服务主要还是以行政为主导，政府以市场化方式购买家庭教育服务，拓宽家庭教育服务渠道和增强家庭教育指导服务效率仍存在问题。

此外，政府对父母不当教育行为的处罚制度不健全，不足以起到约束作用。《未成年人保护法》《预防未成年人犯罪法》《中华人民共和国婚姻法》《中华人民共和国反家庭暴力法》《中华人民共和国义务教育法》等法律法规中，对家庭的监护功能、教育职能通过禁止性规范和义务性规范形式作出了较为全面的规定。但是现行法律法规对家庭教育失职行为的适用范围还比较窄，未能规范现实当中存在的大量一般性的监护侵害行为、监护忽略行为和其他教育失职行为，而且对家庭教育失职行为的处罚过轻。在对父母家庭教育行为的规范方式上，如何既尊重父母自身的教育意愿，又能达到政府家庭教育指导的效果，政府职责实现的形式还不足。例如如何运用合约方式，如何与父母达成对家庭教育的共同认识，引导父母以科学的方式实施家庭教育，目前还未形成良好的经验。特别是当父母出现不当教育行为之后，政府如何实施强制亲职教育。成都市已经开展试点，但是完善的强制亲职教育制度还未确立，政府职责的实现形式还有待进一步探索。

7.1.2.5. 家庭教育的政府职责缺乏责任保障

政府如果没有履行这些职责该如何处理，基本处于缺失状态。现有家庭教育政府职责的规范是导向性的多，制约性的少，对政府实施家庭教育工作的绩效考核制度还不健全。政府绩效评估法律制度的缺乏，导致绩效评估主体地位不准、评估过程主观空间较大、评估标准缺少约束。而且我国现在开展的政府绩效评估活动主要由政府自己主导，实施自上而下的评估，导致比较重视上级政府对下级政府的直接控制，却相对忽视了社会对政府的监督，政府职责实现的外部监督制度亟须完善。

而且我国还没有制定行政问责方面的法律，行政问责的范围、内容与形式都不确定，政府在实施行政问责时自由度较大。而且其他监督形式由于缺乏法律依据也无法对政府起到约束作用。也有地方政府制定法规肯定和认可公民问责的权利，但是问责的对象、内容、途径、程序都不明确，加上中国受传统文化的影响，即使是低质低效的公共服务侵害了公民的权益，公民一般也不会通过法律渠道去问责政府。

7.2 家庭教育政府职责的立法功能与价值取向

通过法律对家庭教育的政府职责予以规范，首先要对政府在家庭教育中的角色有正确的认识。只有对政府在家庭教育中的职责及其实现方式有清晰的了解，才能通过法治手段促进政府正确适当履行其职责，而不是限制其职责的履行。没有万能的政府，也没有全能的政府，政府可能因某种特殊原因导致其职能出现失灵状态。因此，从保障公共利益与公民利益的目的角度考虑，有必要对政府的家庭教育职责作出法律规定。

7.2.1 家庭教育政府职责的立法功能

7.2.1.1 确权：家庭教育政府职责的限定

一方面家庭是一个私人领域，家庭教育具有私人性。家庭自古以来都被认为是"私领域"，家庭教育也被认为是"家务事"，国家不应该介入其中。受"法不入家门"这一传统观念的影响，政府介入家庭教育比较受争议，对家庭教育的政府职责予以法治化就易受排斥。[1]父母享有家庭教育权，这是

---

[1] 参见钱洁："家庭教育法为何久呼不出？"，载《中国教育报》2016年5月26日，第9版。

一种具有私人性的权利，禁止政府任意侵犯。另一方面，家庭教育权也是公民的一项社会权，需要政府积极履行职责。随着家庭教育公共性的凸显以及增强，家庭教育权成为公民的一项受益权，需要国家积极给付保障家庭教育权得以实现。国家给付不是一种临时性救济，是一种较为长期的和稳定的制度性规范。国家给付所需支出一般应该纳入政府财政预算。国家给付是法律赋予政府的强制性义务，法律需要明确规定具体给付的时间、数额以及标准。

因此，建立和完善对家庭教育的政府职责的限定机制是必要的、必须的，而限定家庭教育政府职责机制的最重要的环节就是通过制定法律规范全面、严格地划定政府职责边界，科学界定政府职责的内容。

7.2.1.2 限权与控权：家庭教育政府职责的规范

政府权力作为公权力，具有扩张性、侵犯性特征，容易侵犯作为私权的父母家庭教育权利，因此有必要对政府权力作出限制，其目的是保障公民的家庭教育权。政府提供家庭教育公共服务，应该发挥政府的主导作用，同时将提供家庭教育服务的权力下放于地方政府和社会组织，这体现为两个层面：一是权力外移，家庭教育公共服务提供主体由政府扩充到社会组织与公民；二是权力下移，中央政府与地方政府对家庭教育的职能定位应该不同，前者主要是发挥宏观调控家庭教育服务供给、家庭教育制度保障职能，后者则是具体承担家庭教育服务供给以及执行家庭教育制度职能。

法律需要清晰地界定政府与社会在家庭教育服务供给中的权限范围，以授权、委托、监督等方式规范政府对社会组织的权力授予，因而在立法中也应调整并明晰提供家庭教育服务的私权力机构的法律地位与法定权力。[1]家庭教育服务国家给付权在立法机关与行政机关、中央与地方之间合理配置以实现最优的家庭教育公共服务给付，需要在行政法规、行政规章和地方性法规应对相关政府职权的规范时有所侧重，明确政府履行家庭教育公共服务职责的权力边界和职责范围，明确政府及其部门履行家庭教育公共服务职责的事权。

7.2.1.3 赋权与促责：家庭教育政府职责实现的促进

家庭教育权利的实现需要政府实现由消极行政转向积极行政、服务行政。

---

〔1〕参见李鹰：“行政主导型社会治理模式之逻辑与路径——以行政法之社会治理功能为基点”，武汉大学2012年博士学位论文。

家庭教育权利在服务行政理念与制度下，离不开国家及政府的积极功能，表现为一种积极通过国家以及向国家要求的权利。传统的控权法与严格的法律保留与服务行政、积极行政的理念已经不相适应。公民权利由消极权利转为积极权利，人民对政府的态度也由传统的保持防范转向为依靠政府、通过政府实现自己的权利。秩序行政、干预行政也转向为服务行政、给付行政。法律也由过去的控制行政转向为激励行政，法律的最终目标是如何从制度上激励政府更多地去保障公共利益，实现公民权利。因此，公民权利的实现在很大程度上越来越依赖于政府，行政必须服务于权利，"法律控制行政"转向法律激励行政"。

政府职权对应于政府职责，而政府职责与公民权利相伴。法律将其目标定位于保障公民权利，实质就是强化政府职责。法律应该将政府的行政行为与方式具体设计为政府职责行为，而不是政府职权行为。实现传统法律理论与法律机制中的"控权"向当前服务行政理论与机制中的"促责"转化，优化法律设计，推动政府积极作为，保障公民权利实现。[1]法律不能仅仅从防范政府权力滥用的角度出发，只是限制政府的权力行为与行使程序，更应该赋予政府必要的行政手段和行政范围去实现公民的权利。法律应该为行政提供需要的手段，使政府能够按照社会要求更主动积极地执行政策。

政府促进和规范家庭教育的职责有几个方面：一是政府建立市场化与公益性并存的家庭教育指导、服务机构，保证家庭教育在服务形式上是多样而充分的；二是厘清家庭教育公共服务的相关责任主体，建立家庭教育服务保障体系，并从政策、经费和机构上予以支持；三是对家庭教育工作进行必要的立法规范，对相关指导服务机构的行为予以引导。[2]

7.2.2 家庭教育政府职责的立法价值取向

家庭教育政府职责的立法是促进政府职责实现的一种手段，其目的是把政府对家庭的职责规定上升为一般的强制性规则，进而有效的实现家庭教育的政府职责，其立法规范应坚持以下立法价值取向：

---

〔1〕 参见柳砚涛："论积极行政法的构建——兼及以法律促进行政"，载《山东大学学报（哲学社会科学版）》2013年第3期。

〔2〕 参见陈丽平："确立家庭教育法律地位"，载《法制日报》2015年3月5日，第7版。

7.2.2.1 以保障儿童权利实现为导向

政府承担家庭教育职责的立法规范应该坚持"权利导向型",立足于我国宪法的规定,以保护公民获取家庭教育公共服务的权利为标准去重新界定政府的职能。[1]我国家庭教育的政府职责法律规范因循权利导向型立法模式,主要以儿童应享有权利的保障为基点,对政府的职责予以界定。1989年联合国《儿童权利公约》就指出不论什么机构,只要是有关儿童的一切行为,都应该首先考虑儿童的最大利益。我国2004年首次将"国家尊重和保障人权"写入《中华人民共和国宪法》,使其成为国家的理念和价值。由于公民受教育权利是人权的一项重要内容,其因此也得到了宪法保障。2006年修订的《中华人民共和国义务教育法》也把公民受义务教育权利的保障当作立法的首要目的。因此,制定家庭教育法律,规范家庭教育的政府职责时,也应将儿童权利作为基本的价值取向,保障儿童受家庭教育的权利,为其提供完善的法律保障。

7.2.2.2 以实现家庭教育公共性为目标

对于家庭教育政府职责的立法需要积极思考和定位目标。公共性是现代教育的基本特性,也是社会公众诉求在教育上的反映,它是教育立法的逻辑起点。而且,公共性也是教育立法的基本理念与核心精神,是分析政府性质与行为的重要工具,因此公共性的内在要求成为教育立法的价值评价标准。[2]家庭教育政府职责立法规范的目的在于保障政府切实履行对家庭教育的职责,最终实现父母的家庭教育权利,促进儿童的健康发展,从而实现政府的公共性。法律是调整社会关系的有效工具,应该积极回应公众的需求,以社会公共利益为出发点进行法律制度的设计。家庭教育政府职责立法必须回应家庭教育公共性的要求,凸显父母家庭教育权利实现中政府的保障作用。通过法律促进政府积极协调家庭教育相关社会主体的关系,促进父母家庭教育权利的实现与规范行使。

7.2.2.3 增加促进型法律规范

针对政府权力的法律规范,传统上是严格按照法律保留原则,法律无明

---

[1] 参见李鹰:"行政主导型社会治理模式之逻辑与路径——以行政法之社会治理功能为基点",武汉大学2012年博士学位论文。

[2] 参见余雅风:"教育立法必须回归教育的公共性",载《北京师范大学学报(社会科学版)》2012年第5期。

文规定不可为，法律的价值取向为控制行政权。在服务行政下，积极行政要求理论和制度的最终目标是促进政府服务公民、保障公民权利的实现。法律的价值取向应该转向保障权利自由和增进社会福利。由此，传统法律保留应将行政责任纳入拓展和增加的范围。在促进政府的职责方面，"促责"比"赋权"更加重要，"促责"更加有助于预防"行政怠惰"，比"赋权"更加能够促进、激励政府积极作为。[1]

在家庭教育政府职责的立法规范方面，需要用具体的法律条文来明确需要倡导或激励政府的行为，引导政府的尽职方向，促使政府有积极性去做法律所要求的行为，形成有利于家庭教育公共服务的理念与社会保障机制。在法律规范的设定模式上，可以同构政策宣示、激励扶持、表彰奖励、政治倡导等兼具管理性与约束性的规范，实现法律促进家庭教育政府职责的实现。在家庭教育立法中，促进型法律规范的责任主体主要是针对政府，促进政府履职的措施应该具有明确性与具体性、可考量与可评估性，采取目标考核、绩效评估、行政奖励、行政处分等作为履行职责的主要责任形式，相对而言，其法律制裁规范较弱。[2]

7.3 家庭教育政府职责的立法内容

博登海默认为法律的主要功能不在于惩罚或是压制，而是为人们共处和满足一些基本的需要提供规范性安排。[3]家庭教育政府职责的法律规范，将会对政府的权责配置和公共资源配置产生实际影响。政府在一定的制度范围内履行职责，现行的政治体制、政策法规、行政惯例构成了政府履行职责的合法性。政府履行职责须具备相应权力，政府权力决定着政府履行职责的能力。政府履行职责需要制度合法性、财政资源、机构设置和评估问责等权力结构的支撑。在我国现行的政治体制下，政府职责的确定、划分、配置及履行都是由权力予以主导或者是支撑的。政府的权力配置需要实现政府职权一

---

〔1〕参见柳砚涛："论积极行政法的构建——兼及以法律促进行政"，载《山东大学学报（哲学社会科学版）》2013年第3期。

〔2〕参见郑曙光："促进基本公共服务均等化立法政策探析"，载《浙江学刊》2011年第6期。

〔3〕参见[美] E. 博登海默：《法理学：法律哲学与法律方法》，邓正来译，中国政法大学出版社2004年版，第366页。

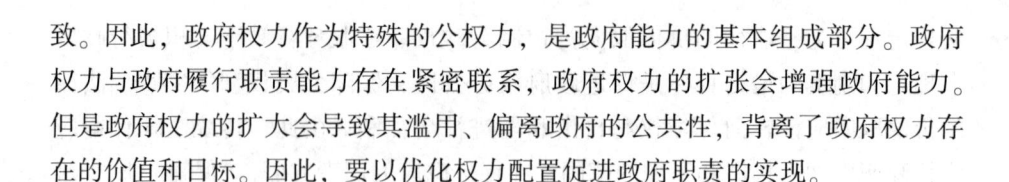

致。因此,政府权力作为特殊的公权力,是政府能力的基本组成部分。政府权力与政府履行职责能力存在紧密联系,政府权力的扩张会增强政府能力。但是政府权力的扩大会导致其滥用、偏离政府的公共性,背离了政府权力存在的价值和目标。因此,要以优化权力配置促进政府职责的实现。

7.3.1 明确公民家庭教育权利

以权利来制约权力,要从法律上确立家庭教育权利。政府职责设定与履行的目的在于促进人民权利的实现,家庭教育政府职责在于促进父母家庭教育权利的实现,最终促进儿童发展。

政府对家庭教育的职责与公民享有的家庭教育权利是相对应的,政府对家庭教育职责的法律规范与政府在家庭教育管理中的主体地位相一致,因此要明确政府提供管理家庭教育的相应权力。在家庭教育法律制度中,应该明确家庭教育权利是公民教育权利的重要组成部分,将家庭教育纳入我国的基本公共服务体系,将公众合理的家庭教育公共需求转化为公民应当并可以享有的家庭教育公共服务权利。以公民享有的家庭教育权利为出发点,规定政府对家庭教育的职责。

为使政府谨慎和负责地履行职责,公民应能通过正当的法律途径对违反义务的政府权力质疑,这是权利实现的最重要的保障。我国应该在现有的公民权利救济机制的基础上,拓展家庭教育权利的救济范围,为家庭教育权利的侵害提供救济功能,强化政府在行使权力过程中侵害家庭教育权利的行为的法律责任追究。

7.3.2 明确政府对家庭教育的职责

将政府对家庭教育的法定职责予以清晰,对不履行法定职责的后果、承担何种责任、具体的法律依据等方面都需要补充和细化,避免出现对政府职责的模糊规定。

一是明确政府与社会、市场之间的职责划分。政府职责也在不断发展,由于社会多元主体力量的相对变化,政府职责也不断发生调整。政府、社会与市场之间其实并没有一个明确的固定不变的职责划分的边界。因此,应该结合国家的历史传统、社会发展的程度以及社会读物的具体特点来构建政府、市场、社会三者的关系结构，形塑良好的政府治理体系。

二是明确政府间机构对家庭教育的职责。政府职责的履行与实现需要完整的政府结构体系，政府结构体系是政府职责合理配置和有效履行的制度安排。因此需要推进纵向的政府间关系的调整，进一步转变政府职能。立法需要明确政府对家庭教育的责任，规定政府在家庭教育服务中的主导作用，合理划分政府间如中央与地方以及政府部门间对家庭教育职责的划分，建立科学合理的家庭教育行政管理系统。

第一是界定横向政府间的职责分工。首先需要解决家庭教育综合协调机构、行政主管部门的确定，理顺家庭教育管理体系，赋予其应有的社会责任和权利。家庭教育涉及多方面，应该由专门的机构来对家庭教育行为进行监督与管理，确保儿童的健康发展。例如立法部门需要完善家庭教育责任、规范家长行为方面的法律法规；司法部门加强对父母侵犯未成年子女权利的介入；教育部门和妇联加强对家长学校的指导；新闻出版部门要加强对家教图书市场的监管；等等。

第二是纵向政府间的职责分工。明确政府职责包括明确中央政府职责和地方政府职责。只有中央与地方政府对家庭教育的职责的划分明晰化，才能在最大程度上保证家庭教育行政管理的效率。从家庭教育不同层级间政府职责关系而言，我国属于五层行政建制的国家，为了避免家庭教育服务供给的零星化、碎片化，各级政府之间为父母提供家庭教育服务职责应该进行有效的分工。

7.3.3 完善家庭教育的财政投入制度

政府对家庭教育职责的履行离不开一定的财政资源。一方面政府实现职责的一切活动必须以财政分配活动或财政职能的实现为基础；另一方面政府履行职责的过程实际上就是对财政资源进行汲取、支出和管理的过程。[1]货币被视为国家的重大要素，它维系国家的生命与行动，并使国家能执行其最

---

〔1〕 参见吕同舟："国内近年来关于政府职能转变的研究：论域聚焦、逻辑转向与研究展望"，载《社会主义研究》2015年第4期。

主要的职能。[1]因此,家庭教育立法需要规范家庭教育财政投入的政府职责制度。

7.3.3.1 单独编列家庭教育经费预算

应该重新审视家庭教育所具备的多重价值和功能,尤其是对其培养国家良好公民、促进社会稳定的价值要加以重视。在教育部门主管家庭教育的同时,加强相关部门特别是与儿童家庭教育直接相关的部门的经费和服务支持,积极拓展家庭教育的财政来源渠道。我国目前还没有建立家庭教育事业经费预算体制。应该将家庭教育公共支出纳入政策财政年度预算,并且使预算透明化,这有利于真实地反映家庭教育公共支出,实现家庭教育财政预算规范化、法治化、经常化,切实保障家庭教育财政公共支出的总量充足稳定。我国中央财政中没有家庭教育方面的专项财政经费。广东省先行一步,在其各级政府财政中设立专款,用于推进家庭教育事业。政府财政应该加大投入,推进购买家庭教育服务的拨款模式,扩大家庭教育经费来源。

7.3.3.2 明确规定经费拨付标准

家庭教育服务具有公益性、影响的滞后性,必须依靠政府财政经费支持。家庭教育服务对家庭教育的影响的显现需要一定的时间,因此需要通过立法来明确政府对家庭教育服务经费的拨付标准。家庭教育经费的计算依据可以参照未成年人口的数量乘以每人每年的拨付额度,或者直接划定基础教育经费的一定比例。至于具体标准应该根据各地的实际经济发展水平与家庭教育事业发展的具体状况设定。模糊性、导向型的法律规定不能有效保证政府对家庭教育的经费支持,保障家庭教育的法律规定也就成为一纸空文。我国《关于指导推进家庭教育的五年规划(2016-2020年)》中提出要实现和保障家庭教育工作的财力支持,是"积极争取"而不是要求政府加大对家庭教育事业财政投入以及购买服务的力度;是推动将家庭教育经费纳入地方财政预算或实施相关民生工程,而不是将家庭教育经费纳入地方财政预算进行规范。我国通常以宏观指导性条款来规定家庭教育的经费来源,界定政府在家庭教育服务经费支持中的职责,但是由于缺乏相应的约束力,导致家庭教育经费很难得到切实保障。重庆市、贵州省、山西省家庭教育地方性法规也规定了

---

[1] 参见 [美] 汉密尔顿、杰伊、麦迪逊:《联邦党人文集》,程逢如等译,商务印书馆1980年版,第146页。

政府应当将家庭教育工作经费纳入本级财政预算。上述规定都只是规定了各级政府对家庭教育经费支持的责任，但是责任的范围都不明确，没有规定政府财政投入的标准或数额，家庭教育经费的保障条款模糊、不确定，弱化了法律条款的强制性，不能起到应有的保障家庭教育财政投入的作用。因此，要增强家庭教育服务保障立法中经费条款的强制性，在规定政府对家庭教育的财政支持力度时，要明确财政投入的力度，经费投入要有明确的数字或确定的比例，同时还应有明确的配套条款。

7.3.3.3 家庭教育财政转移支付制度

推动政府家庭教育公共服务，就必须要考虑到教育服务的公平性问题，政府对弱势群体的家庭教育要予以及时救助和干预。通过财政转移支付、设立家庭教育专项经费等方式，有倾斜地支持经济水平较差、教育设施薄弱的中西部地区以及农村、边远地区开展家庭教育指导服务。政府通过一定的法律政策对因犯罪、生理残疾或心理等问题造成家庭教育困难的，设立专项救助资金，为其提供家庭教育指导服务。中央政府从宏观上调控家庭教育经费，地方政府有效使用中央拨付的家庭教育经费。

7.3.4 完善家庭教育的组织机构与人员配置

政府机构是政府职责在逻辑上的延伸，是政府职责定位的承担者。职责是机构的依据和内容，机构是职责的载体。政府职责的基本定位是抽象层面的价值规范，而有效地履行政府职责，必须通过公共政策将职责定位转化为施政实践。政府机构是实现这一转化过程不可或缺的中介环节。[1]政府机构必须适时进行调整，以适应权力配置与职能转变的需要。否则，政府权力缺少合适的组织机构与人员来承担，会导致事权与政府能力间的悖论。因此，需要重新建构政府间职能—权力—机构的关系。[2]

我国家庭教育的主管机构不明确，不少地方对家庭教育由谁牵头负责、由谁主抓问题一直争论不休。职责的不明确，造成家庭教育工作"说起来重

---

[1] 参见张翔："职能导向论：地方政府机构改革的逻辑导向"，载《云南社会科学》2011年第5期。

[2] 参见马斌、徐越倩："地方政府职能转变的内在逻辑：权力配置的分析框架"，载《中共杭州市委党校学报》2010年第6期。

要忙起来不要",使家庭教育工作的开展出现阶段性、临时性,没有连续性与全面性保障。所以家庭教育立法应该明确政府责任主体及主管机构,确定家庭教育的主管机构、指导机构、帮扶机构、监督机构等;在家庭教育发展的政府职责的层级上,应该明确中央政府与地方政府、地方各级政府之间的关系,通过立法确立各自的职责范围,并在物质、资金、人员等方面给予保障。

在目前情况下,新设立综合协调机构还不够现实,而将组织协调职能赋予各级政府妇女儿童工作机构则比较顺理成章。这一机构一般为各级政府的妇女儿童工作委员会,其基本职能之一是负责协调和推动政府有关部门制定和实施妇女和儿童发展纲要,办事机构设在同级妇联。由妇儿工委承担组织协调职能,也比较符合目前家庭教育工作体制机制的实际。而工作机制上最大的障碍则是行政主管部门的确定。同其他事项一样,家庭教育工作也应当有一个部门负责行业领域的行政管理工作。家庭教育的行政管理主要包括三个方面的内容,一是中小学、幼儿园家庭教育工作的指导;二是高等院校家庭教育课程、专业设置的指导;三是家庭教育服务市场的行政管理。如前所述,由于政府妇女儿童工作委员会、妇联分别属于议事协调机构和人民团体,并没有行政权,由教育部门负责家庭教育的行政管理工作,理由应该更为充分。[1]政府可以在各级教育行政部门下面设立专门的家庭教育指导和管理工作部门。

家庭教育的政府职责涉及从中央到地方的多个部门,包括计生、文化、团委、民政等部门。应当建立起专门的家庭教育指导工作机构和部门,包括家庭、社会、学校家庭教育指导机构,形成一个对儿童的教育环境评价体系,对家庭、社会、学校教育进行管理和服务,此外,和行政、司法等多部门、多领域进行联合,以更好地对学校、家庭、社会这三者环境进行净化。[2]

家庭教育专门管理人员作为家庭教育事业的具体实施者,直接关系到政府对家庭教育职责的有效履行。必须充分考虑家庭组织机构的性质与具体的职能,对照配置专门管理人员的人数与构成,负责家庭教育管理、指导和教

---

[1] 参见江材讯:"家庭教育立法报告",载 http://blog.sina.com.cn/s/blog_1396ef95c0102wh3l.html,最后访问日期:2012 年 12 月 31 日。

[2] 参见刘云卿:"我国儿童教育环境中的政府责任研究",山东师范大学 2015 年硕士学位论文。

师培训等工作，并且根据组织机构责任的变化实行动态调整。

7.3.5 建立健全政府履职绩效评估制度

政府职责的实现除了需要对其进行制约和规制，使其朝着正确的方向履行职责之外，还需要激发政府履责的主动性，提高履责的积极性，因此需要完善政府履责的激励机制。政府绩效评估最根本的目的在于促进政府全面履行职责，许多国家都把政府绩效管理作为提升政府能力和公共服务质量的重要手段。建立家庭教育绩效评估制度，有利于服务绩效的量化，便于公众对政府家庭教育服务的监督，促进政府改进家庭教育公共服务方式和服务内容。

法律是规范政府履职绩效评估的关键，通过法律规范政府责任范围，将各种绩效管理和绩效评估纳入法治化，可以改变过去绩效评估主观性强、随意性大的现象。将政府职责和政府绩效评估的关系建立在法治关系之上，完善政府绩效的法律规范，为绩效评估提供可具操作性的法律依据与法律保障。

健全绩效评估机制，首先需要确定正确的绩效考核指标。根据家庭教育服务的具体类型与地方的实际特点科学设计绩效评估的指标，保证家庭教育服务绩效评估的准确、客观。其次需要确定绩效评估的主体。建立独立的第三方评估中心，由其独立实施评估，克服自测自评的政绩考核模式的局限，保证绩效评估结果的可信度与公正性。第三方评估可以由高校或其他科研机构完成，也可以由几个科研机构联合完成。第三方独立发布绩效评估报告，避免政府对评估工作的不当干预。[1] 再次应该健全政府绩效管理的运行机制。在政府绩效管理过程中，要完善公民参与机制，强化政府信息公开，增强政府绩效评估过程的透明性。最后是建立评估后的整改约束制度。家庭教育政府绩效评估机制应该包括评估后整改机制，参照绩效评估结果要进行及时有效整改。

7.3.6 建立健全对政府履职的监督与问责制度

政府职责的实现离不开对政府权力的监督。职责是权力的孪生物，是权

---

[1] 参见陈云良、胡国梁：" 公共文化服务立法的基本问题探析 "，载《云南大学学报（法学版）》2013 年第 5 期。

183

力的必然结果和当然补充,有政府权力就存在政府职责。"权责一致"原则是现代政治制度建立的基本准则。为了确保政府权力的规范运用,必须明确与政府权力相对应的职责,由职责来给权力划定边界。

政府的权力与职责都应置于监督之下,因此需要建立健全家庭教育发展的行政督导和问责制度。法律在规范政府对家庭教育职责的同时,也要规定政府未履行职责应当承受的法律责任。政府对家庭教育的职责以及具体落实情况应该纳入到各级政府及其领导的考核体系,通过"创建""评估"加强对政府责任行为的考核,并将考核结果向社会公布。通过创建、评估等活动敦促各级政府切实履行发展家庭教育的职责。同时应该转变行政管理有责任而行政服务却没有过错的观念,在确立政府对家庭教育公共服务的职权的同时,建立健全家庭教育的问责制度,规定政府可能承担的法律责任。对于各级政府违反法定职责,未有效落实发展家庭教育事业职责的,应当追究地方政府与具体领导人的法律责任。

家庭教育问责制度主要指对政府在提供家庭教育指导服务、监督家庭教育市场与父母家庭教育时的缺位、越位、不到位行为应该予以追究责任的制度,其责任主体是政府。充分运用行政法律法规中已有的责任追究机制,将政府对家庭教育职责的履行情况纳入责任体系中。

7.4 家庭教育政府职责的立法形式

法律可以分为硬法和软法。硬法是指那些需要凭借国家强制力保证实施的法律规范。[1]相应地,软法是指效力的结构不一定很完整,不需要依靠强制力保证实施就可以产生实效,在适用范围内对人具有约束力的法律规范。[2]硬法和软法均是国家治理的重要工具,要对家庭教育的政府职责进行立法规范,实现家庭教育政府职责法律规范的预期效力,需要走硬法与软法混合规制之路。

---

[1] 参见罗豪才、宋功德:"认真对待软法——公域软法的一般理论及其中国实践",载《中国法学》2006年第2期。

[2] 参见魏清沂:"软法:形式软法与实质软法",载《广西大学学报(哲学社会科学版)》2012年第3期。

7.4.1 家庭教育政府职责的"硬法"规制

对政府尊重、保护家庭教育权利、提供家庭教育公共服务、监督父母家庭教育行为的职责施以刚性约束，严格规范和强化政府职责的内容、范围、标准以及评价机制。法律规范从三个方面控制和规范家庭教育的政府职责：一是通过家庭教育行政组织法。通过家庭教育行政组织法规定有关行政机关的职权与责任以及违反法定的职权行为所应承担的法律责任。一方面可以避免行政机关的权力自我扩张侵犯家庭教育权，另一方面也防止行政机关不作为。二是家庭教育行政程序法，规范家庭教育行政的方式。政府权力的范围以及权力行使方式都会对公民权益产生影响，权力行使方式的影响可能更甚。三是家庭教育行政监督法、行政责任法、行政救济法，以制约政府权力的滥用。家庭教育行政组织法和行政程序法是在事前控制行政权的范围以及行使方式，家庭教育行政监督、责任与救济法则是事后对政府介入家庭教育的权力进行制约。家庭教育政府职责的硬法规范主要是通过这三种途径对政府职权进行控制、制约和规范。

我国对家庭教育的政府职责可以在宪法、教育法、家庭教育法、家庭教育单行法等法律中予以规范。随着家庭教育政府职责法律规范形式的具体化，由"抽象性"向"可操作性"转化，其政府职责也逐渐细化，更具有可操作性。

7.4.1.1 家庭教育政府职责的宪法规范

宪法作为根本法，在整个法律体系中处于核心地位，具有统帅作用。因此要想切实实现对家庭教育权利的保护，就必须首先在宪法上确认家庭教育权利。我国宪法规定了父母有抚养教育未成年子女的义务，但是未对父母教育未成年子女的权利以及父母与政府在家庭教育上的关系作出明确规定。这方面我们可以参考德国宪法的规定，将家庭教育权利作为父母的权利。

7.4.1.2 家庭教育政府职责的教育法规范

第一种是章节模式。国家并不制定单行的家庭教育法，只是把涉及家庭教育的相关法律规定纳入现行的教育法中，即在教育法中设立专章规范家庭教育。日本采用这种立法模式，其2006年《教育基本法》将"家庭教育"单列一条，即第10条，规定了父母和其他监护人、国家和地方公共团体在儿童教育上的责任。[1]

第二种是单法模式。单行立法模式主要是"一事一法",即针对家庭教育事项制定针对性与专门性的家庭教育法。立法对家庭教育的规范,如果采用单法模式会更加全面细致且自成体系。我国已于2021年10月23日审议通过了《家庭教育促进法》并于2022年1月1日起正式施行。而在地方层面,重庆市、贵州省、山西省、江西省、江苏省等地也先后颁布了家庭教育地方性法规,对政府的职责做出了规定。

7.4.1.3 家庭教育政府职责的家庭教育单行法规范

分别制定法律对家庭教育范围内的不同要素予以规范,或者在其他教育法律中分散规定相关的条款以形成一个规范群。家庭教育法律规范体系中划分出单独的子体系,对不同对象、人群,不同的家庭教育规范要素分别立法。由于家庭教育单行法律针对特定的家庭教育关系,因此在体例安排和内容上可以将政府对家庭教育的政府职责规定得更加完整、全面、细致。

7.4.1.4 家庭教育政府职责的其他规范

政府可以通过教育行政权力清单制度、教育行政服务承诺制度等制度形式把对政府承担的家庭教育职责更加细致地体现出来。这些规范一方面要遵循上位法的规定,但同时可以对政府设置更高层次的义务与更丰富的内容,一旦公布,对政府就产生约束力。公民可以依据这类规范要求政府履行职责。

7.4.2 家庭教育政府职责的"软法"约束

软法注重通过对公民权利的尊重与倡导,来形塑政府的职责体系。政府职责的履行与一个国家的社会发展状况,尤其是与其经济发展水平密切相关,不同发展水平的国家,政府履行职责范围、方式、内容和水平会有不同。美国学者道格拉斯认为是否尊重个人权利,在什么程度上尊重个人权利,是与不同国家的不同物质条件相连的。[2]也正由于此,对于政府职责的履行,有很多是硬法不能约束的地方,需要软法规范。软法虽然不需要依靠国家的强制力来保障实施,没有严格的法律约束力,但是大多数软法规范通过群体性

---

[1] 参见张德伟:"日本新《教育基本法》",载《外国教育研究》2009年第3期。
[2] 参见 [美] 道格拉斯·N·胡萨克:《刑法哲学》,谢望原等译,中国人民公安大学出版社1994年版,中文版序。

压力得以实施。软法规范在促进家庭教育政府职责实现过程中具有不可或缺的作用。软法不但不会消解硬法的正当性，反而还会为硬法增加正当性来源。[1] 软法不是规范家庭教育政府职责的"次优选择"，而是规范家庭教育政府职责硬法的"替代性规制工具"[2]，它与硬法一起，在规范家庭教育职责中互补性地发挥作用。家庭教育政府职责的软法规范具体包括以下几种形式：

7.4.2.1 公法的基本原则

法律基本原则包括公法基本原则与私法基本原则，一般以软法形式，而且很多时候是以不成文法的形式出现的。公法的基本原则包括依法行政、人权保障、比例原则、正当程序等，对政府行使职权与承担职责具有约束力。

7.4.2.2 宪法、法律中的宣示性、倡导性条款

我国很多现行法律中都有一定数量的不具有国家强制约束力的宣示性、倡导性条款，主要是描述立法目的、立法任务、立法精神以及立法基本原则等。还有一些是对当事人的宣示性、号召性、促进性、鼓励性、劝诫性、协商性和指导性规范，这些规范具有相当程度的弹性。[3]

7.4.2.3 国家机关制定的规范性文件

软法不仅仅包括正式法律中的软法规范，还包括国家机关颁布的意见、通知、纲要、指南、标准、规划、办法等规范性文件，如《关于指导推进家庭教育的五年规划（2016-2020年）》就属于这种类型。这类规范性文件主要"宏观引领"相关主体的行为，其约束机制主要来自对政府的"敬畏意识""习惯性服从"和"价值认同"。例如《关于指导推进家庭教育的五年规划（2016-2020年）》规定了指导推进家庭教育的几个基本原则，包括坚持立德树人、需求导向、家长尽责、政府主导、创新发展，以及推进家庭教育的总体目标、重点任务、组织保障，对政府履职起到引导和规范作用，相当于是政府履行家庭教育职责的软法规范。政府制定的家庭教育政策、规划、纲要、建议具有重大的引领作用，但是由于这些内容比较原则和笼统，应予以细化。政府各部门以及各层级政府应根据具体情况，制定一些更具针对性的政策，

---

[1] 参见罗豪才、周强："软法研究的多维思考"，载《中国法学》2013年第5期。
[2] 雅各布·E·格尔森、埃里克·A·波斯纳："软法：来自国会实践的经验"，载罗豪才、毕洪海主编：《软法的挑战》，商务印书馆2011年版，第172页。
[3] 参见姜明安："软法在推进国家治理现代化中的作用"，载《求是学刊》2014年第5期。

构建一个促进家庭教育的软法体系，使之成为引导家庭教育发展的指南。

7.4.2.4 家庭教育领域的政法性常规成例

主要是指政治领域内事实上的惯例，例如有些地方政府将家庭教育工作的考核结果与政府部门主要负责人的考核挂钩，作为其工作实绩以及奖惩的重要依据，这就起到了对政府履职的规范作用。

7.4.2.5 家庭教育领域的弹性法条

主要是指不创设具体行为模式，或者是行为模式不是很严格，制度安排的弹性空间比较大，不依靠国家强制力保证实施的法律规范。弹性法条对家庭教育的政府职责作出规定，但是对政府的行为方式的规范主要是非强制性的，一般很少详细规定违法责任，更不会规定通过国家强制力来追究责任。但是弹性法条并非不能发挥约束功能，其实施主要依靠"软约束力"。弹性法条可以依靠社会舆论、政府自律、外部监督等产生的社会压力，促使政府自觉遵循弹性法条规范。弹性法条目标的实现也需要相应的激励机制，借助利益诱导。例如《重庆市家庭教育促进条例》中"保障激励"部分，规定了政府及相关部门的职责，但是对职责的范围与程度、职责实现方式、不履行相应职责的法律后果并没有详细规定。尽管如此，立法对政府的相应职责作出宽泛的规定，一方面通过政治自觉，另一方面通过社会监督以及上级部门的考核评价机制，也能引导政府积极履行家庭教育职责。

7.4.3 家庭教育政府职责的"软法"硬化

通过软法来实现治理，在我国还存在不少的障碍，具体到家庭教育政府职责的软法规制方面，一是特定家庭教育的软法规范虽然存在，但是有关的硬法规范——如相关的家庭教育师资、课程等法律规范——长期以来一直缺失，弱化了家庭教育软硬法合力规范的效果，影响了政府对家庭教育职责的实现。二是尽管一些软法都提出要确定基本公共服务的政府事权与支出责任，但是要落实事权与支出责任需要制定出更具操作性和细化的法律规范。三是公民权利的诉求机制与政府追责机制不完善，很难实现家庭教育服务中的政府职责。为了强化家庭教育政府职责软法规范的实施效果，需要进一步完善软法的实施机制，如完善配套措施来提高宏观层次软法的执行效果。[1]

软法在执行力和约束力上无法与硬法相比,因为其是不依靠国家强制保障实施的规范体系。因此,软法需要在适当的时候上升为硬法。"软法"硬化是指国家立法机关依照法定权限和程序,把经过较长时间实施的比较稳定和成熟的"软法"上升为"硬法",使"软法"获得具有强制性的法律效力。例如《关于指导推进家庭教育的五年规划(2016-2020年)》属于"软法",其实质是家庭教育政策,而我国的《家庭教育促进法》则是由国家立法机关制定,以国家强制力保证其实施,从规划到法律就是一个"软法"硬化的过程。

通过"软法"硬化,使"软法"上升为法律是我国制定法律的重要途径之一,也能促进我国家庭教育政府职责的"软法"硬化。但是家庭教育软法的硬化需要一定外在条件,主要包括:影响的全局性,家庭教育立法对儿童发展、家庭和谐与社会稳定等全局有重大影响;内容的适宜性,家庭教育管理关系与实施关系等内容适合由硬法予以调整;硬化的成熟性,家庭教育软法转化为硬法要考虑转化的时机,要在家庭教育管理与实施方面形成较为共识、为大家所能够接受、可成为法律规则被普遍遵守的事项后用硬法的形式规范。

7.5 家庭教育政府职责的立法路径

家庭教育立法,能确保政府对家庭教育的职责落实到位。同其他教育领域的立法一样,家庭教育立法既要有中央立法对家庭教育予以规范,同时地方也应该积极立法,制定适应本地区实际的地方性家庭教育法规。

7.5.1 家庭教育职责的中央立法

7.5.1.1 家庭教育事项的重要性需要中央统一立法

是否需要由国家从中央层面统一为家庭教育立法,涉及中央与地方立法

---

[1] 参见魏钢焰:"关于促进现代服务业发展的软法体系建设研究",载《浙江树人大学学报》2014年第4期。

权限的划分及其分工。根据立法所调整事务的性质或属性、重要程度、影响范围、调整机制与方法等因素,来划分中央与地方的立法事权。我国采取的是兼有立法调整对象的性质、重要程度以及调整方法等因素在内的综合性标准来划分央地立法事权。对于家庭教育而言,由于家庭教育关涉儿童发展权,家庭教育权是父母的基本权利;儿童家庭教育是公民教育的重要内容,影响国家发展;家庭教育的影响具有全面性、深远性;家庭教育的法律调整机制,会涉及刑罚以及刑事责任,并不仅仅以财产罚、民事责任作为其主要调整方法,因此需要国家统一对其进行立法。

7.5.1.2 中央层面制定家庭教育法有利于保障教育法制的统一

国家是推进家庭教育发展的主导力量,我国各地经济发展不平衡,要保障合理配置家庭教育资源,需要保障国家的权威性与合法性,加强国家在动员社会资源、调控管理家庭教育发展的能力和权力。国家法律关于公民权利的规定到了地方就不能有效落实,中央统一立法能有效地限制地方权力的滥用。中央层面制定《家庭教育促进法》,在国家决策层面上明确各级政府对家庭教育的责任,特别是界定家庭教育的范围,明确家庭教育的责任主体以及政府提供的家庭教育指导服务的类型,能为地方家庭教育立法提供框架和原则,充分发挥对地方家庭教育立法的依据与指导作用,为地方权力的行使设置合法性限制。[1]

7.5.1.3 国家层面制定家庭教育法是完善我国现有教育法治体系的要求

我国目前的教育法律体系还不完善,缺乏系统性、全面性,在有些领域还是空白。为了解决家庭教育法缺位,完善教育法律体系,我国积极推进国家层面家庭教育法的制定。2021年10月23全国人大常委会第三十一次会议表决通过《家庭教育促进法》,并于2022年1月1日起正式施行。

7.5.1.4 我国《家庭教育促进法》的分析

我国党和国家领导人重视家庭、家风、家教,特别是家庭教育成为全社会关注的热点,家庭教育立法顺势也就被提上了议事日程。

7.5.1.4.1 《家庭教育促进法》制定过程

十三届全国人大二次、三次会议上,先后有368名全国人大代表提出相

---

[1] 参见庆玲:"论我国地方立法与国家立法之间的关系",载《四川行政学院学报》2009年第5期。

关议案12件，建议启动家庭教育立法。[1]2020年，全国人大常委会将家庭教育立法纳入年度立法工作计划，启动研究论证和草案起草工作。

2021年1月20日《中华人民共和国家庭教育法（草案）》（一审稿）提请十三届全国人大常委会第二十五次会议审议，并于2021年1月27日向社会公开征求意见。该草案包括总则、家庭教育实施、家庭教育促进、家庭教育干预、法律责任附则，共6章52条。

2021年8月，第十三届全国人大常委会第三十次会议对《中华人民共和国家庭教育促进法（草案二次审议稿）》进行了审议。该二审稿总共50条，将法律名称修改为《中华人民共和国家庭教育促进法》，同时进一步明确家庭教育的概念。该草案明确规定，家庭教育的根本任务是立德树人，家庭教育要尊重未成年人身心发展规律和个体差异，遵循家庭教育规律，贯彻科学的家庭教育理念；规定家庭教育指导服务机构开展家庭教育指导服务活动，不得组织或者变相组织营利性教育培训；将公民、法人和非法人组织依法设立的家庭教育服务机构明确为"非营利性家庭教育服务机构"；此外还对家庭教育服务机构超出许可业务范围的行为规定了处罚。该草案二审稿突出了国家对家庭教育的支持和服务。为了避免公权力对家庭的过度干预，删除了草案一审稿法律责任一章中有关罚款、拘留等处罚措施。

2021年10月19日，十三届全国人大常委会第三十一次会议召开，家庭教育促进法草案三审稿提请会议审议。草案三次审议稿主要作了七个方面的修改：一是完善有关家庭教育概念和家庭教育内容的规定，进一步理顺了家庭教育和学校教育之间的关系，厘清了二者之间的界限，更加充分地体现家庭教育的性质和特点。二是进一步明确父母或者其他监护人的相关职责。针对有的家长对未成年子女施加过重的学习负担，有的家长对未成年子女沉迷网络等行为疏于管教等突出问题，三审稿规定未成年人的父母或者其他监护人应当合理安排未成年人学习、休息、娱乐和体育锻炼的时间，避免加重未成年人的学习负担，预防未成年人沉迷网络。三是落实中央有关文件对减轻义务教育阶段学生作业负担和校外培训负担的明确要求，补充完善家庭教育、学校教育相协同等内容。四是考虑到留守儿童和困境儿童的家庭教育面临较

---

[1] 参见李鑫燕：《家庭教育促进法》告诉你今后须依法带娃！"，载https://3g.163.com/local/article/GN5UGS4H04369DDD.html，最后访问日期：2021年12月21日。

多困难,增加相关规定,对这些未成年人的家庭加大扶持力度,提供更多帮助。草案三审稿针对留守未成年人和困境未成年人家庭,提出更多帮扶规定。五是贯彻习近平总书记重要讲话精神,进一步明确妇联在家庭教育工作中的作用。六是进一步明确了委托照护情形下被委托人不依法履行家庭教育义务的法律责任。七是进一步做好与《未成年人保护法》《中华人民共和国反家庭暴力法》等法律的衔接,对不采用正确的家庭教育方法和对子女实施家庭暴力的问题进行防治。

7.5.1.4.2 《家庭教育促进法》简介及其特点

《家庭教育促进法》包括总则、家庭责任、国家支持、社会协同、法律责任、附则六章,总计55条。

第一,总则。对立法目的、家庭教育的定义、家庭教育的根本任务、家庭教育法律关系、家庭教育工作基本要求作出了规定,明确了政府推进家庭教育工作的领导体制、工作机制和保障措施,以及司法机关、人民团体和其他有关社会组织的职责等内容。

《家庭教育促进法》对家庭教育采取了狭义的概念,明确将其定义为指父母或者其他监护人为促进未成年人全面健康成长,对其实施的道德品质、身体素质、生活技能、文化修养、行为习惯等方面的培育、引导和影响。《家庭教育促进法》规定了家庭教育的根本任务是立德树人,培育和践行社会主义核心价值观,弘扬中华优秀传统文化、革命文化、社会主义先进文化,促进未成年人健康成长。

《家庭教育促进法》明确了家庭教育的责任主体,规定实施家庭教育的责任主体是未成年人的父母或者其他监护人,而政府、学校、社会等是家庭教育的支持主体,为家庭教育提供支持与帮助,促进父母或者其他监护人正确实施家庭教育。《家庭教育促进法》明确了国家和社会为家庭教育提供指导、支持和服务,不同主体在促进家庭教育方面的责任和义务,对家庭教育服务机构的设立和管理等作出规定。《家庭教育促进法》一个明显的特点就是通过完善各项制度促使全社会合力推进家庭教育工作,其规定了家庭教育工作应当坚持的基本原则,对政府推进家庭教育工作的领导体制、组织和运行机制以及相应保障措施作出了规定。《家庭教育促进法》规定由县级以上政府负责妇女儿童工作的机构,承担对家庭教育工作的组织、协调、指导与监督职责;

家庭教育工作的日常事务则由教育行政部门、妇女联合会共同负责。此外，县级以上主管文明建设的机构、公安、民政、司法行政、人力资源和社会保障、文化和旅游、卫生健康、市场监督管理、广播电视、体育、新闻出版、网信等政府有关部门在各自职责范围内对家庭教育承担责任。

第二，家庭责任。《家庭教育促进法》明确了家长实施家庭教育的法定责任，对其提高家庭教育能力、营造良好家庭环境提出要求。

规定了家庭教育的六大内容。一是培养家国情怀。教育未成年人爱党、爱国、爱人民、爱集体、爱社会主义，树立维护国家统一的观念，铸牢中华民族共同体意识。二是培养良好道德品质，教育未成年人崇德向善、尊老爱幼、热爱家庭、勤俭节约、团结互助、诚信友爱、遵纪守法，培养其良好社会公德、家庭美德、个人品德意识和法治意识。三是培养科学探索精神。帮助未成年人树立正确的成才观，引导其培养广泛兴趣爱好、健康审美追求和良好学习习惯，增强科学探索精神、创新意识和能力。四是促进身体健康。保证未成年人营养均衡、科学运动、睡眠充足、身心愉悦，引导其养成良好生活习惯和行为习惯。五是促进心理健康，教导其珍爱生命，帮助其掌握安全知识和技能，增强其自我保护的意识和能力。六是培养劳动习惯。帮助未成年人树立正确劳动观念，提高生活自理能力和独立生活能力，养成吃苦耐劳的优秀品格和热爱劳动的良好习惯。

明确了家庭教育的九大方法。关注未成年人的生理、心理、智力发展状况，尊重其参与相关家庭事务和发表意见的权利，合理运用以下方式方法：一是亲自养育，加强亲子陪伴；二是共同参与，发挥父母双方的作用；三是相机而教，寓教于日常生活中；四是潜移默化，言传与身教相结合；五是严慈相济，关心爱护与严格要求并重；六是尊重差异，根据年龄和个性特点进行科学引导；七是平等交流，予以尊重、理解和鼓励；八是相互促进，父母与子女共同成长；九是其他有益于未成年人全面发展、健康成长的方式方法。

规定了父母或者其他监护人的责任包括：一是遵循未成年人成长规律，树立正确的家庭教育理念；二是应当与中小学校、幼儿园婴幼儿照护服务机构、社区密切配合，积极参加家庭教育指导和实践活动；三是父母分居或者离异，应当相互配合履行家庭教育责任，任何一方不得拒绝或者怠于履行；四是依法委托他人照护未成年人，应当定期了解未成年人学习、生活情况和心理状况，与被委托人共同履行家庭教育责任；五是合理安排未成年人的学习、休息、娱乐和体育锻炼时间等；六是不得因性别、身体状况、智力等歧视未成年人，不得实施家庭暴力，不得胁迫、引诱、教唆、纵容、利用未成年人从事违反法律法规和社会公德的活动。

第三，国家支持。《家庭教育促进法》的许多条款都是围绕如何建立覆盖城乡的家庭教育指导服务体系。《家庭教育促进法》确立了我国家庭教育指导服务的供给体系，即以学校和社区家长学校为主体，婴幼儿照护服务机构、早期教育服务机构、婚姻登记机构、医疗卫生机构、民政部门、法院、公共文化服务场所、家庭教育服务机构等其他社会公共服务机构共同参与的家庭教育指导服务供给体系。

《家庭教育促进法》规定了国家支持家庭教育的举措和家庭教育工作机制。规定了省级以上人民政府应当组织有关部门编写或者采用适合当地实际的家庭教育指导读本，制定相应的家庭教育指导服务工作规范和评估规范。组织有关部门统筹建设家庭教育信息化共享服务平台，开设公益性网上家长学校和网络课程，提供线上家庭教育指导服务。

县级以上地方人民政府及有关部门组织建立家庭教育指导服务专业队伍，加强对专业人员的培养，鼓励社会工作者、志愿者参与家庭教育指导服务工作。通过多种途径和方式确定家庭教育指导机构，对辖区内社区家长学校、学校家长学校及其他家庭教育指导服务站点进行指导，同时开展家庭教育研究、服务人员队伍建设和培训、公共服务产品研发。

明确了家庭教育指导机构应当及时向有需求的家庭提供服务。规定了设区的市、县、乡级人民政府、家庭教育指导机构、婚姻登记机构和收养登记机构、儿童福利机构及未成年人救助保护机构、人民法院、妇女联合会、国家机关、企业事业单位、群团组织、社会组织在家庭教育服务中的职责。规定文明城市、文明村镇、文明单位、文明社区、文明校园和文明家庭等创建活动，应当将家庭教育情况作为重要内容。

第四，社会协同。明确了村（居）民委员会、中小学、幼儿园、其他有关社会公共机构等不同主体在促进家庭教育方面的责任和义务，对家庭教育服务机构的设立和管理等作出规定。规定学校等社会力量对家庭教育的协同任务。明确了中小学、幼儿园建立家长学校等方式，进行家庭教育指导服务和实践活动,应当将家庭教育指导服务纳入工作计划,作为教师业务培训的内容。婴幼儿照护机构、早期教育服务机构应当为父母或其他监护人提供科学养育指导等家庭教育指导服务。家庭教育服务机构应当加强自律管理,制定家庭教育服务规范,组织从业人员培训,提高从业人员的业务素质和能力。

第五,法律责任。为达到促进家庭教育目的,立法既要有倡导性、引领性规范,又要有强制性规范。本章重点针对未成年人的家长、负有家庭教育工作职责的政府部门或机构、学校、家庭教育服务机构违反本法规定的有关情形,规定了法律责任,同时设计了兜底的法律条款。

《家庭教育促进法》明确了父母或者其他监护人的法律责任及其与国家之间的责任区分。关于父母对于家庭教育的法律责任,《家庭教育促进法》根据父母或者其他监护人是第一监护人的理念,明确规定了父母应该共同承担教育责任。《家庭教育促进法》还规定了必要时国家对家庭教育的干预责任。《家庭教育促进法》规定父母或者其他监护人不履行或者不当履行家庭教育职责,导致家庭教育实施出现严重问题的时候,国家应当进行必要的干预。规定了家庭教育工作中未成年人的父母或者其他监护人,负有家庭教育工作职责的政府部门或机构、学校、家庭教育服务机构各自相应的责任。《家庭教育促进法》不仅规定了父母或者其他监护人实施家庭教育的责任,还规定了家庭教育促进主体的具体法律责任,比如规定中央、省级以及县级不同层级政府对家庭教育的推进责任,中小学校、幼儿园的不当家庭教育行为制止、管教的权利以及对家庭教育指导责任,未成年人所在的社区和父母所在单位的批评教育、劝诫制止、督促和报告责任,公安机关、检察院、法院训诫、督促改进家庭教育以及作出责令接受家庭教育指导决定的权力与责任。《家庭教育促进法》还明确了公安机关、检察院、法院干预家庭教育的具体情形以及主要措施,并对强制家庭教育指导的决定机关、执行机关、协助机关、实施程序等问题作出了规定。《家庭教育促进法》还在"法律责任"专章中规定了上述主体违反相应规定所要承担的具体责任。

第六,附则。规定《家庭教育促进法》的施行时间。

7.5.1.4.3 《家庭教育法(草案)》的不足之处

第一,家庭教育立法的目的在于提升父母的家庭教育能力,因此其应着力于引导父母或者其他监护人依法履行家庭教育职责,通过法律规范促进全社会形成重视家庭教育，营造未成年人全面健康发展的氛围。在家庭教育的责任界定上，父母是家庭教育直接的责任主体，政府只是协助者的角色，它主要是帮助父母提升家庭教育能力。因此立法规范的内容应为倡导和鼓励性质，不应该管制得太死。《家庭教育促进法》最主要的应该要发挥促进家庭教育的立法功能，增加政府在家庭教育指导服务供给中的责任。尽管《家庭教育促进法》使用了"促进"二字，但是在家庭教育的立法内容上，也应尽量使用促进性条款，而且促进的措施应该更加具体细化。家庭教育的促进型立法，应该既有力度，也需温度，不宜设定过多刚性的义务性条款。此外，家庭教育的主要责任主体是政府和家长，社会主体的法律责任规定也宜慎重，可能的话，宜增加些倡导性和激励性条款。否则，会增加过多社会负担，从而加大实施困难，滋生形式主义风气，不利于家庭教育的实质展开，也不利于"增进家庭幸福与社会和谐"等立法宗旨的充分实现。例如《家庭教育促进法》规定了"未成年人的父母或者其他监护人所在单位，发现父母或者其他监护人拒绝、怠于履行家庭教育责任，或者非法阻碍其他监护人实施家庭教育的，应当予以批评教育、劝诫制止，必要时督促其接受家庭教育指导"，但是监护人所在单位类型繁多，监护人与单位之间的关系紧密度、单位的资源和能力都有很大差异，要求所有监护人所在单位介入监护人的家庭教育问题，缺乏足够的可行性。

第二，家庭教育涉及教育、民政、公安、司法行政、卫生计生、文化、广播电视、共青团、工会、妇联、关工委等政府不同组成部门及群团组织，尽管《家庭教育促进法》对这些单位的家庭教育职责进行了规定，但是这些规定还缺乏刚性约束，没有建立相应的评价考核机制。而且家庭教育由妇联牵头，对于家庭教育工作的实施效果存在一定的局限性。教育行政部门和妇女联合会是性质不同的组织机构，一个是政府的教育行政管理部门，一个是社会团体，承担的家庭教育职责有很大不同，对其职责不宜一并规定，否则会造成职责分工不明，从而出现互相推诿现象。因此，可以确定教育行政部门作为家庭教育的主管部门。因为教育行政部门既有家庭教育的专业人才，又具有从事教育行政管理的职能，也即兼具专业性和行政性。如果教育行政部门确定为家庭教育的主管部门，其职责可以修改为"教育行政部门应当承担家庭教育指导的管理工作"，而不只是承担学校家庭教育的管理工作。除此以外，由于涉及多部门，如何构建完善的议事协调机制，也是亟须解决的问题。

第三，《家庭教育促进法》中规定的对父母不当家庭教育行为的处理，体现了国家对家庭教育的干预原则。家庭对未成年子女的教育职责是"天然"意义和伦理意义上的，在此基础上才是伦理责任的法律化。而且家庭伦理职责的法律化，主要是防恶意义上的底线要求之立法表述，也意味着对国家和社会家庭教化功能提升的期待。[1]国家的干预措施和对父母家庭教育行为强制性条款内容不能过多，否则会掩盖政府促进家庭教育中发挥指导和提供服务的重要性。加强对父母或者其他监护人的权益保护，避免政府过度介入家庭教育事务。在法律责任中，除了规定父母或者其他监护人不履行、不正确履行家庭教育责任的法律后果外，还规定公检法机关办理案件过程中，发现未成年人存在严重不良行为或者实施犯罪行为的，要根据情况对监护人予以训诫，并可以责令其接受家庭教育指导。家庭教育立法需要对自愿性家庭教育指导服务和强制性亲职教育进行区分，并以此为基础，从政府干预家庭教育的前提、标准、程序和救济等方面进行，需要特别注意的是，必要的适度的教育惩戒是家庭教育的重要组成部分。因此家庭教育立法需要处理好父母家庭教育惩戒与家庭暴力的关系，通过列举的方式明确应被禁止的家庭暴力行为的具体表现形式，为父母行为提供指引。

第四，政府对社会主体参与家庭教育服务市场监管机制需要进一步完善。政府、学校和其他社会组织除了要为家庭提供一般性的家庭教育指导服务，满足家长普遍性的家庭教育指导服务需求之外，还要为具有各自专门需求的家长提供个性化的家庭教育指导服务。尽管目前家庭教育指导服务市场迎合了这一需求，但是我国家庭教育服务市场还不规范，家庭教育指导服务机构在登记注册、教师资质、课程设置以及教学等方面都还存在不少的问题。家庭教育立法应该对家庭教育服务机构设立的资质、程序、运作以及监管机制作出进一步细化规定。此外，公、检、法对父母接受强制性家庭教育决定应该作出细化规定，而且应明确公检法作出强制性家庭教育决定与实施分离制度。公检法对家庭教育的干预制度，国外早已有相关实践，我国也已有实践基础。

---

[1] 参见刘丽、邵彤："我国家庭教育地方立法的经验与不足——兼评《中华人民共和国家庭教育法（草案）》"，载《湖南师范大学教育科学学报》2021年第3期。

但是人民法院自身在家庭教育上并不专业，由其直接承担家庭教育指导职责，由于时间与精力有限、专业知识薄弱等因素，仅依靠其自身力量很难完成，且为了消除社会对国家公权力过度介入家庭教育领域的疑虑，需要借助社会力量开展强制性家庭教育。因此，应当规定人民法院可作出责令接受家庭教育指导的决定，但是在具体实施上，应当由专业的家庭教育指导服务机构完成，也能更进一步发挥这些机构的作用。

第五，《家庭教育促进法》对家庭教育促进措施方面的规定应该更加具体化、精准化，增加可落实性。每个儿童成长的家庭情况各不相同，政府推进家庭教育工作，需要根据不同的家庭教育实际需求，实施具体的家庭教育指导项目，保证家庭教育立法具有实效性。特别是我国区域、城乡家庭教育差异还比较大，乡村地区家庭能够享受的家庭教育指导和支持服务比较缺乏。家庭教育立法应该通过专项资金、税收优惠、补贴奖励、人才培养等方式，为农村地区、边远贫困地区，以及其他特殊困难群体子女的父母提供针对性、倾斜性的家庭教育支持服务。特别是留守儿童的家庭教育，不能简单通过委托监护予以规定，应该为父母直接实施家庭教育创造客观条件。

第六，未成年子女受到的侵害，很多并不是父母或者是其他监护人实施的。立法应该对第三人侵犯家庭教育权利，保护未成年人权益作出规定。未成年人受到侵害的，政府应当予以家庭教育干预和支持，实现未成年被害人的有效保护。

7.5.2 家庭教育职责的地方立法

在国家层面相关立法条件尚不成熟的情况下，通过地方家庭立法来规范家庭教育的管理、指导、监督和实施，是我国家庭教育立法的一条有效路径。

7.5.2.1 中央家庭教育法律的地方化

我国地域辽阔，各地的经济社会情况存在着差异，这就意味着中央统一的法律规定不能满足所有地方的具体要求，只能对大部分地区的行为进行规范。例如我国是一个多民族的国家，各民族的家庭教育，也形成了自己特有的民族传统。家庭承担着传承民族文化的作用，在家庭教育中源源不断地传递着民族文化，家庭教育随着民族文化的发展而发展，在这个过程中两者间互相制约又互相促进，彼此影响。[1]国家应当充分考虑不同民族地区的不同家庭教育特色，不可能对全国作出统一性的规定。在国家层面对家庭教育作出法律规范以后，地方家庭教育立法根据中央法律的原则性规定，结合本地区的实际情况对其进行具体化规定，使中央的家庭教育法律法规更具操作性，更能有效地在本地区实施。因此，地方家庭教育立法不能简单地复制或援引国家家庭教育法律条文规定，必须创造性地作出一些有地方特色的规定。在一些特殊地区，如民族区域自治地方还要允许其在中央法律规定范围内作出较大的变通规定。

7.5.2.2 发挥地方对家庭教育发展的积极性，及时回应地方立法需求

促进政府对家庭教育职责的实现，需要发挥不同层级政府的积极性。地方立法在整个国家立法体系中有独特的立法价值，是对现行立法的及时补充和完善，具有激励制度创新和制度竞争的功能。国家立法有其特殊性，过程复杂，程序多，历经时间也较长。因此有很多问题国家没有及时立法，但是地方却需要运用立法手段来加以解决。地方先行立法可以及时适应社会的新形势、新情况，"根据具体情况和实际需要制定地方性法规"，回应区域差异。作为地方区域的家庭教育公共服务的主要供给者，地方政府职责的履行必须与经济发展模式、社会结构特征、地理位置等因素相契合，以更好地回应区域家庭教育发展对政府职责的需要。[2]还有一部分地方教育立法，是地方政府在法定权限内，结合本地实际作出的自主性规定，可以起到填补中央教育立法空缺的作用，规范地方的教育管理。另外像少数民族地区具有自己特殊的民族特点与民族历史传统，中央立法无法统一制定相关教育法律规范，必须通过地方自治立法来解决。

7.5.2.3 家庭教育先行性立法，为全国制定家庭教育法积累经验

社会经济的快速发展，使得国家对某些教育社会关系的调整处于缺位状态。国家对于新型的教育社会关系没有及时立法加以规范，在这种情形下，地方教育立法就可以先行，发挥试验作用，填补国家教育立法空白和缺位。

---

[1] 参见范婷婷："多元文化背景下家庭教育与少数民族文化传承问题"，载《黑龙江民族丛刊》2009 年第 6 期。

[2] 参见马斌、徐越倩："地方政府职能转变的内在逻辑：权力配置的分析框架"，载《中共杭州市委党校学报》2010 年第 6 期。

地方教育立法可用来解决暂时不宜由国家统一立法解决的问题,如国家层面尚不具备成熟条件的教育立法项目,地方立法可以先行"试水",为全国统一立法提供借鉴。地方可以抓住时机进行先行教育立法,注重地方教育制度创新,体现地方教育特色。从这一意义上讲,地方先行教育立法会有力地促进或推动地方教育的创新性发展,对全国教育立法起到示范作用。

7.5.3 家庭教育职责地方立法的经验：基于10省（市）的文本分析

近年来,我国的一些省（区、市）如上海、湖南、江西、山西、青岛等地先行先试,积极开展家庭教育地方立法活动,探索地方家庭教育立法的方式,为全国的家庭教育立法积极积累经验。到目前为止,正式公布的地方家庭教育法规,有重庆市人大常委会于2016年5月27日通过并于同年9月1日实施的《重庆市家庭教育促进条例》,贵州省人大常委会于2017年8月3日通过并于同年9月1日实施的《贵州省未成年人家庭教育促进条例》,山西省人大常委会于2018年5月31日通过并于同年9月1日实施的《山西省家庭教育促进条例》,江西省人大常委会于2018年9月30日通过并于同年12月1日实施的《江西省家庭教育促进条例》,江苏省人大常委会于2019年3月29日通过并于同年6月1日实施的《江苏省家庭教育促进条例》,浙江省人大常委会于2019年9月27日通过并于2020年1月1日实施的《浙江省家庭教育促进条例》,福建省人大常委会于2020年7月24日通过并于同年9月1日实施的《福建省家庭教育促进条例》,安徽省人大常委会于2020年7月31日通过并于同年9月1日实施的《安徽省家庭教育促进条例》,湖南省人大常委会于2021年1月19日通过并于同年3月1日实施的《湖南省家庭教育促进条例》,湖北省人大常委会于2021年1月22日通过并于同年5月1日实施的《湖北省家庭教育促进条例》。对上述10省（市）的家庭教育地方性法规中的政府职责进行分析,一方面是对地方家庭教育立法的经验进行总结,另一方面则是对现在家庭教育立法对政府职责的法律规范进行反思,分析其今后需要进一步改进之处。

7 我国家庭教育政府职责的立法建议

7.5.3.1 我国10省（市）家庭教育立法中的政府职责规定分析

我国10省（市）地方性家庭教育法规中的政府职责一览表

政府职责		重庆市	贵州省	山西省	江西省	江苏省	浙江省	福建省	安徽省	湖南省	湖北省
政府支持家庭教育目的		第一条	第一条	第一条	第一条	第一条	第一条	第一条	第一条	第一条	第一条
政府与家庭职责关系	家庭的主体和直接责任	第五条	第五条	第四条	第六条	第九条	第六条	第七条	第二十条	第八条	第二十九条
	政府对家庭教育的支持责任	第六条	第六条		第七条				第四条	第四条	
家庭教育服务供给	政府直接供给家庭教育指导服务	第十九条~第二十七条	第二十三条~第二十七条、第三十一条	第二十四条、第二十七条、第三十一条	第二十二条~第二十六条、第三十~第三十五条	第二十一条~第三十二条	第二十二条~第二十三条	第十五条~第十九条	第三十二条~第三十七条	第十二条第二款、第十九条~第二十条	第二十一条~第二十八条
	政府购买家庭教育服务	第三十六条	第十九条	第二十二条	第二十八条		第十一条	第二十一条	第十八条	第十二条第一款	第十五条
	财政保障	第七条	第七条	第七条	第十九条	第五条	第十三条	第十二条	第五条	第五条第二款	第五条第二款
	组织保障	第八条、四十条	第八条	第六条、七条	第二十条~第二十三条	第六条、第十四条~第十五条	第十三条、第十六条~第三十四条	第二十二条~第二十九条、第三十二条~第四十二条	第六条	第六条	第六条~第九条、第十一条
	制度保障	第九条、第三十四条、第三十八条	第十一条、第十三条、第三十三条、第三十六条	第十五条、十六条	第四十七条	第四十六条	第十三条、第十六条、第三十四条	第二十三条~第二十九条、第三十二条~第四十二条	第九条~第十九条、第四十六条、四十八条	第十七条、第二十二条、第二十七条、第二十八条、第二十九条	第五十一条~第五十二条

201

续表

政府职责		重庆市	贵州省	山西省	江西省	江苏省	浙江省	福建省	安徽省	湖南省	湖北省
家庭教育多元协同供给的引导与规范	规划职责：将家庭教育事业发展列入国民经济和社会发展规划	第七条	第七条	第七条	第十九条	第五条	第十条	第二十条	第五条	第五条第一款	第五条第一款
	鼓励社会主体参与家庭教育指导服务	第三十一条、第三十二条	第二十八条~三十二条	第二十八条~三十二条	第三十条~第四十一条	第三十四条~四十一条	第二十条~第二十九条	第三十一条~第三十七条	第三十八条~第四十三条	第二十一条~第三十二条	第三十六条~第四十六条
	信息引导	第三十七条	第十条	第三十一条	第二十二条	第十九条、第二十四条	第二十八条	第三十五条	第四十三条	第十七条	第四十六条
	家庭教育服务市场规范；登记与处罚制度	第三十八条、第四十二条	第十九条、第二十六条、第三十四条、第四十条	第二十二条、第二十三条	第二十六条、第二十七条~第四十四条、第四十六条	第四十一条、第四十七条		第三十八条、第四十四条	第三十八条、第四十五条	第二十一条~第三十二条	第五十二条
	家庭教育专业人才制度	第二十一条~第三十五条	第二十一条、第二十七条	第二十七条	第二十五条	第三十七条	第十六条~第十七条	第三十六条	第三十四条	第十三条	第十二条
	督查评估、奖励与表彰	第十九条	第二十二条	第十八条、第二十五条	第二十九条	第七条			第七条	第七条	第八条
父母教育行为监管	父母教育行为规范	第十条~第十六条	第十二条~第十七条	第八条~第十二条	第十条~第十八条	第九条~第十五条	第七条~第九条	第八条~第十四条	第二十二条~第三十三条	第八条~第二十一条	第三十三条~第三十五条
	不当家庭教育行为或不能履行家庭教育职责	第十八条	第十二条	第十三条	第十七条	第四十三条		第四十条~第四十一条	第三十一条		第四十八条
	父母不当教育行为法律责任与处理	第四十一条	第三十七条	第三十四条	第四十五条	第四十二条	第三十一条	第四十条、第四十四条	第四十四条		第四十八条~第四十九条

202

第一，家庭教育的实施主体。家庭教育的实施主体关系到家庭教育法的调整对象，也关系到政府行为的作用对象。上述10个省（市）都将父母作为家庭教育的实施主体，除此之外，重庆市、山西省、江西省、福建省、湖南省、安徽省、湖北省将其他监护人作为家庭教育实施主体，而贵州省、江苏省、浙江省、安徽省、湖北省将其他有监护能力的家庭成员也作为家庭教育实施主体。其他监护人与其他有监护能力的家庭成员有所不同。我国《民法典》第27条规定父母是未成年子女的监护人。未成年人的父母已经死亡或没有监护能力的，由其祖父母、外祖父母；兄、姐；其他愿意担任监护人的个人或者组织，这些有监护能力的主体按顺序担任监护人，但是必须要经过未成年人住所地的居民委员会、村民委员会或者民政部门同意。因此，其他有监护能力的家庭成员并不必然是未成年人的监护人。立法对家庭教育实施主体的不同规定，关系到立法对其的适用与效力，也关系到地方家庭教育立法目的的实现。

第二，家庭教育立法的目的。教育法规的功能之一是确认与保障公民的受教育权利与义务。对于家庭教育法规而言，其核心目的和首要价值是保障与促进儿童发展权的实现。10省（市）家庭教育地方性法规都明确提出了促进家庭教育立法的目的在于促进未成年人的健康成长，这是家庭教育立法的最终目的。除了这一目的性价值之外，家庭教育立法还具有工具性价值，即通过对家庭教育的支持与规范，增进家庭发展能力，增进家庭幸福与社会和谐。

第三，政府对家庭教育权利的尊重与保障职责。明确家庭与政府职责的关系，是家庭教育有效开展的前提，家庭教育立法应该对此作出清晰的规定。10省（市）家庭教育地方性法规针对这一问题，强调家庭的直接责任地位。重庆市、贵州省、安徽省、湖南省明确了政府承担起家庭教育的共同责任与支持责任，山西省、江西省、江苏省、浙江省、福建省、湖北省虽未用单独条款明确政府对家庭教育的支持责任，但立法明确表明了家庭教育实行家庭实施、政府推进、学校指导、社会参与的工作机制。

第四，政府对家庭教育公共服务的供给职责。10省（市）地方性法规，一方面对政府直接供给家庭教育指导服务作出了明确规定，如规定了学校、婚姻登记机构、医疗服务机构、儿童社会福利机构提供家庭教育服务；另一方面也明确了政府购买家庭教育公共服务，并体现出政府支持公益性家庭教育指导服务的倾向。为了保障政府提供家庭教育公共服务，10省（市）地方性法规都规定政府应当将家庭教育工作经费纳入同级财政预算。在家庭教育的组织机构上，各省（市）都规定了妇女儿童工作委员会作为家庭教育议事协调机构，妇联负责该机构的日常工作，妇联和教育行政部门负责家庭教育工作指导与推进。民政、卫生和计生、公安、关心下一代工作组织等部门做好各自职责范围内的家庭教育工作。重庆市、江西省、江苏省、浙江省、安徽省、湖南省、湖北省对政府各组成部门的相应职责规定更为明确一些，贵州省、山西省、福建省规定家庭教育工作由政府负责妇女儿童工作的机构负责，妇联负责指导推进家庭教育工作，教育行政部门负责学校的家庭教育指导工作，其他各部门各司其职。10省（市）中，除了山西省外，其他9省（市）对乡（镇）人民政府、街道办事处、村（居）民委员会的职责作了规定。

10省（市）都规定了对孤残、留守、流动、遗弃、流浪、单亲或者父母服刑、强制戒毒等未成年人家庭和贫困地区、少数民族地区家庭等特殊群体未成年子女的家庭教育救助和指导服务以及家庭教育日等问题。

第五，家庭教育多元协同供给的引导与规范。在家庭教育多元协同供给的引导方面，10省（市）家庭教育法规都规定政府应将家庭教育发展规划纳入国民经济和社会发展规划，都强调政府鼓励社会主体积极参与提供家庭教育公共服务、发挥传媒手段普及家庭教育信息。对于家庭教育服务市场，都对从事家庭教育服务的机构登记制度与处罚、行业自律与政府监管作出了规定。

不断提升家庭教育人员专业化水平，是决定我国家庭教育事业高效发展的关键方面。10省（市）地方性家庭教育法规都专门予以明确规范。10省（市）对家庭教育人才培养与培训、高校与研究机构的家庭教育专业、课程及研究都作了规定。

除浙江省和福建省外，其他8省（市）都对家庭教育工作督查评估制度、奖励与表彰制度作出了规定。10省（市）对学校提供家庭教育服务行为监督制度，对家庭教育的督导评估等制度作出了规定。

第六，监管父母教育行为。10省（市）家庭教育法规都对父母教育行为规范、不当家庭教育行为或不能履行家庭教育职责、父母不当教育行为法律责任与处理作出了规定。在父母离异以及委托监护产生的家庭教育问题上，重庆市、贵州省、江西省、山西省、江苏省、福建省、安徽省、湖南省、湖北省这9省（市）规定了父母离异以及继父母、养父母对未成年子女的教育问题，但是浙江省未对这一情形作出规定。10省市中除了浙江省未对父母确因外出务工或者其他原因无法与未成年子女共同生活，不能履行监护职责的，委托他人监护子女的问题作出规定外，其他9省（市）均对该问题作出了规定。

在面对未成年人不良行为法院对父母的处理方式上，10省（市）都规定了父母不履行家庭教育责任或者履行家庭教育不当需要承担的法律责任，包括训诫、告诫或者行政处罚、接受家庭教育指导、撤销监护人资格、甚至追究刑事责任。

第七，针对第三人侵害家庭教育权利的情形。对于社会第三方主体对家庭教育的影响，除了重庆市、浙江省和湖南省，其他7省份都单独规定了从事家庭教育服务的机构宣传非法内容或者泄露未成年人及其家庭成员隐私的法律责任，我国目前已有《未成年人保护法》和《预防未成年人犯罪法》，基于立法技术未对这一问题在家庭教育法中单独予以规定。

第八，政府失职的处理。仅仅规定政府所应承担的职责还不够，为使政府职责落实到实处，应制定配套的失职处理制度，对政府职责进行监督，地方性法规中还应规定监督的具体事项。9省（市）对负有家庭教育指导、管理职责的部门、机构和组织家庭教育工作失职行为的行政、刑事法律责任作了规定，但山西省则缺乏政府失职行为处理制度的规定。

7.5.3.2 我国家庭教育地方立法中的政府职责规定存在的问题

第一，家庭教育投入责任不明确。在如何对家庭教育财政投入进行保护、投入的方向和水平的体制建立方面不明确，造成各级政府对家庭教育的投入责任不明确，不能有效解决地方家庭教育经费由哪一级政府负责的问题。在家庭教育财政投入的水平上，10省（市）地方性法规都对区县一级家庭教育政府部门之间的职责规定不明晰。

第二，政府层级间的责任不明晰。对于区县以下政府的责任，如乡镇政府、街道办事处的职责是什么，其职责如何保障等没有明确，会造成法律法规的实施过程中其职责难以真正落实。

第三，政府履职责任缺失。政府履职责任规定集中在法律责任一章。在法规中对政府的履责较多地使用鼓励、促进、推动等用语，其仅仅是政府致力于一定方向的努力，表达宣示、号召作用，并没有明确的标准可以衡量。因此无法确立相应的标准予以评价，也就不能确定相应的法律责任。在有些条款中出现"应当""不得"等用语，却没有明确法律责任。10省（市）都对家庭教育主体的行为规定了相应的法律责任，特别是政府的责任。但是法律责任条款数量不多，而且设计也比较简单。例如福建省和湖北省条例中法律条款数量相对较多，分别为46条和55条，但是法律责任条款仅为6条，分别占13%和11%；湖南省条例共计30条，法律责任章为2条，占7%。法律责任的缺失导致无法追究政府的不作为行为的责任。

第四，政府对家庭教育的支持手段还不完善。例如10省（市）都对父母不履行家庭教育职责或履行家庭教育职责不当规定了处理措施，但是对于子女的教育问题，父母很多时候也力不从心，特别是在面对未成年子女违法违纪时。此时政府该如何支持父母是需要考虑的问题。如法院可以介入干预违法违纪未成年子女的教育，因为法院的警告会引起未成年子女的重视，或者法院可以采取强制措施将出走的子女送回家或将其送入学校。又如，亲子共同生活制度是实施良好家庭教育的一个前提，即父母亲自对子女实施家庭教育。但是目前的实际情况是，10省（市）仅仅规定了父母如果的确是因为外出务工或者其他原因，导致没有办法与未成年子女共同生活，不能履行监护职责的，应当委托有监护能力的其他成年人代为监护。但是受我国社会流动以及异地上学制度的限制，尽管地方性家庭教育法规作出了规定，但不能真正解决亲子教育问题。

7.5.3.3 家庭教育地方立法的同质化及其消解

在10省（市）家庭教育法规中，落实政府职责的规定存在很大程度的相似性，缺乏创造性的细化政府职责的规定，不能有效解决地方家庭教育发展中的问题。同时折射出地方家庭教育立法的"惰性"，而且也弱化了地方家庭教育立法的实际效力。

我国家庭教育地方立法存在高度的同质性，深层次的原因是我国央地立法事权构成的"全能主义"与高度同构，即各级政府管理着基本相同的事务，在职能设计上的差异不明显，造成不能合理化、精细化区分不同层级地方的立法职能和事权。

打破职责同构的目的是更好地提供公众所需要的家庭教育指导服务,各地根据各地家庭教育的实际情况,在国家法治统一的原则下,重新设计政府职责及其体系。优化政府间对家庭教育的职责分工,合理划分政府间对家庭教育的管理权限。地方主管与开展家庭教育的具体部门将结合本地本级的实际需要依法设立,不再强求上下对口设置,并采取多种形式提供家庭教育指导服务。

第一,在立法理念上,要坚持地方教育立法的主要任务就是解决本地区的教育实际问题,这就要求地方教育立法更应关注本地区的实际情况,准确掌握本地家庭教育问题实际情况。地方家庭教育立法,一定要制定有地方内容、地方特色的地方家庭教育法规。

第二,地方立法要有特色。应该在上位法基本原则和框架之下,尝试设计或规定一些新制度、新措施。地方教育立法要更多地考虑地方的社会经济发展水平、文化传统以及观念习俗等,准确把握地方家庭教育立法所要解决的重点问题,对准法律调整的矛盾焦点,突出地方家庭教育立法的特殊性。

第三,建立民众参与立法的利益表达机制。政府的职责设定就是为了满足民众的需要,所以应该完善地方立法中的利益表达机制,拓宽公民参与立法的途径。公众参与是地方家庭教育立法程序机制民主的基本形式,以座谈会、听证会等形式体现在家庭教育的立法程序机制中。

第四,将家庭教育法规是否有效作为衡量立法质量的标准。法律规定必须在具体的社会关系中得以实现,否则它就什么也不是。[1]地方家庭教育法规必须管用,有操作性,并把"管用""可操作"作为检验地方家庭教育立法质量的重要标准。地方家庭教育立法要根据本地区的实际情况和特殊问题实现一定程度的创新,不能简单地引用中央立法或者是其他地方的立法规定,否则不能发挥地方立法解决本地家庭教育实际问题的作用。

---

〔1〕 参见[苏]Л·С·雅维茨:《法的一般理论——哲学和社会问题》,朱景文译,辽宁人民出版社1986年版,第170页。

8

总结与展望

8.1 研究的主要结论

8.1.1 家庭教育公共性是政府职责的逻辑起点

基于儿童独立权利主体地位的确立、国家培养合格公民、公民享有平等教育权等因素的考虑,家庭教育具有公共性。家庭教育公共性是政府介入家庭教育、承担职责的逻辑起点。由于父母与子女关系的生物性本质、儿童社会化的功能要求以及基于家庭自治的文化价值多元化,作为家庭功能之一的家庭教育具有私人性。家庭教育私人性构成对家庭教育政府职责的限定。基于家庭教育的性质,政府对家庭教育的职责应定位于政府是家庭教育的支持者与监督者,其目标在于帮助提升父母家庭教育能力,并与社会共同参与家庭教育服务。

8.1.2 政府具有供给家庭教育公共服务的职责

政府作为家庭教育公共服务的供给者,其提供者与生产者的角色是可以分离的。政府并不是家庭教育公共服务的唯一提供者,其可以直接向父母提供家庭教育公共服务,也可以通过向社会购买的形式间接向父母提供家庭教育公共服务。作为家庭教育公共服务的提供者,政府要建立相应的组织、财政和制度保障。

8.1.3 政府具有对社会参与家庭教育公共服务的引导和规范职责

在家庭教育服务的多元供给中，为了保障其公共性的实现，政府起着主导作用。政府通过规划、财政、信息等手段发挥引导作用，形成充分的家庭教育供给市场。家庭教育供给市场会存在导致公共性流失现象，政府通过设定家庭教育公共服务机构的准入与退出机制、家庭教育专业人才制度、监督家庭教育公共服务行为、政府购买家庭教育公共服务行为、建立健全家庭教育公共服务绩效评价制度、保障特殊家庭教育公共需求制度等来规范社会参与家庭教育公共服务的供给。

8.1.4 政府具有监督家庭教育行为的职责

基于父母权利与儿童权利的分离性、父母权利的义务性以及基于儿童最大利益的国家亲权，政府有责任监督父母的家庭教育行为。政府可以通过设定父母资格制度来进行监督，并通过父母教育、监护权剥夺、刑事责任设立等手段予以保障实施。政府应该规定监护人的家庭教育职责、建立监护监督机构、完善不履行家庭教育职责监护人的惩戒制度、建立政府监护人制度、剥夺严重失职监护人的监护权。

8.1.5 政府具有对家庭教育权利的保护职责

家庭教育的私人性排斥政府权力的侵入，政府应该尊重父母的家庭教育权利。家庭教育权利是一种私权利，对政府权力具有优先性。父母是家庭教育的首要责任人。政府帮助父母增强家庭教育能力时要遵循辅助和中立原则。社会主体具有尊重家庭教育权利的义务。政府有责任通过立法、行政、司法手段防止政府与社会主体侵害家庭教育权利。

8.1.6 我国家庭教育的政府职责应该通过立法予以规范

家庭教育政府职责立法对政府起到确权、限权与控权、赋权与促责作用，其立法应该以保障儿童权利、实现家庭教育公共性、增加促进型法律规范为价值取向。家庭教育政府职责立法规范包括对公民受家庭教育权利、政府对家庭教育的职责、家庭教育的财政投入、组织机构与人员配置、政府履职绩效评估、政府履职的监督与问责作出规定。我国应该采取软法和硬法的混合法律规制方式，对政府职责一方面作出硬性规定，另一方面应该以法治观念的培育、以纲要、指导文件的形式促进政府积极履职。在我国，家庭教育立法存在中央立法与地方立法路径，地方立法应该避免同质化现象，使立法能够适应地方需求、体现地方特点。

8.2 研究创新点

8.2.1 以家庭教育性质为依据，阐述了政府介入家庭教育及其限度问题

在涉及家庭教育与政府的关系上，存在两种倾向，要么认为家庭是私人领域，政府不应该介入家庭教育领域；要么认为当前我国家庭教育存在种种问题，强调政府介入家庭教育的必要性，但却忽视政府介入家庭教育的限度问题。政府是否应该介入家庭教育还没有形成共识。政府要不要介入家庭教育，介入的限度如何，其逻辑起点在于家庭教育的性质。本研究系统分析了家庭教育的私人性与公共性特征，明确提出基于家庭教育的公共性要求，政府应该积极介入家庭教育。家庭教育不仅是私事，也是具有公益性的公共事务。家庭教育既需要家庭私育，也需要国家的支持和保障，尤其是对父母教育未成年子女给予必要的指导。但是政府应该尊重家庭教育的私人性质，不能无限制地过度介入家庭教育。政府介入家庭教育的限度决定了家庭教育的政府职责范围，政府介入家庭教育主要是为家庭教育提供公共服务，并非否认家庭的基本教育功能，而是支持和强化家庭的自有教育功能。政府介入家庭教育需要尊重家庭与政府之间的边界，尊重父母的教育权，承认父母合理的教育目的，尊重家庭的传统和多样性，有针对性地对家庭教育功能的弱化提供支持，帮助家庭增强教育能力。因此政府介入家庭教育，不是政府对家庭教育作出统一规范，而主要是应该形成良好的家庭教育环境，提升父母的家庭教育能力。政府和家庭共同承担家庭教育的责任，家庭有其不可取代的教育功能，但家庭是家庭教育的首要责任者，国家居于辅助者的地位。根据家庭教育功能不足的不同情形，政府通过不同的形式予以介入。

8.2.2 以家庭教育性质为中心，构建了系统化的家庭教育政府职责体系

家庭教育是政府教育职能的重要内容，政府对家庭教育职能的转变，需要具体的制度设计来保障。本研究基于家庭教育私人性与公共性的双重性质，提出政府既要尊重家庭教育的私人性，负有尊重和保护家庭教育权利的职责，同时也负有促进和保障家庭教育公共性的职责。构建了基于家庭教育性质之上的政府对家庭教育的职责内容体系，基于家庭教育公共性，政府负有对儿童父母供给家庭教育服务职责。此外由于政府供给家庭教育服务中，生产者与提供者角色分离，政府、社会、市场共同向儿童提供家庭教育服务，政府在多元协同供给体系中起主导作用，负有引导和规范职责。家庭教育的公共性不但要求政府负有对父母提供服务职责，还负有监督父母家庭教育行为的职责，这也是父母家庭教育权利相对性的体现。基于家庭教育私人性，政府不但本身应尊重家庭教育权利，还负有保护政府与社会主体不侵犯家庭教育权利的职责。

8.2.3 以家庭教育权利为基点，提出了家庭教育政府职责的立法建议

政府权力在于满足公民的需求，实现公民的权利。家庭教育的政府职责在于保障父母家庭教育权利的实现。父母家庭教育权利的实现，不仅直接依赖于政府，也依赖于市场与社会主体。各主体相互关联，相互协同，共同对家庭教育权利起支持与保障作用。家庭教育政府职责的法律规范，突出政府在促进和保障父母家庭教育权利实现中的主导作用，通过政府连接市场和社会组织等不同的利益主体，为家庭教育提供更好、更多资源的替代性支持，向父母提供家庭教育服务，监督父母家庭教育行为。政府具有哪些职责，可以行使哪些权力，设立什么组织机构，配备什么条件，采取哪些方式，以帮助父母去实施家庭教育，有待立法加以规范。本研究提出我国当前家庭教育政府职责的立法，应该从公民的权利入手明确立法目的，提出将公共性作为家庭教育立法的价值基础，并在系统分析家庭教育政府职责立法中需要调整的政府与父母、儿童、社会之间的权利义务关系的基础上，明确了家庭教育职责的立法内容。在提出家庭教育立法目的与内容的同时，还分析了在积极行政下政府保障家庭教育权利实现的特点以及与之相应的立法要求，提出了

硬法与软法混合的立法形式以及中央立法与地方立法相结合的立法路径，并结合当前我国已有的地方家庭教育立法进行了分析。

8.3 研究的局限

本研究以家庭教育的政府职责为主题，分析家庭教育的政府职责体系及其法治化问题，从逻辑上和结构上构建了家庭教育的政府职责体系，依据理论分析提出了一些见解或观点。但是，对该问题的研究既是一种新的视角也是初步的探索，因此，本研究还存在一定的局限性：

8.3.1 家庭教育的不同层级政府职责尚需细化

本研究中家庭教育的政府职责，主要是基于家庭教育中相关主体关系的一种分析，政府职责更多的是涉及政府与社会、市场的关系。在家庭教育政府职责的履行过程中，还涉及政府职责的内部分工，包括横向层面和纵向层面，尽管在研究中有所涉及，但还未细化。

8.3.2 资料选取的全面性尚需加强

由于语言能力的欠缺，所以在资料的选择上侧重于美国、日本等国家和地区的分析，有部分域外家庭教育法律制度的介绍还是源于二手资料，因此在准确性以及全面性上有所局限。而且由于分析比较对象的局限性，对于家庭教育的政府职责体系及其特点的概括规范全面性也存在不足。

8.4 下一步的研究方向

本研究中存在的上述局限，是下一步在这一问题深化研究的基本方向：

8.4.1 细化家庭教育的政府纵向职责体系

我国政府实行多级分工管理模式，不同层级政府对于家庭教育的职责内容应该有所区别。在未来研究中，有必要细化不同层级政府对家庭教育的具体职责，并厘清不同层级政府的职责关系。对于不同层级政府家庭教育职责的法治化也需要进行探索，特别是深入研究我国不同层级政府的家庭教育具体职责机制，使研究对我国家庭教育的政府职责的改进具有一定的理论参考和实践指导作用。

8.4.2 进一步收集、分析域外国家和地区政府对家庭教育职责的资料

不同国家由于受意识形态、政治传统、经济发展水平、社会文化等因素影响，政府在对家庭教育的职责方面会有差异，全面系统地总结分析域外国家和地区的经验，分析归纳不同国家和地区政府支持、服务、监督家庭教育行为的法律政策及实际运行的特点，为规范我国政府对家庭教育的职责，构建我国家庭教育法律制度提供借鉴。

附 录

附录1：我国家庭教育现状与需求调查（家长卷）

为了了解我国当前家庭教育的现状以及家长相应的需求，为我国家庭教育立法提供参考，《家庭教育立法调研》课题组开展此次调查活动。答案无对错之分，请选择最能表达您真实看法的选项。此次调研实行不记名问卷，答案绝对保密，请放心填写。感谢您的支持与配合！

《家庭教育立法调研》课题组

一、家庭基本情况

1. 您居住所在地：

安徽	北京	重庆	福建	甘肃	广东	广西	贵州
海南	河北	黑龙江	河南	香港	湖北	湖南	江苏
江西	吉林	辽宁	澳门	内蒙古	宁夏	青海	山东
上海	山西	陕西	四川	台湾	天津	新疆	西藏
云南	浙江	海外					

2. 您孩子的性别是：
□男
□女

3. 您是孩子的？
□爸爸
□妈妈
□爷爷奶奶（或外公外婆）

□其他（请注明）：

4. 您的孩子在读：
□幼儿园
□小学 1-3 年级
□小学 4-6 年级
□初中
□普通高中
□中等职业学校（职业高中、中专、技校）

5. 您孩子平常主要和谁一起住？
□与父母居住
□与爷爷奶奶（或外公外婆）居住
□一家三代人居住
□其他（请注明）：

6. 孩子的父亲最后学历是：
□小学及以下
□初中
□高中
□大学专科
□大学本科
□研究生及以上

7. 孩子的母亲最后学历是：
□小学及以下
□初中
□高中
□大学专科
□大学本科
□研究生及以上

8. 孩子的父亲职业是：
☐农民
☐私营企业职工
☐政府、事业单位或国企单位人员
☐军人
☐其他专业技术人员（律师、会计师、工程师、教练、演员等）
☐个体经营户
☐无职业
☐其他（请注明）：_____

9. 孩子的母亲职业是：
☐农民
☐私营企业职工
☐政府、事业单位或国企单位人员
☐军人
☐其他专业技术人员（律师、会计师、工程师、教练、演员等）
☐个体经营户
☐无职业
☐其他（请注明）：_____

10. 您的家庭月收入：
☐5000以下
☐5000-10000（含）
☐10000-15000（含）
☐15000-20000（含）
☐20000-25000（含）
☐25000-30000（含）
☐30000以上

二、家庭教育态度

11. "父母是孩子的第一任老师"，家庭教育从孩子出生时，乃至这以前就开始了。您对这一观点：
☐完全赞同
☐基本赞同
☐不赞同

12. 您认为孩子的教育问题应该是：
☐学校的事情，家长不需要管
☐学校管学习，家长管生活
☐学校和家长共同负责

13. 您觉得家庭教育重要吗？
☐非常重要
☐重要
☐一般
☐不清楚

14. 您最关注孩子教育的哪些方面：【多选题】
☐品德修养
☐身体健康
☐人际交往生活能力
☐学习成绩

15. 您认为家庭教育应该怎样进行？
☐完全自发的，顺其自然
☐有很多学问，需要学习培训
☐有很多困惑，暂且应付

16. 您认为有必要进行家庭教育的学习吗？
☐有必要
☐无所谓
☐没必要，我的教育方式挺好的

17. 您认为家庭教育纯粹是私人事务，政府或社会不应该介入吗？
☐是
☐否
☐不确定

18. 您家庭的教育分工是？
☐母亲教育
☐父亲教育
☐父母共同教育
☐家中老人教育（爷爷奶奶外公外婆等）

三、家庭教育现状

19. 您是否接受过家庭教育指导？【多选题】
☐家长学校
☐新闻报刊
☐网络
☐亲戚朋友
☐从未

20. 您获得家庭教育的信息主要来源是（可多选）【多选题】
☐咨询专家
☐听讲座
☐电视节目
☐朋友或家长交流
☐微信、QQ、网络等资源图书、报纸
☐专业的家长培训班

21. 您对目前家庭教育的信息获取方式满意吗？
☐非常满意
☐满意
☐一般

□不满意
□非常不满意

22. 目前，在孩子的教育方面，最让您头疼的是？【多选题】
□学习成绩差
□叛逆性格
□学习习惯差
□动手能力差
□自私、没有责任心
□没有养成好的习惯
□其他（请注明）：

23. 您是否给孩子请过或正在请家教？
□是
□否

24. 您的孩子是否正在上或上过校外补习班？
□是
□否

25. 孩子惹您生气时，您会打孩子吗？
□经常
□偶尔
□不会

26. 孩子考试没有达到您期望值，您会怎么办？
□发脾气训斥甚至打孩子
□帮孩子分析原因并耐心指导
□不太在乎孩子成绩不管不问
□向老师求助
□其他（请注明）：

27. 目前影响您对孩子实施家庭教育最困难的是：
□没有时间
□经济方面的困难
□不懂教育方法
□其他（请注明）：

28. 您了解《未成年人保护法》吗？
□非常了解
□了解一些
□不了解

29. 您了解《预防未成年人犯罪法》吗？
□非常了解
□了解一些
□不了解

30. 您对"孩子不打不成器"这一认识：
□非常赞同
□比较赞同
□不赞同
□非常不赞同

31. 您认为打骂孩子是自己的事吗？
□是
□否
□看具体情形

四、家庭教育需求

32. 您认为自己是否需要家庭教育方面的指导或培训？
□迫切需要
□需要

□不需要
□说不清

33. 您是否参加过学校举办的家庭教育指导活动？
□是
□否

34. 您对学校主办的家庭教育指导活动评价如何？
□非常满意
□比较满意
□不满意
□很不满意
□说不清楚

35. 您是否参加过社区举办的家庭教育指导活动？
□是
□否

36. 您对社区举办的家庭教育指导活动评价如何？
□非常满意
□比较满意
□不满意
□很不满意
□说不清楚

37. 您是否参加过您所在单位举办的家庭教育指导活动？
□是
□否

38. 您对您所在单位举办的家庭教育指导活动评价如何？
□非常满意
□比较满意

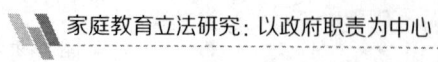

□不满意
□很不满意
□说不清楚

39. 您是否参加过专门培训机构举办的家庭教育指导活动？
□是
□否

40. 您对专门培训机构举办的家庭教育指导活动评价如何？
□非常满意
□比较满意
□不满意
□很不满意
□说不清楚

41. 您认为培训机构主办的家庭教育指导活动，其收取的费用：
□费用太高
□费用比较合理
□说不清楚

42. 您认为培训机构家庭教育指导人员的水平如何？
□水平很高
□水平一般
□水平比较差
□说不清楚

43. 您参加过的家庭教育指导活动对您有帮助吗？
□帮助很大
□帮助一般
□没有帮助
□说不清楚
□从未参加

44. 您希望通过哪些途径学习了解到教育孩子的方法?【多选题】
  □看书
  □电视广播媒体
  □和朋友交流
  □听专家讲座
  □其他（请注明）：

45. 您希望获得以下哪方面的培训咨询?【多选题】
  □家庭教育理念及其与青少年成才关系
  □孩子的心理发展与教育方法
  □对孩子教育中的伦理与法律
  □与孩子建立和谐关系

46. 您认为以下哪些因素会影响您参与家庭教育方面的学习或培训?【多选题】
  □费用交通
  □课程内容时间
  □师资
  □学习环境
  □其他（请注明）：

附录2：我国家庭教育现状与需求调查（教师卷）

　　为了了解我国当前家庭教育的现状以及家长相应的需求，为我国家庭教育立法提供参考，《家庭教育立法调研》课题组开展此次调查活动。答案无对错之分，请选择最能表达您真实看法的选项。此次调研实行不记名问卷，答案绝对保密，请放心填写。感谢您的支持与配合！

《家庭教育立法调研》课题组

一、教师基本情况

1. 您所在的省份：

安徽	北京	重庆	福建	甘肃	广东	广西	贵州
海南	河北	黑龙江	河南	香港	湖北	湖南	江苏
江西	吉林	辽宁	澳门	内蒙古	宁夏	青海	山东
上海	山西	陕西	四川	台湾	天津	新疆	西藏
云南	浙江						

2. 您所在学校的性质：
☐公立
☐私立

3. 您所在的学校属于：
☐住宿制学校
☐非住宿制学校

4. 您所在学校的类型：
☐幼儿园
☐小学
☐初中
☐普通高中

□中等职业学校（职业高中、中专、技校）

5. 您所在学校所在地：
□城市
□乡镇
□农村

6. 您的学历：
□高中以下
□高中
□大学专科
□大学本科
□研究生及以上

7. 您的教龄：
□3年以下
□3-5年
□6-10年
□11-15年
□16-20年
□21-25年
□26年及以上

二、家庭教育指导现状

8. 您认为您所在的学校家长整体来说在家庭教育方面的情况是：
□善于学习，注重自身成长，能够运用比较科学的家庭教育理念教育子女
□能够参与学习，但还不能很好地在实践中运用科学的家庭教育理念
□教育子女家庭教育观念落后，信奉"不打不成才""树大自然直"等观点
□对子女教育不闻不问，只顾工作，谈不上什么家庭教育理念

9. 您认为学校与家长沟通合作整体情况是：
☐非常好
☐比较好
☐一般
☐比较差
☐很差

10. 您所在的学校重视家庭教育指导工作吗？
☐重视
☐不重视
☐不清楚

11. 您所在的学校是否有家长学校或其他家庭教育机构？
☐有
☐没有
☐不清楚

12. 您所在的学校是否有指导家庭教育的骨干教师？
☐有
☐没有
☐不清楚

13. 如果有家长学校或其他家庭教育指导机构，开展活动的情况是：
☐每周一次
☐每半月一次
☐每月一次
☐每学期开展1-2次
☐基本没有活动
☐不清楚

14. 您所在的学校是否成立了家长委员会？
☐是

□否
□不清楚

15. 您所在的学校如果成立了家长委员会，开展的工作有？【多选题】
□参与学校日常管理参与学校评价
□组建了家长义工队伍并参与学校教学及学生管理工作
□基本没有任何活动
□其他（请注明）：

16. 您所在的学校有无政策，督促、鼓励教师学习有关家庭教育知识？
□有
□没有
□不清楚

17. 您所在的学校有没有对指导者提出对待家长的具体要求？
□有
□没有
□不清楚

18. 您所在的学校对家长进行教育指导的活动主要有：【多选题】
□家长会
□专题讲座
□专题网站
□其他（请注明）：

19. 您所在的学校在家校共育方面开展过哪些形式的工作？【多选题】
□聘请家庭教育专家作报告组织亲子活动
□培训本校家庭教育指导骨干教师开发家庭教育校本教材
□组织教师家访成立家长学校
□组织家庭教育咨询印发家校练习册
□其他（请注明）：

20. 您有没有接受过如何对家长进行家庭教育指导的系统培训？
☐有
☐没有
☐说不清

21. 您参加的培训对您指导家长家庭教育有帮助吗？
☐很有帮助
☐有帮助
☐没有帮助
☐说不清

22. 您本人有没有总结过如何开展家庭教育指导或家庭教育指导管理方面的经验？
☐有
☐没有
☐说不清

23. 您本人有没有主持或参加过家庭教育的课题研究并形成研究成果？
☐有
☐没有
☐说不清

24. 您最常用的与家长沟通的方式？【多选题】
☐家访
☐让家长来学校
☐打电话
☐QQ、微信或短信平台等
☐家长会
☐家校联系册
☐家长接待日
☐其他（请注明：

25. 您所在学校对单亲家庭、特困家庭、重组家庭的学生以及残疾学生、留守儿童等特殊学生群体家长有没有进行特别的指导教育？
□有
□没有
□不清楚

26. 您所在的学校学生家长对家庭教育培训的态度是：
□非常支持，主动参与
□比较被动，但能听从学校安排参加培训
□非常抵触，大部分不愿意参加培训
□不清楚

27. 您认为学校家庭教育指导的效果如何？
□很好
□一般
□不好
□不清楚

三、对家庭教育指导的认识

28. 您认为加强家庭教育指导工作：
□非常必要
□有必要
□没有必要
□无所谓

29. 您认为自己是否了解所带班级孩子的家庭及家庭教育情况？
□很了解
□基本了解
□了解很少
□完全不了解

30. 您认为在孩子成长过程中家长和教师应担负什么职责？
□家长担负主要职责，教师次之
□教师担负主要职责，家长次之
□学习上教师担负主要职责，其他方面家长担负主要职责
□其他（请注明）：

31. 您认为学校对家长进行教育指导是一项重要的、必不可少的活动吗？
□是
□否

32. 您认为学生家长最需要指导帮助的方面是：【多选题】
□家庭教育的理念
□孩子身心发展的规律及特点
□如何与孩子沟通交流
□学习习惯与方法指导
□青春期教育
□心理辅导
□其他（请注明）：

33. 您觉得家长委员会的作用是：
□收钱、发通知
□家校沟通的桥梁
□形同虚设
□联合家长闹事的组织

34. 您与家长交流中出现过困难吗？
□经常
□偶尔
□从未

35. 您觉得最好多久举行一次家庭教育指导活动？
□每周
□每半月
□每个月
□两个月
□一学期

36. 如果要举行家庭教育方面的学习活动，您认为合适的时间是？【多选题】
□周六白天
□周六晚上
□周日白天
□周日晚上
□周一——周五晚上
□都可以

37. 您希望通过什么方式获得家庭教育指导方面的知识和技能？【多选题】
□知识讲座或培训团体活动
□一对一交流
□发放阅读资料
□其他（请注明）：

38. 您觉得学校有必要创建家庭教育指导网站，对家长进行家庭教育方法的培训吗？
□是
□否

39. 您获得家庭教育知识的主要途径是：【多选题】
□大学课堂上的学习
□工作单位开展的培训
□书本、媒体

□长辈影响
□自己的摸索积累
□其他（请注明）：_____

40. 您对学校开展家庭教育工作的建议？

附录3：我国家庭教育政府职责履行现状访谈提纲

1. 访谈对象
——省、市、县妇联妇女发展部、儿童工作部负责人
——省、市、县教育厅（局）基础教育处、政策法规处负责人
——省、市、县教育指导中心负责人
——中小学校主要负责人、中小学教师（班主任、其他科任老师）
——社区、企业负责人
——部分典型家庭家长

2. 访谈提纲
——省、市、县妇联儿童工作部负责人

（1）妇联在家庭教育方面的职责？家庭教育工作协调机构的第一负责人是哪个机构的领导？常务负责人是哪个机构的领导？日常办事机构设在哪个机构？

（2）开展家庭教育的经费情况怎样（工作经费、专项工作经费？按照什么标准拨付？自筹情况怎样？主要用在哪些方面？）？人员情况（专兼职人数、专业背景等）？

（3）家长学校设立情况（主要分布及数量？家长学校的形式——有无网上家长学校？）

（4）妇联在家庭教育方面主要做了哪些工作？

（5）妇联在家庭教育工作方面还有哪些困难以及改进建议？

——省、市、县教育行政管理部门领导访谈提纲

（1）教育行政部门在家庭教育方面的职责

（2）教育行政部门在家庭教育方面主要做了哪些工作：规划、投入、监管、政策？

（3）教育行政部门在家庭教育工作方面还有哪些困难以及改进建议？

（4）民间家庭教育指导服务机构的情况？存在什么问题？改进建议？

——省、市、县家庭教育指导中心领导访谈提纲

（1）中心的主管单位是哪个机构？主办单位是哪个机构？

（2）中心的人员情况（人数、专职、兼职）、场地情况、活动经费情况

（3）中心开展指导培训情况，家长参与情况？

（4）您有没有接受过系统培训？贵单位有没有提出对待家长和对待指导工作的具体要求？有没有提出对达到效果的具体要求？有没有年度或阶段工作计划？有没有定期检查落实？

（5）家庭教育指导服务的大纲教材（指导服务内容的选取、教材的编制与选取）

——中小学校主要负责人访谈提纲

（1）中小学校在家庭教育方面的职责

（2）中小学校在家庭教育方面主要做了哪些工作？

（3）中小学校在家庭教育工作方面还有哪些困难以及改进建议？

——中小学教师访谈提纲

（1）您平时在家庭教育会做哪些工作？

（2）您觉得指导家长教育工作存在哪些困难？

（3）您觉得作为教师，想更好地指导家长的家庭教育，应该需要什么帮助？

——社区（企业）负责人

（1）社区或者企业平常有没有组织家庭教育指导活动？

（2）社区或者企业开展家庭教育指导活动有什么困难？

（3）社区或企业在家庭教育工作方面有哪些改进建议？

——部分典型家庭家长

（1）您平时获得家庭教育的信息主要来自哪些方面？

（2）您有没有在家长培训机构接受培训？

（3）您觉得教育子女最困惑的是什么？

（4）您认为教育子女完全是自己的事吗？国家或者政府该不该管家庭教育的事？

（5）您希望政府从哪些方面在家庭教育方面帮助你？

附录4：中华人民共和国家庭教育促进法

中华人民共和国主席令

第九十八号

《中华人民共和国家庭教育促进法》已由中华人民共和国第十三届全国人民代表大会常务委员会第三十一次会议于2021年10月23日通过，现予公布，自2022年1月1日起施行。

中华人民共和国主席　习近平
2021年10月23日

中华人民共和国家庭教育促进法

（2021年10月23日第十三届全国人民代表大会常务委员会第三十一次会议通过）

目　录

第一章　总　则
第二章　家庭责任
第三章　国家支持
第四章　社会协同
第五章　法律责任
第六章　附　则

第一章　总　则

第一条　为了发扬中华民族重视家庭教育的优良传统，引导全社会注重家庭、家教、家风，增进家庭幸福与社会和谐，培养德智体美劳全面发展的社会主义建设者和接班人，制定本法。

第二条 本法所称家庭教育,是指父母或者其他监护人为促进未成年人全面健康成长,对其实施的道德品质、身体素质、生活技能、文化修养、行为习惯等方面的培育、引导和影响。

第三条 家庭教育以立德树人为根本任务,培育和践行社会主义核心价值观,弘扬中华民族优秀传统文化、革命文化、社会主义先进文化,促进未成年人健康成长。

第四条 未成年人的父母或者其他监护人负责实施家庭教育。

国家和社会为家庭教育提供指导、支持和服务。

国家工作人员应当带头树立良好家风,履行家庭教育责任。

第五条 家庭教育应当符合以下要求:

(一)尊重未成年人身心发展规律和个体差异;

(二)尊重未成年人人格尊严,保护未成年人隐私权和个人信息,保障未成年人合法权益;

(三)遵循家庭教育特点,贯彻科学的家庭教育理念和方法;

(四)家庭教育、学校教育、社会教育紧密结合、协调一致;

(五)结合实际情况采取灵活多样的措施。

第六条 各级人民政府指导家庭教育工作,建立健全家庭学校社会协同育人机制。县级以上人民政府负责妇女儿童工作的机构,组织、协调、指导、督促有关部门做好家庭教育工作。

教育行政部门、妇女联合会统筹协调社会资源,协同推进覆盖城乡的家庭教育指导服务体系建设,并按照职责分工承担家庭教育工作的日常事务。

县级以上精神文明建设部门和县级以上人民政府公安、民政、司法行政、人力资源和社会保障、文化和旅游、卫生健康、市场监督管理、广播电视、体育、新闻出版、网信等有关部门在各自的职责范围内做好家庭教育工作。

第七条 县级以上人民政府应当制定家庭教育工作专项规划,将家庭教育指导服务纳入城乡公共服务体系和政府购买服务目录,将相关经费列入财政预算,鼓励和支持以政府购买服务的方式提供家庭教育指导。

第八条 人民法院、人民检察院发挥职能作用,配合同级人民政府及其有关部门建立家庭教育工作联动机制,共同做好家庭教育工作。

第九条 工会、共产主义青年团、残疾人联合会、科学技术协会、关心下一代工作委员会以及居民委员会、村民委员会等应当结合自身工作，积极开展家庭教育工作，为家庭教育提供社会支持。

第十条 国家鼓励和支持企业事业单位、社会组织及个人依法开展公益性家庭教育服务活动。

第十一条 国家鼓励开展家庭教育研究，鼓励高等学校开设家庭教育专业课程，支持师范院校和有条件的高等学校加强家庭教育学科建设，培养家庭教育服务专业人才，开展家庭教育服务人员培训。

第十二条 国家鼓励和支持自然人、法人和非法人组织为家庭教育事业进行捐赠或者提供志愿服务，对符合条件的，依法给予税收优惠。

国家对在家庭教育工作中做出突出贡献的组织和个人，按照有关规定给予表彰、奖励。

第十三条 每年5月15日国际家庭日所在周为全国家庭教育宣传周。

第二章　家庭责任

第十四条 父母或者其他监护人应当树立家庭是第一个课堂、家长是第一任老师的责任意识，承担对未成年人实施家庭教育的主体责任，用正确思想、方法和行为教育未成年人养成良好思想、品行和习惯。

共同生活的具有完全民事行为能力的其他家庭成员应当协助和配合未成年人的父母或者其他监护人实施家庭教育。

第十五条 未成年人的父母或者其他监护人及其他家庭成员应当注重家庭建设，培育积极健康的家庭文化，树立和传承优良家风，弘扬中华民族家庭美德，共同构建文明、和睦的家庭关系，为未成年人健康成长营造良好的家庭环境。

第十六条 未成年人的父母或者其他监护人应当针对不同年龄段未成年人的身心发展特点，以下列内容为指引，开展家庭教育：

（一）教育未成年人爱党、爱国、爱人民、爱集体、爱社会主义，树立维护国家统一的观念，铸牢中华民族共同体意识，培养家国情怀；

（二）教育未成年人崇德向善、尊老爱幼、热爱家庭、勤俭节约、团结互助、诚信友爱、遵纪守法，培养其良好社会公德、家庭美德、个人品德意识和法治意识；

（三）帮助未成年人树立正确的成才观，引导其培养广泛兴趣爱好、健康审美追求和良好学习习惯，增强科学探索精神、创新意识和能力；

（四）保证未成年人营养均衡、科学运动、睡眠充足、身心愉悦，引导其养成良好生活习惯和行为习惯，促进其身心健康发展；

（五）关注未成年人心理健康，教导其珍爱生命，对其进行交通出行、健康上网和防欺凌、防溺水、防诈骗、防拐卖、防性侵等方面的安全知识教育，帮助其掌握安全知识和技能，增强其自我保护的意识和能力；

（六）帮助未成年人树立正确的劳动观念，参加力所能及的劳动，提高生活自理能力和独立生活能力，养成吃苦耐劳的优秀品格和热爱劳动的良好习惯。

第十七条 未成年人的父母或者其他监护人实施家庭教育，应当关注未成年人的生理、心理、智力发展状况，尊重其参与相关家庭事务和发表意见的权利，合理运用以下方式方法：

（一）亲自养育，加强亲子陪伴；

（二）共同参与，发挥父母双方的作用；

（三）相机而教，寓教于日常生活之中；

（四）潜移默化，言传与身教相结合；

（五）严慈相济，关心爱护与严格要求并重；

（六）尊重差异，根据年龄和个性特点进行科学引导；

（七）平等交流，予以尊重、理解和鼓励；

（八）相互促进，父母与子女共同成长；

（九）其他有益于未成年人全面发展、健康成长的方式方法。

第十八条 未成年人的父母或者其他监护人应当树立正确的家庭教育理念，自觉学习家庭教育知识，在孕期和未成年人进入婴幼儿照护服务机构、幼儿园、中小学校等重要时段进行有针对性的学习，掌握科学的家庭教育方法，提高家庭教育的能力。

第十九条 未成年人的父母或者其他监护人应当与中小学校、幼儿园、婴幼儿照护服务机构、社区密切配合，积极参加其提供的公益性家庭教育指导和实践活动，共同促进未成年人健康成长。

第二十条 未成年人的父母分居或者离异的，应当相互配合履行家庭教育责任，任何一方不得拒绝或者怠于履行；除法律另有规定外，不得阻碍另一方实施家庭教育。

第二十一条　未成年人的父母或者其他监护人依法委托他人代为照护未成年人的，应当与被委托人、未成年人保持联系，定期了解未成年人学习、生活情况和心理状况，与被委托人共同履行家庭教育责任。

第二十二条　未成年人的父母或者其他监护人应当合理安排未成年人学习、休息、娱乐和体育锻炼的时间，避免加重未成年人学习负担，预防未成年人沉迷网络。

第二十三条　未成年人的父母或者其他监护人不得因性别、身体状况、智力等歧视未成年人，不得实施家庭暴力，不得胁迫、引诱、教唆、纵容、利用未成年人从事违反法律法规和社会公德的活动。

第三章　国家支持

第二十四条　国务院应当组织有关部门制定、修订并及时颁布全国家庭教育指导大纲。

省级人民政府或者有条件的设区的市级人民政府应当组织有关部门编写或者采用适合当地实际的家庭教育指导读本，制定相应的家庭教育指导服务工作规范和评估规范。

第二十五条　省级以上人民政府应当组织有关部门统筹建设家庭教育信息化共享服务平台，开设公益性网上家长学校和网络课程，开通服务热线，提供线上家庭教育指导服务。

第二十六条　县级以上地方人民政府应当加强监督管理，减轻义务教育阶段学生作业负担和校外培训负担，畅通学校家庭沟通渠道，推进学校教育和家庭教育相互配合。

第二十七条　县级以上地方人民政府及有关部门组织建立家庭教育指导服务专业队伍，加强对专业人员的培养，鼓励社会工作者、志愿者参与家庭教育指导服务工作。

第二十八条　县级以上地方人民政府可以结合当地实际情况和需要，通过多种途径和方式确定家庭教育指导机构。

家庭教育指导机构对辖区内社区家长学校、学校家长学校及其他家庭教育指导服务站点进行指导，同时开展家庭教育研究、服务人员队伍建设和培训、公共服务产品研发。

第二十九条 家庭教育指导机构应当及时向有需求的家庭提供服务。

对于父母或者其他监护人履行家庭教育责任存在一定困难的家庭，家庭教育指导机构应当根据具体情况，与相关部门协作配合，提供有针对性的服务。

第三十条 设区的市、县、乡级人民政府应当结合当地实际采取措施，对留守未成年人和困境未成年人家庭建档立卡，提供生活帮扶、创业就业支持等关爱服务，为留守未成年人和困境未成年人的父母或者其他监护人实施家庭教育创造条件。

教育行政部门、妇女联合会应当采取有针对性的措施，为留守未成年人和困境未成年人的父母或者其他监护人实施家庭教育提供服务，引导其积极关注未成年人身心健康状况、加强亲情关爱。

第三十一条 家庭教育指导机构开展家庭教育指导服务活动，不得组织或者变相组织营利性教育培训。

第三十二条 婚姻登记机构和收养登记机构应当通过现场咨询辅导、播放宣传教育片等形式，向办理婚姻登记、收养登记的当事人宣传家庭教育知识，提供家庭教育指导。

第三十三条 儿童福利机构、未成年人救助保护机构应当对本机构安排的寄养家庭、接受救助保护的未成年人的父母或者其他监护人提供家庭教育指导。

第三十四条 人民法院在审理离婚案件时，应当对有未成年子女的夫妻双方提供家庭教育指导。

第三十五条 妇女联合会发挥妇女在弘扬中华民族家庭美德、树立良好家风等方面的独特作用，宣传普及家庭教育知识，通过家庭教育指导机构、社区家长学校、文明家庭建设等多种渠道组织开展家庭教育实践活动，提供家庭教育指导服务。

第三十六条 自然人、法人和非法人组织可以依法设立非营利性家庭教育服务机构。

县级以上地方人民政府及有关部门可以采取政府补贴、奖励激励、购买服务等扶持措施，培育家庭教育服务机构。

教育、民政、卫生健康、市场监督管理等有关部门应当在各自职责范围内，依法对家庭教育服务机构及从业人员进行指导和监督。

第三十七条 国家机关、企业事业单位、群团组织、社会组织应当将家风建设纳入单位文化建设，支持职工参加相关的家庭教育服务活动。

文明城市、文明村镇、文明单位、文明社区、文明校园和文明家庭等创建活动，应当将家庭教育情况作为重要内容。

第四章 社会协同

第三十八条 居民委员会、村民委员会可以依托城乡社区公共服务设施，设立社区家长学校等家庭教育指导服务站点，配合家庭教育指导机构组织面向居民、村民的家庭教育知识宣传，为未成年人的父母或者其他监护人提供家庭教育指导服务。

第三十九条 中小学校、幼儿园应当将家庭教育指导服务纳入工作计划，作为教师业务培训的内容。

第四十条 中小学校、幼儿园可以采取建立家长学校等方式，针对不同年龄段未成年人的特点，定期组织公益性家庭教育指导服务和实践活动，并及时联系、督促未成年人的父母或者其他监护人参加。

第四十一条 中小学校、幼儿园应当根据家长的需求，邀请有关人员传授家庭教育理念、知识和方法，组织开展家庭教育指导服务和实践活动，促进家庭与学校共同教育。

第四十二条 具备条件的中小学校、幼儿园应当在教育行政部门的指导下，为家庭教育指导服务站点开展公益性家庭教育指导服务活动提供支持。

第四十三条 中小学校发现未成年学生严重违反校规校纪的，应当及时制止、管教，告知其父母或者其他监护人，并为其父母或者其他监护人提供有针对性的家庭教育指导服务；发现未成年学生有不良行为或者严重不良行为的，按照有关法律规定处理。

第四十四条 婴幼儿照护服务机构、早期教育服务机构应当为未成年人的父母或者其他监护人提供科学养育指导等家庭教育指导服务。

第四十五条 医疗保健机构在开展婚前保健、孕产期保健、儿童保健、预防接种等服务时，应当对有关成年人、未成年人的父母或者其他监护人开展科学养育知识和婴幼儿早期发展的宣传和指导。

第四十六条　图书馆、博物馆、文化馆、纪念馆、美术馆、科技馆、体育场馆、青少年宫、儿童活动中心等公共文化服务机构和爱国主义教育基地每年应当定期开展公益性家庭教育宣传、家庭教育指导服务和实践活动，开发家庭教育类公共文化服务产品。

广播、电视、报刊、互联网等新闻媒体应当宣传正确的家庭教育知识，传播科学的家庭教育理念和方法，营造重视家庭教育的良好社会氛围。

第四十七条　家庭教育服务机构应当加强自律管理，制定家庭教育服务规范，组织从业人员培训，提高从业人员的业务素质和能力。

第五章　法律责任

第四十八条　未成年人住所地的居民委员会、村民委员会、妇女联合会，未成年人的父母或者其他监护人所在单位，以及中小学校、幼儿园等有关密切接触未成年人的单位，发现父母或者其他监护人拒绝、怠于履行家庭教育责任，或者非法阻碍其他监护人实施家庭教育的，应当予以批评教育、劝诫制止，必要时督促其接受家庭教育指导。

未成年人的父母或者其他监护人依法委托他人代为照护未成年人，有关单位发现被委托人不依法履行家庭教育责任的，适用前款规定。

第四十九条　公安机关、人民检察院、人民法院在办理案件过程中，发现未成年人存在严重不良行为或者实施犯罪行为，或者未成年人的父母或者其他监护人不正确实施家庭教育侵害未成年人合法权益的，根据情况对父母或者其他监护人予以训诫，并可以责令其接受家庭教育指导。

第五十条　负有家庭教育工作职责的政府部门、机构有下列情形之一的，由其上级机关或者主管单位责令限期改正；情节严重的，对直接负责的主管人员和其他直接责任人员依法予以处分：

（一）不履行家庭教育工作职责的；

（二）截留、挤占、挪用或者虚报、冒领家庭教育工作经费的；

（三）其他滥用职权、玩忽职守或者徇私舞弊的情形。

第五十一条　家庭教育指导机构、中小学校、幼儿园、婴幼儿照护服务机构、早期教育服务机构违反本法规定，不履行或者不正确履行家庭教育指导服务职责的，由主管部门责令限期改正；情节严重的，对直接负责的主管人员和其他直接责任人员依法予以处分。

第五十二条 家庭教育服务机构有下列情形之一的，由主管部门责令限期改正；拒不改正或者情节严重的，由主管部门责令停业整顿、吊销营业执照或者撤销登记：

（一）未依法办理设立手续；

（二）从事超出许可业务范围的行为或作虚假、引人误解宣传，产生不良后果；

（三）侵犯未成年人及其父母或者其他监护人合法权益。

第五十三条 未成年人的父母或者其他监护人在家庭教育过程中对未成年人实施家庭暴力的，依照《中华人民共和国未成年人保护法》、《中华人民共和国反家庭暴力法》等法律的规定追究法律责任。

第五十四条 违反本法规定，构成违反治安管理行为的，由公安机关依法予以治安管理处罚；构成犯罪的，依法追究刑事责任。

第六章 附 则

第五十五条 本法自 2022 年 1 月 1 日起施行。

参考文献

1. 著作

（1）中文专著

[1] 鲍传友：《教育公平与政府责任》，北京师范大学出版社 2011 年版。

[2] 曹爱军：《民生政治的实践逻辑——基本公共服务均等化》，知识产权出版社 2015 年版。

[3] 曹建光：《公共服务的制度基础——走向公共服务法治化的思考》，社会科学文献出版社 2004 年版。

[4] 曹贤余：《儿童最大利益原则下的亲子法研究》，群众出版社 2015 年版。

[5] 陈桂生：《教育原理（第 3 版）》，华东师范大学出版社 2012 年版。

[6] 陈国权：《责任政府：从权力本位到责任本位》，浙江大学出版社 2009 年版。

[7] 陈鹤琴：《家庭教育》，华东师范大学出版社 2006 年版。

[8] 陈奎喜：《教育社会学研究》，台湾师大书苑有限公司 1990 年版。

[9] 陈云凡：《中国儿童福利供给中的政府与家庭行为分析》，湖南人民出版社 2012 年版。

[10] 邓正来：《国家与社会：中国市民社会研究》，北京大学出版社 2008 年版。

[11] 费孝通：《生育制度》，商务印书馆 2008 年版。

[12] 关颖：《家庭教育社会学》，教育科学出版社 2014 年版。

[13] 关颖：《社会学视野中的家庭教育》，天津社会科学院出版社 2000 年版。

[14] 管华：《儿童权利研究——义务教育阶段儿童的权利与保障》，法律出版社 2011 年版。

[15] 何琦瑜：《家庭教育——赢得起点》，天下杂志股份有限公司 2006 年版。

[16] 洪秀敏：《儿童发展理论与应用》，北京师范大学出版 2015 年版。

[17] 黄德祥：《亲职教育理论与应用》，伟华书局有限公司出版 2006 年版。

[18] 黄乃毓：《家庭生活教育导论》，空中大学出版社 2004 年版。

[19] 黄学贤：《行政法视野中的服务型政府研究》，中国政法大学出版社 2013 年版。

[20] 金自宁：《公法/私法二元区分的反思》，北京大学出版社 2007 年版。

[21] 劳凯声主编：《变革社会中的教育权与受教育权：教育法学基本问题研究》，教育科

学出版社 2003 年版。

[22] 李佃来:《公共领域与生活世界——哈贝马斯市民社会理论研究》,人民出版社 2006 年版。

[23] 李军鹏:《公共服务型政府》,北京大学出版社 2004 年版。

[24] 李军鹏:《公共服务学——政府公共服务的理论与实践》,国家行政学院出版社 2007 年版。

[25] 李军鹏:《公共管理学》,首都经济贸易大学出版社 2005 年版。

[26] 李松涛:《家庭教育的社会支持研究》,东北大学出版社 2014 年版。

[27] 李霞:《监护制度比较研究》,山东大学出版社 2004 年版。

[28] 李延铸:《服务型政府的法学原理及其重难点领域实务研究》,四川大学出版社 2012 年版。

[29] 李燕凌、贺林波:《公共服务视野下的政府责任法治》,人民出版社 2015 年版。

[30] 梁忠义:《当代日本社会教育》,山西教育出版社 1994 年版。

[31] 林艳琴:《我国未成年人监护制度的理论与实践》,中国法制出版社 2017 年版。

[32] 刘德吉:《基于公共服务均等化:基础、制度安排及政策选择》,上海交通大学出版社 2013 年版。

[33] 刘继同:《国家责任与儿童福利:中国儿童健康与儿童福利政策研究》,中国社会出版社 2010 年版。

[34] 刘建发:《教育财政投入的法制保障研究》,经济管理出版社 2006 年版。

[35] 刘宗德:《制度设计型行政法学》,北京大学出版社 2013 年版。

[36] 柳倩编著:《国际处境不利学前儿童政策研究》,华东师范大学出版社 2012 年版。

[37] 陆伟明:《服务行政法论》,中国政法大学出版社 2012 年版。

[38] 罗豪才、毕洪海:《软法的挑战》,商务印书馆 2011 年版。

[39] 吕青等:《家庭政策》,社会科学文献出版社 2012 年版。

[40] 马汉宝:《法律思想与社会变迁》,清华大学出版 2008 年版。

[41] 马特:《隐私权研究——以体系构建为中心》,中国人民大学出版社 2014 年版。

[42] 马忠虎:《家校合作》,教育科学出版社 1999 年版。

[43] 莫于川等:《柔性行政方式法治化研究——从建设法治政府、服务型政府的视角》,厦门大学出版社 2011 年版。

[44] 潘鸿雁:《国家与家庭的互构——河北翟城村调查》,上海人民出版社 2008 年版。

[45] 乔耀章:《政府理论》,苏州大学出版社 2003 年版。

[46] 秦惠民:《走入教育法制的深处——论教育权的演变》,中国人民公安大学出版社 1998 年版。

[47] 全国妇联儿童工作部：《全国家庭教育调查报告》，社会科学文献出版社2011年版。

[48] 任晓：《中国行政改革》，浙江人民出版社1998年版。

[49] 史小艳：《义务教育阶段受教育权的政府责任研究》，华中科技大学出版社2016年版。

[50] 苏力：《制度是如何形成的》，北京大学出版社2007年版。

[51] 孙选中：《服务型政府及其服务行政机制研究》，中国政法大学出版社2009年版。

[52] 唐灿烂、张建：《家庭问题与政府责任：促进家庭发展的国内外比较研究》，社会科学出版社2013年版。

[53] 王本余：《教育与权利：儿童的教育权利及其优先性》，海峡出版发行集团、福建教育出版社2012年版。

[54] 王成栋：《政府责任论》，中国政法大学出版社1999年版。

[55] 王芳：《隐私与刑事法——隐私的政治价值与制度体现》，中国社会科学出版社2012年版。

[56] 王浦劬、莱斯特·M.萨拉蒙等：《政府向社会组织购买公共服务研究：中国与全球经验分析》，北京大学出版社2010年版。

[57] 王雪梅：《儿童权利论——一个初步的比较研究》，社会科学文献出版社2005年版。

[58] 魏红英、李世勇：《服务型地方政府行政体制构建研究》，光明日报出版社2013年版。

[59] 温辉：《受教育权入宪研究》，北京大学出版社2003年版。

[60] 吴爱明、沈荣华、王立平：《服务型政府职能体系》，人民出版社2009年版。

[61] 吴飞：《神圣的家——在中西文明的比较视野下》，宗教文化出版社2014年版。

[62] 吴航：《家庭教育学基础》，华中师范大学出版社2010年版。

[63] 吴用：《儿童监护国际私法问题研究》，对外经济贸易大学出版社2009年版。

[64] 吴重涵、王梅雾、张俊编著：《国际视野与本土行动：家校合作的经验和行动指南》，江西教育出版社2012年版。

[65] 吴重涵、张俊、王梅雾：《家庭背景与家长参与关系的实证研究》，江西教育出版社2014年版。

[66] 郗杰英、鞠青：《家庭抚养和监护未成年人责任履行的社会干预研究报告》，中国人民公安大学出版社2014年版。

[67] 新时期家庭教育的特点、理念、方法研究总课题组办公室：《新时期家庭教育研究》，天津社会科学出版社出版2014年版。

[68] 徐安琪等：《风险社会的家庭压力和社会支持》，上海社会科学院出版社2007年版。

[69] 许育典：《法治国与教育行政——以人的自我实现为核心的教育法》，高等教育文化

事业有限公司 2002 年版。

[70] 阎云翔：《私人生活的变革》，上海书店出版社 2009 年版。
[71] 杨仁忠：《公共领域论》，人民出版社 2009 年版。
[72] 张辰、翁文磊主编：《公共政策与儿童发展》，上海社会科学院出版社 2012 年版。
[73] 姚建平：《国与家的博弈：中国儿童福利制度发展史》，上海人民出版社 2015 年版。
[74] 叶澜：《教育概论》，人民教育出版社 1991 年版。
[75] 叶强：《论国家对家庭教育的介入》，北京大学出版社 2018 年版。
[76] 尹力：《儿童受教育权：性质、内容与路径》，教育科学出版社 2011 年版。
[77] 俞可平：《治理与善治》，社会科学文献出版社 1998 年版。
[78] 俞睿：《国家与社会关系视域中的私人领域建构》，人民出版社 2014 年版。
[79] 宇培峰：《"家长权"研究——中、西法文化视野中的"家长权"》，中国政法大学出版社 2013 年版。
[80] 原丁：《服务型政府回应力研究》，中央编译出版社 2013 年版。
[81] 翟磊：《服务型地方政府的组织模式与运行机制》，中国社会科学出版社 2016 年版。
[82] 张国刚：《家庭与社会》，清华大学出版社 2010 年版。
[83] 张康之：《公共管理伦理学》，中国人民大学出版社 2009 年版。
[84] 张康之：《公共行政中的哲学与伦理》，中国人民大学出版社 2004 年版。
[85] 张康之：《寻找公共行政的伦理视角》，中国人民大学出版社 2012 年版。
[86] 张亮：《中国儿童照顾政策研究：给予性别、家庭和国家的视角》，上海人民出版社 2016 年版。
[87] 张茂聪：《论教育公共性及其保障》，商务印书馆 2012 年版。
[88] 张民安主编：《自治性隐私权研究——自治性隐私权的产生、发展、适用范围和争议》，中山大学出版社 2014 年版。
[89] 张菀洺：《教育公平：政府责任与财政制度》，社会科学文献出版社 2013 年版。
[90] 张馨：《公共财政论纲》，经济科学出版社 1999 年版。
[91] 张扬：《西方儿童权利理论及其当代价值研究》，中国社会科学出版社 2016 年版。
[92] 赵洁：《政府的社会责任》，山西人民出版社 2015 年版。
[93] 赵忠心：《家庭教育学——教育子女的科学与艺术》，人民教育出版社 1994 年版。
[94] 中国儿童中心编：《我国家庭教育指导服务体系构建与推进策略研究》，中国人民大学出版社 2016 年版。
[95] 中国儿童中心编：《我国家庭教育指导服务体系状况调查研究》，中国人民大学出版社 2014 年版。
[96] 中国儿童中心主编：《中国家庭教养中的父母角色：基于 0-6 岁儿童家庭现状的调

查》，社会科学文献出版社2017年版。

（2）中文译著

[1]［奥］赖因哈德·西德尔：《家庭的社会演变》，王志乐等译，商务印书馆1996年版。

[2]［澳］布莱恩·克里滕登：《父母、国家与教育权》，秦惠民等译，教育科学出版社2009年版。

[3]［澳］西蒙·马金森：《教育市场论》，金楠等译，浙江大学出版社2008年版。

[4]［德］哈贝马斯：《公共领域的结构转型》，曹卫东等译，学林出版社1999年版。

[5]［德］K·茨威格特、H·克茨：《比较法总论》，潘汉典译，法律出版社2003年版。

[6]［德］马克思·韦伯：《社会科学方法论》，韩水法、莫茜译，中央编译出版社1999年版。

[7]［德］乌尔西里·贝克：《风险社会》，何博文译，译林出版社2004年版。

[8]［法］安德烈·比尔基埃等主编：《家庭史》，袁树仁、姚静、肖桂译，生活·读书·新知三联书店1998年版。

[9]［法］笛卡尔：《谈谈方法》，王太庆译，商务印书馆2000年版。

[10]［法］菲力浦·阿利埃斯：《儿童的世纪：旧制度下的儿童和家庭生活》，沈坚、朱晓罕译，北京大学出版社2013年版。

[11]［法］弗朗索瓦·德·桑格利：《当代家庭社会学》，房萱译，天津人民出版社2012年版。

[12]［法］莱昂·狄骥：《公法的变迁·法律与国家》，郑戈、冷静译，辽海出版社、春风文艺出版社1999年版。

[13]［法］卢梭：《爱弥儿（上卷）》，李平沤译，人民教育出版社2001年版。

[14]［法］让·凯勒阿尔、P.-Y.特鲁多、E.拉泽加：《家庭微观社会学》，顾西兰译，商务印书馆1998年版。

[15]［古希腊］柏拉图：《理想国》，郭斌和、张竹明译，商务印书馆1986年版。

[16]［美］杜威：《民主主义与教育》，王承绪译，人民教育出版社2004年版。

[17]［美］斯科德等：《美国教育基础：社会展望》，北京师范大学外国教育研究所译，北京教育出版社1984年版。

[18]［美］罗伯特·丹哈特：《公共组织理论》，项龙、刘俊生译，华夏出版社2002年版。

[19]［美］珍妮特·V·登哈特、罗伯特·B·登哈特：《新公共服务：服务，而不是掌舵》，丁煌译，中国人民大学出版社2004年版。

[20]［美］A.爱伦·斯密德：《财产、权力和公共选择——对法和经济学的进一步思考》，黄祖辉等译，上海人民出版社、上海三联书店1999年版。

[21]［美］J.罗斯·埃什尔曼：《家庭导论》，潘允康等译，中国社会科学出版社1991

年版。

[22]［美］P. 诺内特、P. 塞尔兹尼克:《转变中的法律与社会:迈向回应型法》,中国政法大学出版社 2004 年版。

[23]［美］艾尔·巴比:《社会研究方法》,邱泽奇译,华夏出版社 2009 年版。

[24]［美］安妮特·拉鲁:《家庭优势:社会阶层与家长参与》,吴重涵、熊苏春、张俊译,江西教育出版社 2014 年版。

[25]［美］E. 博登海默:《法理学:法律哲学与法律方法》,邓正来译,中国政法大学出版社 2004 年版。

[26]［美］大卫·切尔:《家庭生活的社会学》,彭钢旎译,中华书局 2005 年版。

[27]［美］戴维·罗森布鲁姆:《公共行政学:管理、政治和法律的途径》,张成福等译,中国人民大学出版社 2002 年版。

[28]［美］范芝芬:《流动中国:迁移、国家和家庭》,邱幼云、黄河译,社会科学文献出版社 2013 年版。

[29]［美］弗兰克·J·古德诺:《政治与行政——政府之研究》,王元译,北京大学出版社 2012 年版。

[30]［美］弗里德曼:《资本主义与自由》,张瑞玉译,商务印书馆 2004 年版。

[31]［美］富勒等:《家庭与学校的联系:如何成功地与家长合作》,谭军华等译,中国轻工业出版社 2003 年版。

[32]［美］格罗弗·斯塔林:《公共部门管理》,陈宪等译,上海译文出版社 2003 年版。

[33]［美］哈耶克:《法律、立法与自由》,邓正来等译,中国大百科全书出版社 2000 年版。

[34]［美］汉密尔顿、杰伊、麦迪逊:《联邦党人文集》,程逢如等译,商务印书馆 2007 年版。

[35]［美］加里·斯坦利·贝克尔:《家庭论》,商务印书馆 1998 年版。

[36]［美］凯特·斯丹德利:《家庭法》,中国政法大学出版社 2004 年版。

[37]［美］柯尔伯格:《道德教育的哲学》,魏贤超译,浙江教育出版社 2000 年版。

[38]［美］劳拉·E. 贝克:《儿童发展》,江苏教育出版社 2004 年版。

[39]［美］劳伦斯·A·克雷明:《公共教育》,宇文利译,中国人民大学出版社 2016 年版。

[40]［美］劳伦斯·纽曼:《社会研究方法:定性和定量的取向》,郝大海译,中国人民大学出版社 2007 年版。

[41]［美］理查德·A·金、奥斯汀·D·斯旺森、斯科特·R·斯威特兰:《教育财政——效率、公平与绩效》,曹椒江等译,中国人民大学出版社 2010 年版。

[42] [美] 罗伯特·J·桑普森、约翰·H·劳布：《犯罪之形成——人生道路及其转折点》，汪明亮等译，北京大学出版社 2006 年版。

[43] [美] 罗伯特·诺奇克：《无政府、国家和乌托邦》，姚大志译，中国社会科学出版社 2008 年版。

[44] [美] 罗纳德·德沃金：《认真对待权利》，信春鹰、吴玉涨译，上海三联书店 2008 年版。

[45] [美] 罗斯科·庞德：《通过法律的社会控制》，沈宗灵译，商务印书馆 2010 年版。

[46] [美] 玛格丽特·K. 罗森海姆等编：《少年司法的一个世纪》，高维俭译，商务印书馆 2008 年版。

[47] [美] 穆瑞·罗斯巴德：《自由的伦理》，吕炳斌等译，复旦大学出版社 2008 年版。

[48] [美] 尼尔·波兹曼：《童年的消逝》，吴延莛译，中信出版集团 2015 年版。

[49] [美] 钱德勒·巴伯、尼塔·H. 巴伯、帕特丽夏·史高利：《家庭、学校与社区建立儿童教育的合作关系》，安睿、王磊译，江苏教育出版社 2013 年版。

[50] [美] 乔伊·L. 爱波斯坦：《大教育：学校、家庭与社区合作体系》，曹骏骥译，黑龙江出版集团、黑龙江教育出版社 2016 年版。

[51] [美] 乔伊丝·L. 爱普斯坦等：《学校、家庭和社区合作伙伴：行动手册》，吴重涵、薛惠娟译，江西教育出版社 2012 年版。

[52] [美] 唐纳德·凯特尔：《权力共享：公共治理与私人市场》，孙迎春译，北京大学出版社 2009 年版。

[53] [美] 特里·L. 库珀：《行政伦理学：实现行政责任的途径》，张秀琴译，中国人民大学出版社 2001 年版。

[54] [美] 威廉·J. 古德：《家庭》，魏章玲译，社会科学文献出版社 1986 年版。

[55] [美] 威廉·A. 盖尔斯敦：《自由多元主义——政治理论与实践中的价值多元主义》，佟德志、庞金友译，江苏人民出版社 2005 年版。

[56] [美] 约翰·罗尔斯：《正义论》，何怀宏、何包钢、廖申白译，中国社会科学出版社 2014 年版。

[57] [美] 约翰·罗尔斯：《作为公平的正义：正义新论》，姚大志译，中国社会科学出版社 2011 年版。

[58] [美] 詹姆斯·施密特：《启蒙运动与现代性：18 世纪与 20 世纪的对话》，徐向东、卢华萍译，上海人民出版社 2005 年版。

[59] [美] 珍妮特·V. 登哈特、罗伯特·B. 登哈特：《新公共服务：服务，而不是掌舵》，丁煌译，中国人民大学出版社 2004 年版。

[60] [日] 久下荣志郎、崛内孜：《现代教育行政学》，李兆田等译，教育科学出版社

1981年版。

[61] [日] 植村邦彦:《何谓"市民社会"——基本概念的变迁史》,赵平等译,南京大学出版社2014年版。

[62] [日] 筑波大学教育学研究会编:《现代教育学基础》,上海教育出版社1986年版。

[63] [日] 滋贺秀三:《中国家族法原理》,张建国、李力译,商务印书馆2013年版。

[64] 中央教育科学研究所、《世界教育展望》编辑组编:《世界教育展望》,教育科学出版社1983年版。

[65] [苏] Л·С·雅维茨:《法的一般理论——哲学和社会问题》,朱景文译,辽宁人民出版社1986年版。

[66] [苏] 苏霍姆林斯基:《家长教育学》,杜志英等译,中国妇女出版社1982年版。

[67] [苏] 马卡连柯:《父母必读》,人民教育出版社1990年版。

[68] [英] F·R·艾略特:《家庭:变革还是延续》,何世念译,中国人民大学出版社1992年版。

[69] [英] 鲍桑葵:《关于国家的哲学理论》,汪淑钧译,商务印书馆1995年版。

[70] [英] 伯特兰·罗素:《婚姻革命》,靳建国译,东方出版社1988年版。

[71] [英] 大卫·G·格林:《再造市民社会——重新发现没有政治介入的福利》,陕西出版集团、陕西人民出版社2011年版。

[72] [英] 波普:《开放社会及其敌人》,杜汝楫、戴雅民译,山西高校联合出版社1992年版。

[73] [英] 卡尔·波普尔:《猜想与反驳——科学知识的增长》,傅季重等译,上海译文出版社1986年版。

[74] [英] 劳伦斯·斯通:《英国的家庭、性与婚姻:1500—1800》,刁筱华译,商务印书馆2011年版。

[75] [英] 洛克:《政府论(上、下)》,瞿菊农、叶启芳译,商务印书馆2016年版。

[76] [英] 约翰·密尔:《论自由》,许宝译,商务印书馆1959年版。

[77] [英] 约翰·伊克拉:《家庭法和私生活》,石雷译,法律出版社2015年版。

(3) 外文著作

[1] Alice K. Butterfield, Cynthia J. Rocha, *The Dynamics of Family Policy*, Lyceum Books, Inc, 2010.

[2] Andrew J. Cherlin, *Public and private families: an introduction*, The McGraw-Hill Companies, Inc, 2013.

[3] Barbara, Schneider, James S. Coleman, *Parents, Their Children, and Schools*, West view Press, 1993.

[4] Barlow J, Parsons J, *Group-based parent-training program for improving emotional and behavioral adjustments in 0-3 years old children*, John Wiley & Sons, Ltd, 2003.

[5] Craig Lind, Heather Keating, Jo Bridgeman, *Taking Responsibility, Law and the Changing Family*, TJ International Ltd, 2011.

[6] David Wiliam Archard, *Children, Family and the State*, Ashgate Publishing Company, 2003.

[7] Donna Haig Friedman, *Parenting in Public: Family Shelter and Public Assistance*, Columbia University Press, 2000.

[8] Evelyn Pickarts, Jean Fargo, *Parent Education: Toward parental competence*, Meredith Corporation, 1971.

[9] Gauthier, Anne H., *The State and the Family: A Comparative Analysis of Family Policies in Industrialized Countries*, Clarendon Press, 1996.

[10] Gianna Knowles, Radhika HolmstrÖm, *Understanding Family Diversity and Home-School Relations: A guide for students and practitioners in early years and primary settings*, Routledge, 2013.

[11] Gillian Pugh, Erica De'Ath, *The needs of parents: practice and policy in parent education*, Macmillan Education Ltd, 1984.

[12] Herbert J. Spiro, *Responsibility in Government: Theory and Practice*, Litton Educational Publishing. Inc, 1969.

[13] Katharine Briar-Lawson, Hal A. Lawon, and Charles B. Hennon, with Alan R. Jones, *Family-centered Policies and Practices: International Implications*, Columbia University Press, 2011.

[14] L. de Mause (ed.), *The History of Childhood*, Harper & Row, 1974.

[15] M. E. Arcus, J. D. Schvaneveldt, J. J. Moss (Eds.), *Handbook of family life education: foundation of family life education*, SAGE Publications Inc, 1993.

[16] M. E. Arcus, J. D. Schvaneveldt, J. J. Moss (Eds.), *Handbook of family life education: The Practice of family life education*, SAGE Publications Inc, 1993.

[17] Melissa Moschella, *To whom do children belong? Parental rights, civic education, and children's autonomy*, Cambridge University Presss, 2016.

[18] Michael W. Austin, *Conceptions of parenthood: Ethics and the Family*, Ashgate Publishing Company, 2007.

[19] Nick Frost, *Rethinking Children and Families: The Relationship between children, families and the state*, NeReplika Press Pvt Ltd, 2011.

[20] Nigel Thomas, *Children, Family, and the State: Decision-making and Child Participation*,

Martin's Press, LLC., 2000.

[21] Richard M. Lerner, Elizabeth E. Sparks, Laurie D. McCubbin, *Family Diversity and Family Policy*: *Strengthening Families for America's Children*, Springer Science + Business Media, 1999.

[22] Robert H. Mnookin, D. Kelly, *Children, Family, and State*: *Problems and Materials on Children and the Law* (6th ed.), Wolters Kluwer Law & Business, 2009.

[23] Taylor Michael, *The Possibility of Cooperation*, Cambridge university press, 1987.

[24] Thomas N., *Children, Family and the State*: *Decision-making and Child Protection*, Basingstoke, Hampshire: Macmillan; St. Martin's Press, 2000.

[25] William W. Cutler, *Parents and Schools*: *the150-year struggle for control in American Education*, University of Chicago Press, 2000.

2. 期刊论文

(1) 中文期刊论文

[1] 埃蒙·凯伦、孙兰芝:"'大球理论'与教育中父母及子女的权利",载《教育研究》2004年第4期。

[2] 蔡乐渭:"'论学前教育中的政府职责及其法律规制'",载劳凯声主编:《中国教育法制评论(第11辑)》,教育科学出版社2013年版。

[3] 陈宏光:"立法权与立法生态平衡",载《安徽大学法律评论》2003年第12期。

[4] 陈建翔:"家庭教育不该沦为学校的附庸",载《基础教育论坛》2015年第9期。

[5] 陈思琴:"离婚前父母教育计划:美国离婚法的经验与借鉴",载《南昌航空大学学报(社会科学版)》2012年第2期。

[6] 陈苇、石婷:"家庭因素对未成年人犯罪的影响及对策实证研究——以重庆市某区人民法院未成年人犯罪案件为对象",载《青少年犯罪问题》2013年第5期。

[7] 陈苇、王鹍:"澳大利亚儿童权益保护立法评介及其对我国立法的启示——以家庭法和子女抚养(评估)法为研究对象",载《甘肃政法学院学报》2007年第3期。

[8] 陈云良、胡国梁:"公共文化服务立法的基本问题探析",载《云南大学学报法学版》2013年第5期。

[9] 陈致嘉:"父母教育子女之权限及其法律基础",载《教育资料文摘》1994年第9期。

[10] 程福才:"家庭、国家与儿童福利供给",载《青年研究》2012年第1期。

[11] 程正强:"家庭教育与学校教育功能错位及其复归",载《湖北科技学院学报》2015年第5期。

[12] 戴小明、王贵松:"行政的变迁与行政法学范式转换——《论公共行政与行政法学范

式转换〉述评",载《法学论坛》2005年第5期。

[13] 邓丽、陈恩伦:"我国家庭教育权实施困境及对策研究",载《哈尔滨学院学报》2009年第9期。

[14] 董蕾红:"美国校园枪击案中的父母刑事责任",载《青少年犯罪问题》2013年第5期。

[15] 杜亮、王伟剑:"家庭、国家与儿童发展:美国、德国和日本儿童政策的比较研究",载《河北师范大学学报(教育科学版)》2015年第1期。

[16] 杜万松:"公共产品、公共服务:关系与差异",载《中共中央党校学报》2011年第6期。

[17] 段升阳、刘丙元:"从个人私利到社会责任:家庭教育社会职能的实现",载《中国教育学刊》2018年第9期。

[18] 段文阁:"父母家庭教育主体资格的缺失与培养",载《江西教育学院学报》2010年第2期。

[19] 参见樊秀丽:"日本家庭教育支援事业的保障",载《比较教育研究》2014年第6期。

[20] 范辰辉、彭少峰:"现代亲职教育:发展现状与未来取向——社会工作介入初探",载《社会福利》2013年第12期。

[21] 范婷婷:"多元文化背景下家庭教育与少数民族文化传承问题",载《黑龙江民族丛刊》2009年第6期。

[22] 冯晓霞:"中国家庭教育的社会支持系统",载《学前教育研究》1997年第3期。

[23] 盖笑松、王海英:"我国亲职教育的发展状况与推进策略",载《东北师大学报(哲学社会科学版)》2006年第6期。

[24] 高晓文、于伟:"'教育规划'在深化改革中的决策机制:职能、布局与限制",载《基础教育》2016年第2期。

[25] 高艳红:"教育治理背景下农民工随迁子女家校合作问题研究",载《教育理论与实践》2016年第29期。

[26] 葛欣航:"我国电影分级制度观察与探讨",载《媒体时代》2012年第9期。

[27] 巩姗姗:"论亲权的私权属性——对权利义务统一说的驳斥",载《华北电力大学学报(社会科学版)》2010年第3期。

[28] 顾月华:"'举全村之力'学做好家长——将家庭教育纳入政府公共服务体系",载《人民教育》2017年第1期。

[29] 关颖、陈钟林、曹慧:"家长教育观念和教育行为的调查与分析",载《中国家庭教育》2010年第1期。

[30] 关颖：“家庭教育之本：对儿童权利的尊重与保护”，载《青少年犯罪问题》2009 年第 3 期。

[31] 关颖：“亲职教育的意义、特点及其制度构建”，载《预防青少年犯罪研究》2014 年第 5 期。

[32] 郭晓琳：“家庭教育立法的现状、问题及对策”，载《陕西学前师范学院学报》2020 年第 1 期。

[33] 韩央迪：“家庭主义、去家庭化和再家庭化：福利国家家庭政策的发展脉络与政策意涵”，载《南京师范大学学报（社会科学版）》2014 年第 6 期。

[34] 何欢：“美国家庭政策的经验和启示”，载《清华大学学报（哲学社会科学版）》2013 年第 1 期。

[35] 和建花：“法国、美国和日本家庭教育支持政策考察”，载《中华女子学院学报》2014 年第 2 期。

[36] 黄河清：“家庭教育与学校教育的比较研究”，载《华东师范大学学报（教育科学版）》2002 年第 2 期。

[37] 黄河清、马恒懿：“家校合作价值论新探”，载《华东师范大学学报（教育科学版）》2011 年第 4 期。

[38] 黄建钢：“论'域界变化'与'社会建设'——一个关于'公域'和'私域'的界定及其互动的思考”，载《东吴学术》2012 年第 5 期。

[39] 黄惟勤：“政府职责的概念、特征及分类”，载《法学论坛》2010 年第 3 期。

[40] 黄宗智：“中国的'公共领域'与'市民社会'？——国家与社会间的第三领域”，载黄宗智主编：《中国研究的范式问题讨论》，社会科学文献出版社 2003 年版。

[41] 贾康：“关于财政理论发展源流的概要回顾及我的'公共财政'观”，载《经济学动态》2008 年第 4 期。

[42] 江夏：“美国联邦儿童福利支出对早期保育与教育发展的积极影响及其启示”，载《外国教育研究》2013 年第 7 期。

[43] 姜明安：“软法在推进国家治理现代化中的作用”，载《求是学刊》2014 年第 5 期。

[44] 蒋世萍、王菲：“美国中小学家长参与学校教育的探索及启示”，载《教育探索》2016 年第 3 期。

[45] 蒋银华：“论国家义务的理论渊源：现代公共性理论”，载《法学评论》2010 年第 2 期。

[46] 孔东菊：“农村留守儿童监护权缺失问题的民法研究——以未成年人监护制度为视角”，载《广西社会科学》2008 年第 4 期。

[47] 劳凯声：“面临挑战的教育公益性”，载《教育研究》2003 年第 2 期。

[48] 李超、毕荣博："从未成年人保护看国家监护制度的构建"，载《青少年犯罪问题》2004年第4期。

[49] 李道刚："论德国家庭教育权"，载《山东社会科学》2003年第4期。

[50] 李红春："当代中国私人领域的拓展与大众文化的崛起"，载《天津社会科学》2002年第3期。

[51] 李静："福利多元主义视域下流动儿童家庭教育社会支持体系研究"，载《理论导刊》2012年第11期。

[52] 李明舜："家庭教育立法的理念与思路专题论坛"，载《中国妇运》2011年第1期。

[53] 李琪、罗牧原："公私划分的理论旅行：中国同性婚姻再思考"，载《社会学评论》2016年第3期。

[54] 李文辉、高晓霞："关于设立我国亲权法律制度问题的探讨"，载《河北法学》1999年第3期。

[55] 李晓辉："公域与私域的划分及其内涵"，载《哈尔滨商业大学学报（社会科学版）》2003年第4期。

[56] 李晓巍、刘倩倩、周思妤："美、英、澳促进家长参与早期教育的国际经验与启示"，载《北京教育（普教版）》2018年第4期。

[57] 李晓燕、夏霖："父母教育权存在的法理分析"，载《兰州大学学报（社会科学版）》2014年第2期。

[58] 李昕："公共服务理念下现代行政的特征"，载《行政法学研究》2002年第4期。

[59] 李杨、任金涛："中国流动、留守儿童的家庭教育指导服务现状与建议"，载《首都师范大学学报（社会科学版）》2013年第5期。

[60] 林喆："论私权保护和公共责任观念的建立"，载《政治与法律》2001年第6期。

[61] 刘翠荣："日本幼儿期的家庭教育"，载《外国教育动态》1984年第6期。

[62] 刘丹："统筹公共事业是政府的基本责任"，载《中国行政管理》1999年第5期。

[63] 刘丽、邵彤："我国家庭教育地方立法的经验与不足——兼评《中华人民共和国家庭教育法（草案）》"，载《湖南师范大学教育科学学报》2021年第3期。

[64] 刘启艳："家庭教育与学校教育"，载《贵阳师专学报（社会科学版）》1992年第1期。

[65] 刘守旗："关于家庭教育立法有关问题的思考"，载《江苏第二师范学院学报（社会科学）》2014年第4期。

[66] 刘淑芬："刍议亲职教育的法律思考"，载《当代法学论坛》2010年第1期。

[67] 刘小蕊、庞丽娟、沙莉："尊重家长权利，促进家长参与——来自美国学前教育法的启示"，载《学前教育研究》2008年第3期。

[68] 刘鑫淼："比较视域中的公私观念及其理论维度"，载《广东工业大学学报（社会科学版）》2007 年第 4 期。

[69] 柳砚涛："论积极行政法的构建——兼及以法律促进行政"，载《山东大学学报（哲学社会科学版）》2013 年第 3 期。

[70] 罗豪才、宋功德："认真对待软法——公域软法的一般理论及其中国实践"，载《中国法学》2006 年第 2 期。

[71] 罗豪才、周强："软法研究的多维思考"，载《中国法学》2013 年第 5 期。

[72] 骆正言："论美国判例中家庭教育权的演变"，载《比较教育研究》2009 年第 3 期。

[73] 吕慧、缪建东："改革开放以来我国家庭教育的法制化进程"，载《南京师大学报（社会科学版）》2015 年第 2 期。

[74] 吕同舟："国内近年来关于政府职能转变的研究：论域聚焦、逻辑转向与研究展望"，载《社会主义研究》2015 年第 4 期。

[75] 吕世伦、李英杰："职权与职责研究"，载《北京行政学院学报》2011 年第 1 期。

[76] 马斌、徐越倩："地方政府职能转变的内在逻辑：权力配置的分析框架"，载《中共杭州市委党校学报》2010 年第 6 期。

[77] 马菱霞、王丽萍："子女本位下的父母惩戒制度研究"，载《理论学刊》2017 年第 2 期。

[78] 梅文娟、刘承涛："英国少年犯罪父母责任之立法考察与借鉴"，载《青少年犯罪问题》2016 年第 2 期。

[79] 莫洪宪、邓小俊："论加强未成年人网络保护立法的必要性和可行性"，载《网络时代的青少年和青少年工作研究报告——第六届中国青少年发展论坛暨中国青少年研究会优秀论文集》2010 年版。

[80] 牛凯、张洁、韩鹏："论我国未成年人网络保护的加强与改进"，载《青少年犯罪问题》2016 年第 2 期。

[81] 齐学红、刘辉："现代家庭与学校的关系"，载《教育科学》2005 年第 3 期。

[82] 乔东平、谢倩雯："西方儿童福利理念和政策演变及对中国的启示"，载《东岳论丛》2014 年第 11 期。

[83] 秦惠民："现代社会的基本教育权型态分析"，载《中国人民大学学报》1998 年第 5 期。

[84] 庆玲："论我国地方立法与国家立法之间的关系"，载《四川行政学院学报》2009 年第 5 期。

[85] 邱本："认真对待私权"，载《吉林大学社会科学学报》1998 年第 6 期。

[86] 任剑涛："论公共领域与私人领域的均衡态势"，载《山东大学学报（哲学社会科学

版）》2011 年第 4 期。

[87] 沈满洪、谢慧明："公共物品问题及其解决思路——公共物品理论文献综述"，载《浙江大学学报（人文社会科学版）》2009 年第 6 期。

[88] 石婷："论国家对未成年人监护的公权干预——以保障留守儿童的合法权益为视角"，载《当代青年研究》2014 年第 3 期。

[89] 斯格雷夫："稳定与变化"，载瞿葆奎：《教育学文集：教育与社会发展》，人民教育出版社 1989 年版。

[90] 苏君阳："社会结构转型与教育公共性的建构"，载《教育研究》2007 年第 8 期。

[91] 孙德玉："传统文化影响下的台湾家庭教育"，载《安徽师范大学学报（人文社会科学版）》2002 年第 3 期。

[92] 孙兴全、简佩茹："公域与私域的划分及其制度效用：公域与私域分野的学理考察"，载《财政监督》2011 年第 4 期。

[93] 谭旭东："论童年的历史建构与价值确立"，载《涪陵师范学院学报》2006 年第 6 期。

[94] 汤建华："我国当前家长惩戒权的立法思考"，载《长春工业大学学报（社会科学版）》2014 年第 6 期。

[95] 汤兆云、邓红霞："日本、韩国和新加坡家庭支持政策的经验及其启示"，载《国外社会科学》2018 年第 2 期。

[96] 陶东风："'公共'／'私人'的几种划分模式及其反思"，载《福建论坛（人文社会科学版）》2009 年第 8 期。

[97] 陶东风："公共领域和私人领域的双重危机"，载《社会科学报》2008 年 3 月 13 日，第 8 版。

[98] 陶建国、刘树槟："美国加利福尼亚州离婚诉讼中父母教育制度"，载《石家庄学院学报》2016 年第 1 期。

[99] 田静："公共领域与私人领域的界限：从历史到现实"，载《重庆理工大学学报（社会科学版）》2011 年第 7 期。

[100] 王玲艳、刘颖："西方政府购买（教育）服务的背景、运行机制及其应注意的问题"，载《学前教育研究》2011 年第 5 期。

[101] 王敏、江耀炜、谢长江："系统论视野中有组织地教育未成年人研究——兼谈社会权力介入家庭教育的边界"，载《青少年犯罪问题》2014 年第 2 期。

[102] 王凝："日本家校合作的特点及启示——以家长教师联合会的实践为例"，载《世界教育信息》2016 年第 14 期。

[103] 王素蕾："家庭教育需要立法"，载《江苏教育学院学报（社会科学）》2010 年第

5 期。

［104］王莹："从儿童被伤害案件看我国家庭教育的法律规制"，载《华东交通大学学报》2013 年第 6 期。

［105］魏清沂："软法：形式软法与实质软法"，载《广西大学学报（哲学社会科学版）》2012 年第 3 期。

［106］魏雪晨、贾勇宏："美国亲职教育的特点及其对我国的启示"，载《湖北经济学院学报（人文社会科学版）》2018 年第 1 期。

［107］吴开华："政府购买教育公共服务的法律性质与立法规范"，载《广东第二师范学院学报》2018 年第 1 期。

［108］吴庆："未成年人网络问题的公共治理——世界的经验及对中国的启示"，载《中国青年研究》2006 年第 8 期。

［109］吴小英："现代性视野中的家庭定位：私人的还是公共的？"，载《中国的家庭变迁和公共政策国际研讨会专家报告集》2011 年版。

［110］辛占强、许国动："国家教育权与家庭教育权紧张的原因探析——以需求与责任的关系为分析维度"，载《沈阳教育学院学报》2007 年第 4 期。

［111］新保敦子："全球化下日本公民馆的发展及其社会影响"，载《现代远程教育研究》2011 年第 2 期。

［112］熊少严："关于家庭教育立法问题的若干思考"，载《教育学术月刊》2010 年第 4 期。

［113］许桂林："家庭教育：由私人性走向公共性"，载《教育探索》2017 年第 1 期。

［114］徐国栋："国家亲权与自然亲权的斗争与合作"，载《私法研究》2011 年第 1 期。

［115］薛二勇、周秀平、李健："家庭教育立法：回溯与前瞻"，载《北京师范大学学报（社会科学版）》2019 年第 6 期。

［116］燕继荣："私域、公域的分野自由、权威的统一——论自由主义政治理论及其启示"，载《探索》1994 年第 3 期。

［117］杨东东："公共性观念的价值——哈贝马斯公共性思想的功能分析"，载《山东社会科学》2007 年第 1 期。

［118］杨环："论电影分级制度的设置"，载《电影文学》2017 年第 4 期。

［119］杨解君："'双服务'理念下现代行政之变革——服务行政的解读和提升"，载《行政法学研究》2004 年第 3 期。

［120］杨静慧："发展型家庭政策：预防青少年犯罪的有效切入点"，载《国家行政学院学报》2013 年第 5 期。

［121］杨克："中国农村儿童受教育权：福利供给与财政体制"，载《学术界》2015 年第

6期。

[122] 杨敏："社会互构论：从差异走向认同的需求——郑杭生社会学思想历程的又一个新波峰"，载《江苏社会科学》2006年第1期。

[123] 杨敏："中美两国中小学家长在参与学校教育中的角色比较"，载《基础教育参考》2009年第2期。

[124] 杨启光："家庭教育研究的现代化问题"，载《当代青年研究》2005年第9期。

[125] 杨启光、陈明选："家庭与学校教育改革的关系：西方的经验与中国的问题"，载《华东师范大学学报（教育科学版）》2011年第4期。

[126] 杨小虎、杨立杰："私权的公共治理功能"，载《求索》2009年第1期。

[127] 杨晓、李松涛："基于共生理念的家校合作改革构想"，载《教育科学》2013年第5期。

[128] 姚建龙："国家亲权理论与少年司法——以美国少年司法为中心的研究"，载《法学杂志》2008年第3期。

[129] 姚建龙："从子女到家庭：再论家庭教育立法"，载《中国教育学刊》2018年第9期。

[130] 叶至诚："现代家庭与家庭政策"，载《空大学讯》2008年第4期。

[131] 佚名："关于将家庭教育纳入社区公共服务的建议"，载《中国妇运》2016年第3期。

[132] 尹力："试论父母教育权的边界与内容"，载《清华大学教育研究》2012年第5期。

[133] 尹琳："儿童福利与制度化的国家支持"，载《青少年犯罪问题》2013年第4期。

[134] 游涛、张莹："以强制性亲职教育问责教养失职监护人——罪错未成年人监护人法律责任探究"，载《预防青少年犯罪研究》2015年第1期。

[135] 余敏江、潘希："服务行政的'公民'本位及其政治哲学基础"，载《学术界》2010年第12期。

[136] 余清臣、周娟："家校合作的真意——当代中国家校合作的教育学反思"，载《少年儿童教育》2010年第4期。

[137] 余雅风、茹国军："'在家教育'立法的现实诉求及框架构想——以北京市义务教育阶段为例"，载《北京社会科学》2015年第12期。

[138] 余雅风："从平等权视角看学前教育中的政府职责"，载《学前教育研究》2008年第7期。

[139] 余雅风："基于公共性的教育立法价值论"，载《高等教育研究》2004年第3期。

[140] 余雅风："教育立法必须回归教育的公共性"，载《北京师范大学学报（社会科学版）》2012年第5期。

[141] 余雅风:"亲权和监护的功能差异与我国未成年人监护制度的完善",载劳凯声主编:《中国教育法制评论(第4辑)》,教育科学出版社 2006 年版。

[142] 郁建兴、吴玉霞:"公共服务供给机制创新:一个新的分析框架",载《学术月刊》2009 年第 12 期。

[143] 袁淑英:"美国家庭教育服务机构和指导师的主要职责",载《教育探索》2015 年第 3 期。

[144] 张成福:"论公共行政的'公共精神'——兼对主流公共行政理论及其实践的反思",载《中国行政管理》1995 年第 5 期。

[145] 张德伟:"日本新《教育基本法》",载《外国教育研究》2009 年第 3 期。

[146] 张海水:"非营利性社会教育机构供给父母育儿教育方式的分析——基于美国儿童博物馆实践的思考",载《基础教育研究》2014 年第 24 期。

[147] 张浩月:"儿童保护与电影分级制度",载《电影新谈》2004 年第 6 期。

[148] 张鸿巍:"'国家亲权'法则的衍变及其发展",载《青少年犯罪问题》2013 年第 5 期。

[149] 张建波:"0-3 岁婴幼儿社区早教公共服务体系构建的基本框架",载《理论观察》2013 年第 12 期。

[150] 张剑虹:"从要求制定家庭教育法看立法依赖症",载《政府法制》2008 年第 7 期。

[151] 张剑伟:"公私域界分对公民民主意识生成的意义",载《广西师范大学学报:哲学社会科学版》2008 年第 3 期。

[152] 张庆守:"论家庭教育与学校教育协作的误区和模式重构",载《三明学院学报》2006 年第 1 期。

[153] 张书克:"'服务行政'理论批判",载《行政法学研究》2002 年第 2 期。

[154] 张树义、梁凤云:"现代行政权的概念及属性分析",载《国家行政学院学报》2000 年第 2 期。

[155] 张天麟:"市场经济下教育的私事性和公共性",载《教育改革》1995 年第 3 期。

[156] 张威:"德国家庭专业社会服务及其法律体系发展规律",载《社会工作》2016 年第 4 期。

[157] 张翔:"职能导向论:地方政府机构改革的逻辑导向",载《云南社会科学》2011 年第 5 期。

[158] 张雅勤:"公共行政'公共性'的概念解析",载《浙江学刊》2012 年第 1 期。

[159] 张雅勤:"公共性的扩散、阻滞与疏浚——从'购买服务'到'多元合作'的演变逻辑",载《江海学刊》2017 年第 1 期。

[160] 张燕玲:"家庭权及其宪法保障——以多元社会为视角",载《南京大学学报(哲

学·人文科学·社会科学版）》2011年第4期。

[161] 张翼、吴开俊："政府抑或市场——教育服务产品提供与生产分析"，载《广州大学学报（社会科学版）》2007年第5期。

[162] 赵霄冉、李海云："我国家庭教育立法进程中的问题与对策"，载《少年儿童研究》2019年第6期。

[163] 赵静蓉："现代人归属感的缺失——以'公域'与'私域'的区隔为视角"，载《江西社会科学》2014年第6期。

[164] 郑净方、郑雄升："国家与家庭关系的再考察——从家庭暴力视域分析"，载《怀化学院学报》2012年第10期。

[165] 郑净方："国家亲权的理论基础及立法体现"，载《预防青少年犯罪研究》2014年第3期。

[166] 郑曙光："促进基本公共服务均等化立法政策探析"，载《浙江学刊》2011年第6期。

[167] 郑新蓉："教育公共性：基于儿童保护和全面发展"，载《中国教育学刊》2012年第5期。

[168] 郑新蓉："试析父母教育权的起源、演变和特征"，载《教育研究与实验》2000年第5期。

[169] 钟久辉、袁慧："关于构建未成年人国家监护机制的思考"，载《党史文苑》2007年第7期。

[170] 钟启泉："关于现代家庭与学校教育的若干考察"，载《外国教育资料》1986年第6期。

[171] 周传志、戴庆洲："谈建立家庭教育与学校教育的新型关系"，载《漳州师范学院学报（哲学社会科学版）》2003年第1期。

[172] 周学锋："当代政府变革的法理透视：权力向权利的回归"，载《昆明理工大学学报（社会科学版）》2007年第7期。

[173] 周真真："29世纪末英国城市化进程中的虐待儿童问题"，载《英国研究（年刊）》2010年第6期。

[174] 朱家存、周兴国："论公共教育的公共性及实践表征"，载《华东师范大学学报（教育科学版）》2007年第4期。

[175] 朱文学："日本少年儿童家庭教育的现状及其发展"，载《世界教育信息》1999年第8期。

[176] 祝灵君、聂进："公共性与自利性：一种政府分析视角的再思考"，载《社会科学研究》2002年第2期。

[177] 邹强:"国外家校合作问题研究及其启示",载《教学与管理》2011年第10期。

(2) 外文期刊论文

[1] Anne McGillivray, "Children's rights, paternal power and fiduciary duty: from roman law to the Supreme Court of Canada", *International Journal of Children's Rights*, 2011.

[2] Betty·cooke, "Competencies of a Parent Educator: What Does a Parent Educator Need to Know and Do", *Child Welfare League of America*.

[3] Charles Davis, Kennrth Coleman, "Privatization and Public Opinion in Chile, Costa Rica, and Mexico: A Test of Aternative Models", *International Politics*, 2001.

[4] Epstein, J. L., "School and family partnerships", *Instructor*, 1993.

[5] Folbre, N., "Children as Public Goods", *The American Economic Review*, 1994.

[5] Joan Squelch, "Back to school for parents: implementing responsible parenting agreements and orders in Western Australia", *Education and the Law*, 2006.

[6] Johan Beckmann, "Some recent developments in the legal relationship between parent and child", *Education and the Law*, 2001.

[7] Jurgen De Wispelaere, "Licensing parents to protect our children?", *Ethics & Social Welfare*, 2012.

[8] Keilman, "Demographic and social implications of low fertility for family structure in Europe", *Population studies*, 2003.

[9] Kimberly Thielbar, "Parental roles in juvenile delinquency", *Children's legal rights journal*, 2011.

[10] Linda M. Raffaele, Howard M. Knoff, "Improving Home-School Collaboration with Disadvantaged Families: Organizational Principles, Perspectives, and Approaches", *School Psychology Review*, 1999.

[11] Lyman Isabel, "Home Schooling: Back to the Future?", *Cato Institute Policy Analysis*, 1998.

[12] Mallory O'Connor, "Differential response systems: weighing the state's interest against fundamental parental rights", *Children Legal Rights Journal*, 2010.

[13] Marie Connolly, Judith Masson, "Private and public voices: Does family group conferencing privilege the voice of children and family in child welfare?", *Journal of Social Welfare & Family Law*, 2014.

[14] McDonald, L., et al, "Family and schools together: An innovative substance abuse prevention program", *Social work in Education*, 1991.

[15] Michael S. Wald, "Thinking about Public Policy toward Abuse and neglect of Children: A Review of Before the Best Interest of the Child", *Michigan Law Review*, 1980.

［16］ Michael Wyness, "Children, Family and the State: Revisiting Public and Private Realms", *Sociology*, 2014.

［17］ Morgan, V., Fraser, G., et al, "Parental involvement in education: How do parents want to become involved?", *Education studies*, 1992.

［18］ PA. Gallagher, CA Rhodes, SM Darling, "Parents as professionals in early intervention: a parent educator model", *Topics in Early Childhood Special Education*, 2004.

［19］ Paul Clarke, "Parental rights, the Charter and education in Canada: the evolving story", *Education and law journal*, 2010.

［20］ Powell, Douglas R, "Parent Education and Support Programs", *Community Programs. Young Children*, 1986.

［21］ Roger Marples, "Parents' right and educational provision", *Stud Philos Educ*, 2014.

［22］ Ruck, M.D., Peterson-Badali, M., Day, D, "The relationship between adolescents and parents' understanding of children's rights", *Journal of Research on Adolescence*, 2002.

［23］ Sally Varnham, Joan Squelch, "Rights, responsibilities and regulation-the three Rs of education: a consideration of the state's control over parental choice in education", *Education and the Law*, 2008.

［24］ Samantha Brennan, Robert Noggle, "The Moral Status of Children: Children's Rights, Parents' Rights, and Family Justice", *Social Theory and Practice*, 1997.

［25］ Simon Dawes, "Privacy and the public/private dichotomy", *Thesis Eleven*, 2011.

［26］ Solveig Østrem, "The public/private dichotomy: a threat to children's fellow citizenship?", *International Journal of Early Childhood*, 2008.

［27］ Stephen Parker, "The Best Interests of the Child——Principles and Problems", *International Journal of Law Policy & the Family*, 1994.

［28］ Thomason, Jane, Arcus, Mangaret: "Family life education: An analysis of the concept", *Family relations*, 1992.

［29］ Ylva Bergström, "The universal right to education: freedom, equality and fraternity", *Stud Philos Educ*, 2010.

3. 学位论文

［1］ 蔡乐渭："服务行政理论与实践研究———一种警惕的期盼"，中国政法大学2004年博士学位论文。

［2］ 曾秀敏："家长学校教育的规范性研究———以秦皇岛市为例"，河北师范大学2011年硕士学位论文。

［3］陈颖：“家庭教育的社区支持研究”，重庆师范大学 2012 年硕士学位论文。

［4］爨理熔：“台湾家庭教育人员专业化研究”，河南大学 2015 年硕士学位论文。

［5］窦立博：“中国特色电影分级法律管理制度研究”，中国社会科学院 2012 年硕士学位论文。

［6］冯丹：“中美两国亲职教育实践的差异性探析”，曲阜师范大学 2013 年硕士学位论文。

［7］高静：“美国家长教育权利研究”，东北师范大学 2011 年硕士学位论文。

［8］胡杰：“将家庭教育指导纳入政府公共服务体系的研究”，上海交通大学 2011 年硕士学位论文。

［9］季瑾：“家庭教育现代化的启动与发展——基于民国家庭教育史的研究”，南京师范大学 2013 年博士学位论文。

［10］李明昌：“在家教育法制化之研究”，辅仁大学 2004 年学位论文。

［11］李鹰：“行政主导型社会治理模式之逻辑与路径——以行政法之社会治理功能为基点”，武汉大学 2012 年博士学位论文。

［12］林婷：“家庭教育权保护研究”，山东大学 2008 年硕士学位论文。

［13］刘明奎：“论私域何以需要国家的有限规制”，吉林大学 2010 年硕士学位论文。

［14］刘云卿：“我国儿童教育环境中的政府责任研究”，山东师范大学 2015 年硕士学位论文。

［15］马丽华：“论日本公民馆在社会教育中的作用”，河北大学 2003 年硕士学位论文。

［16］倪泽莹：“社区治理视域下日本公民馆研究”，南京师范大学 2016 年硕士学位论文。

［17］孙艳艳：“儿童与权利：理论建构与反思”，山东大学 2014 年博士学位论文。

［18］涂信忠：“学校推展家庭教育模式之评析与建构”，嘉义大学 2014 年博士学位论文。

［19］王安静：“象山县农村家长学校办学中的政府干预”，华东师范大学 2011 年硕士学位论文。

［20］王琼雯：“家庭权初论”，苏州大学 2013 年博士学位论文。

［21］吴丽娅：“日本社会教育管理体制之研究”，四川师范大学 2005 年硕士学位论文。

［22］谢娜：“美国亲职教育研究——历史、现状及评价”，华中师范大学 2010 年硕士学位论文。

［23］徐玉珍：“20 世纪 60 年代以来美国家校合作相关法的研究”，华东师范大学 2008 年硕士学位论文。

［24］杨文颖：“日本家庭教育法律制度研究”，北京师范大学 2016 年硕士学位论文。

［25］殷晟：“在家教育法制化研究”，江西师范大学 2010 年硕士学位论文。

［26］袁淑英：“美国家庭教育指导师研究”，河南大学 2009 年硕士学位论文。

［27］张晋：“城市社区早期家庭教育公共服务供给研究”，西南大学 2015 年硕士学位

论文。

[28] 张蕾:"家长学校的问题与对策研究——以湖南省永州市蘋洲中学家长学校为个案",中央民族大学 2007 年硕士学位论文。

[29] 赵静:"自主与强制——义务教育阶段家庭教育权与国家教育权冲突问题研究",西南大学 2008 年硕士学位论文。

[30] 周明祺:"我国家庭教育权利诉求及法律规范研究",西南大学 2014 年硕士学位论文。

4. 报刊媒体

[1] 笔墨:"美国的未成年人监护",载《中国社会报》2014 年 6 月 17 日,第 4 版。

[2] 陈丽平:"全国妇联调查报告建议 将制定家庭教育法列入立法计划",载《法制日报》2008 年 2 月 28 日,第 2 版。

[3] 陈丽平:"确立家庭教育法律地位",载《法制日报》2015 年 3 月 5 日,第 7 版。

[4] 陈若葵:"北京市:政府为早期家庭教育服务买单",载《中国妇女报》2013 年 1 月 10 日,第 B01 版。

[5] 陈颖婷:"有父母却成'事实孤儿'困境儿童监护现盲点 国家监护体制亟待建立 本市首家儿童庇护所或将成立",载《上海法治报》2013 年 7 月 8 日,第 A02 版。

[6] 崔清新、白阳:"对失职父母'亮剑'——各方详解建立未成年人监护干预制度",载 http://news.xinhuanet.com/2014-01/20/c_119051513_2.htm,最后访问日期:2016 年 11 月 20 日。

[7] 董妍:"儿童保护应重视'国家亲权'",载《北京日报》2013 年 9 月 4 日,第 18 版。

[8] 高健:"亲职教育应强制 问责失职监护人",载《北京日报》2014 年 9 月 3 日,第 7 版。

[9] 关颖:"好的家庭教育需要亲职教育",载《中国妇女报》2014 年 9 月 4 日,第 B02 版。

[10] 郭东阳:"'亲职教育'需要国家战略支撑",载《民主与法制时报》2014 年 2 月 17 日,第 4 版。

[11] 郭京霞:"教育家长,为了更好地挽救孩子——北京海淀法院少年法庭亲职教育工作制度调查",载《人民法院报》2016 年 4 月 21 日,第 5 版。

[12] 胡立新:"监护人未尽责须接受亲职教育",载《检察日报》2016 年 4 月 27 日,第 3 版。

[13] 胡弦:"武汉拟出新规保护未成年人 父母'不称职'须接受亲职教育",载《湖北日报》2017 年 5 月 7 日,第 4 版。

[14] 李嗣胤、龚瑞:"保护未成年人:亲权不宜纳入监护制度中",载《检察日报》2005

年12月22日,第3版。

[15] 刘黎红:"建立完善家庭教育公共服务体系",载《青岛日报》2016年3月14日,第16版。

[16] 钱洁:"家庭教育法为何久呼不出?",载《中国教育报》2016年5月26日,第9版。

[17] 任然:"附条件不起诉和性侵案件优先实施 成都首创失职父母强制亲职教育",载《中国妇女报》2016年10月28日,第A03版。

[18] 任然:"将家庭教育服务纳入城乡社区公共服务之中",载《中国妇女报》2008年3月14日,第B02版。

[19] 申剑丽:"谁是儿童保护的责任主体?",载《21世纪经济报道》2010年6月9日,第8版。

[20] 苏琳:"家庭教育社会参与——各级妇联推动家庭教育纳入公共服务体系",载《经济日报》2013年5月30日,第8版。

[21] 田志安、孔文建:"家庭教育 法应先行",载《河南日报》2006年2月16日,第13版。

[22] 王蓓:"全国人大代表赵东花建议:家庭教育纳入社区公共服务",载《中国妇女报》2016年3月5日,第A1版。

[23] 王长路:"家庭教育如何走出立法'真空'?",载《中国妇女报》2012年8月30日,第A01版。

[24] 魏海洋、郝园园、娄花:"家庭教育应纳入公共服务",载《半岛都市报》2016年3月10日,第A4版。

[25] 谢文英:"推动电影分级保护儿童成长",载《检察日报》2014年3月12日,第9版。

[26] 杨咏梅:"儿童权利:家庭教育的底线",载《中国教育报》2015年3月11日,第5版。

[27] 姚建龙:"亲职教育——让父母切实履行起监护教养职责",载《人民法院报》2016年4月21日,第5版。

[28] 姚金菊、吴琼洁:"美国如何防止'虐童'",载《中国教育报》2012年11月25日,第2版。

[29] 叶海燕:"'亲子爱':编织家庭教育公共服务立体网络",载《中国妇女报》2015年10月15日,第A03版。

[30] 亦非:"'在家上学'引发教育多元化纷争",载《中国妇女报》2013年8月29日,第B02版。

[31] 佚名:"'80后'当爸当妈 教育孩子成了大问题 家庭教育市场急速升温",载《北京

商报》2008年10月14日，第B01版。

[32] 佚名："创新实践 服务大局 开创家庭教育工作的新局面"，载《中国妇女报》2012年8月31日，第A03版。

[33] 张立军、余文彬、管胜春："蕲春探索家庭教育指导服务新模式"，载《黄冈日报》2012年9月16日，第1版。

[34] 张雪梅、文海青、罗章："留守儿童：拿什么来呵护你"，载《中国教育报》2007年5月13日，第3版。

[35] 张涨："家庭教育立法，重在服务而非惩戒"，载《广州日报》2014年6月4日，第F02版。

[36] 郑赫南："当务之急是制定专门的'家庭教育法'"，载《检察日报》2013年6月3日，第5版。

[37] "中国科协建议家庭教育纳入城乡公共服务体系"，载http://news.xinhuanet.com/newscenter/2009-11/02/content_ 12373588.htm，最后访问日期：2009年11月2日。

[38] 周文："家庭教育具有公共属性 需国家干预——聚焦家庭教育立法（上）"，载《中国妇女报》2014年第7月5日，第A01版。

[39] 周雪莉："家教市场，供需双方皆盼规范有序"，载《哈尔滨日报》2008年12月31日，第8版。

[40] 朱磊："尽快制定家庭教育法明确执法主体"，载《法制日报》2015年3月24日，第3版。

5. 研究报告

[1] 江材讯："家庭教育立法研究报告"，载http://blog.sina.com.cn/s/blog_ 1396ef95c0102wh3l.html，最后访问日期：2018年5月15日。

[2] 全国妇联："全国农村留守儿童状况研究报告"，2014。

[3] 全国妇联："全国未成年人家庭教育状况抽样调查报告"，2008。

[4] Home Schooling in the United States：A Legal Analysis, Home School Legal Defense Association, 2007.

后 记

这本著作是在我的博士学位论文的基础上修改完成的,也是我从事十余年工作之后继续学习的一个较为系统的成果。自己曾多年在高校从事行政工作,尽管从未敢忘记自己的"专业",总在工作之余通过自学加强自己的专业素养。但是在行政岗位上,难以处理好行政与专业之间的关系,也影响了专业上的提升。因此在工作十年之后,怀着对专业的热爱,下定决心辞掉了行政职务,继续攻读博士学位。

很感谢我的导师余雅风教授。在浙江大学的一个学术会议上,我有幸见到了余老师。当我向她表达了我继续求学的愿望,也道出了自己的各种顾虑时,她给我鼓励与支持,让我坚定了考博的想法。求学期间,余雅风老师对我的学业等方面都给予了积极指导,对我的论文选题也给予了极大的宽容和支持。每次当我思考陷入僵局的时候,她总能给我及时的指点,让我茅塞顿开。她的支持与帮助,才使我顺利地完成学业,各种顾虑也逐渐消失殆尽。

在这三年半的学习之中,还有其他老师以各种形式给予我各种帮助和鼓励。刘复兴教授、尹力教授、袁桂林教授、苏君阳教授、薛二勇教授、刘永云副教授在我的博士论文开题会以及预答辩会上给我提出批评、修改意见,使我对自己的论文作出更深入、更全面的思考。感谢博士论文答辩会上首都师范大学劳凯声教授、北京师范大学刘复兴教授、北京师范大学袁桂林教授、华中师范大学李晓燕教授、华南师范大学胡劲松教授对我的论文提出的建设性意见,让我能对论文进一步地修改完善,并为今后深化研究提供了思路。感谢我的硕士生导师李晓燕教授,她是我从事教育法学学习与研究的领路人。我工作以后她还一直关心我的工作和学习,并积极为我创造条件,使我在工作多年之后有机会进一步学习提高自己的专业能力。

在北师大学习最大的幸运是,不但能有幸得到优秀教师的指导,还能碰到一批优秀的同学,与他们的交往都能深深地影响自己的行为与思想,使自已无形当中得到提升。感谢我的同学杨志刚博士、高杭博士、刘昕鹏博士，作为"专业同行"的交流，每次都能给我启发，对一些问题形成新的认识与看法。感谢我的室友刘铭博士、陈耀华博士，三年期间，我们营造了一个和谐的宿舍，在紧张的学习之余感受到家的温馨。他们作为远程教育的专业研究者，帮助我提升了科学素养。感谢温馨和谐"余门"中的茹国军博士、李文静博士、吴会会博士、王祁然博士以及杨文颖、谢蓉蓉、徐城北、刘盼婷、丁庆荣、王一杰等硕士研究生，我们一起参与课题讨论、举办读书会，互相交流思想，这既是一种学术的交流，也是一种同学情谊的升华。

由于我的论文涉及一些调研，单靠自己一人之力实在无法完成，所以就"借助"了很多师友的力量。感谢为我的调研提供帮助的河南师范大学茹国军博士、浙江师范大学的林新事副教授、浙江师范大学儿童研究院的胡丽娜副研究员、河南信阳师范学院的郭勇副教授、北京大兴榆垡中学的许久敏老师，他们利用与中小学校的联系为我的调研提供了帮助。感谢接受我问卷调查与访谈的学校教师、家长们，浙江、湖北的教育行政部门的干部们，他们为我提供了鲜活的现实资料，使我对我国家庭教育的现状有了更为深刻的认识。感谢浙江师范大学法政学院法学学科负责人陈醇教授、教师教育学院的杨天平教授、张天雪教授，他们为我的学习提供了帮助。来到法政学院工作后，学院党委书记于红、副院长吴卡教授、院党委委员宋高初副教授、法学硕士学位点负责人邓佑文教授、法律硕士专业学位点负责人龚振军副教授、宪法与行政法教研室主任黄勇斌副教授、系主任李海良副教授等人都给予我很多支持和帮助，让我很快适应了新的工作环境。

这么多年来，我一直在外工作或者求学，所以还要特别感谢的家人。感谢我的爱人邬雪红女士，对我的学习给予了理解和支持。而且她法学科班出身，为我的论文写作提出了很多建设性的意见。论文完成后她又以法学专业的视角通读了全稿，在思路以及文字表述上提出了具体的修改意见。感谢我可爱的儿子"转转"，在我按照自己的设想即将完成博士论文的时候，他提前来到了我们身边，打乱了我原有的写作计划，没完没了地折腾我们，让我精疲力尽，使论文写作暂时中止。但是他的到来又是我写作的动力，给我枯燥乏味的写作增添了很多乐趣。感谢我的父母和岳母一直以来的付出，自己才能在长期的求学路上免除后顾之忧。

后 记

  最后还要感谢浙江省哲学社会科学规划后期资金项目和浙江师范大学法政学院人才培养经费的资助，感谢中国政法大学出版社的编辑，正是他们的支持帮助以及严谨细致的工作，使得本书得以顺利出版。对于一个以学术为业的人而言，看到自己对某一问题系统思考的初步成果得以与大家见面，是一种莫大的安慰。

  几年的学习经历，让我明白一个道理，读博不是给你的明天带来很确定的光明的未来，只是在自己人生产生困惑不知道走向何方的时候，通过读博找到解读这个复杂世界的一个解决问题的办法而已。只有不断地学习，才能摆脱这个世界很多外在的束缚，找到自己身心自由的方法。感谢我求学路上遇到的所有人，与你们的相遇，让我的心灵得到进化与升华。我会珍惜一切的相遇缘分，且行且珍惜！